LES

SOUVENIRS

DE

Mme la Baronne de P.

VALENCE

IMPRIMERIE VALENTINOISE, PLACE SAINT-JEAN

1906

LES SOUVENIRS

DE

Mme la Baronne de P...

Baronne de P....

LES

SOUVENIRS

DE

MME la Baronne de P.....

VALENCE

IMPRIMERIE VALENTINOISE, PLACE SAINT-JEAN

—

1906

Oɴ ne trouvera point dans ces souvenirs de révélations historiques, encore moins de romanesques aventures ou des chroniques à sensation, mais de modestes tableaux de la vie provinciale, de simples récits écrits au courant de la plume par la baronne de P. pour ses enfants et sur leur prière, en un moment où, le cœur brisé par la mort d'un mari tendrement aimé, elle semblait vouloir se désintéresser de toutes choses.

Ces simples pages n'étaient pas destinées à la publicité ; mais à ceux qu'entraîne le tourbillon de la vie moderne si différent du milieu où vivaient nos grand'mères, leur lecture pourra peut-être procurer une impression de calme et de fraîcheur, comme fait à l'habitant des villes une échappée sur la campagne.

La date où ces souvenirs ont vu le jour n'est pas bien éloignée ; cependant, en les lisant, on serait tenté de se reporter cent ans en arrière, dans une petite ville du midi, aux toits rouges, aux allées de platanes poussiéreux, dormant tout ensoleillée sous un ciel toujours bleu, se réveillant à certains jours à la grande voix du mistral, au roulement d'innom-

brables diligences de toutes formes et de toutes couleurs. d'où débarque un peuple de paysans aux gestes lourds, aux patois sonores. descendus, pour le marché, des montagnes voisines.

Dans ces ruelles étroites et sinueuses, sagement défendues contre les coups de vent et les ardeurs du soleil, s'abritent encore de vieux hôtels aristocratiques qui ont conservé leurs boiseries, leurs meubles, leurs portraits de famille et leurs anciens propriétaires. La classique petite société de province y menait une vie que l'on pourrait croire monotone, mais qui présentait, en réalité, mille fois plus d'attraits que l'existence mondaine d'aujourd'hui. Au lieu de vagues connaissances avec lesquelles on échange rapidement quelques vaines paroles, on était entouré de solides amis, chez qui l'ancienne urbanité française s'alliait à une gaîté de bon aloi et à une bonhomie toute méridionale. Chaque soir, la partie de whist ou de boston les réunissait; on faisait ensemble la lecture au coin du feu et c'était d'interminables causeries, dont la littérature et la politique faisaient surtout les frais.

Les femmes apportaient alors plus de passion que les autres à ces conversations. Elles savaient être aimables sans coquetterie, dans la société des hommes qui se plaisaient plus que de nos jours à leur compagnie, sans doute parce qu'elles possédaient l'art de tenir un salon sans permettre à la médisance des réflexions scandaleuses.

Notre grand'mère de P. fut une de ces femmes. Nous la verrons toujours coiffée de son bonnet de dentelle noire, enfoncée dans sa bergère au coin de la cheminée, un écran enluminé à la mode de la Restauration devant les yeux, nous racontant avec une vivacité juvénile des anecdotes de la Révolution française qu'elle tenait de ses parents et auxquels mille petits détails donnaient une vie et un relief saisissants. Ses lectures et sa prodigieuse mémoire lui avaient acquis une érudition qui eût découragé un historien, mais elle n'en faisait aucun étalage, tant elle était éloignée de l'insupportable genre « femme de lettres » mis à la mode par Georges Sand ; elle y puisait seulement des sujets de causeries aussi nourris que variés.

Comme tous ceux qui connaissent à fond l'Histoire de France, elle admirait passionnément l'œuvre des Bourbons et leur avait voué un culte tel, qu'on la devinait prête à leur sacrifier tout ce qu'elle possédait et sa vie même.

En revanche, elle se montrait impitoyable pour leurs bourreaux révolutionnaires. Elle, si bonne, si indulgente, dont l'accueil était si largement ouvert à tous, n'eût jamais voulu recevoir un personnage qu'elle eût soupçonné appartenir à la descendance de ceux-ci ; il lui était odieux d'entendre prononcer même leur nom !

Fervente légitimiste, la mort d'Henri V lui causa un chagrin dont elle ne se consola jamais, car en lui s'éteignait le représentant de ses chères traditions.

Nous sentions sa foi et son enthousiasme si sincères, qu'il en passait quelque chose dans nos cœurs et ce respect que nous éprouvions pour sa personne était mêlé d'une grande admiration, car nous avions souvent entendu raconter par nos parents des détails extraordinaires à son sujet.

Par exemple, à sept ans, sa plus grande distraction avait été de lire l' « Histoire romaine », de Rollin, en vingt ou trente volumes, ou bien encore elle avait retenu par cœur, après une seule lecture, toutes les tragédies de Corneille et

*de Racine dont elle faisait ses délices. — Mais ce qui nous
étonnait bien davantage, c'était qu'à l'âge de dix-neuf ans,
ses parents ayant voulu lui faire entendre, aux Français,
Mlle Rachel, dans le rôle de Phèdre, notre grand'mère
refusa, bien que ce lui fût un immense sacrifice, par scru-
pule de conscience, étant déjà très troublée d'en avoir à
jamais gravé les beaux vers en sa mémoire, pour une
unique lecture faite avec l'autorisation paternelle. — C'est
elle encore qui, plus tard, ne consentait pas à embrasser
ses enfants avant qu'ils eussent reçu le baptême.*

*En général, elle préférait aux enfants très jeunes ceux
avec lesquels elle pouvait causer et dont elle pouvait ouvrir
l'esprit aux beautés de la littérature ou aux leçons de l'histoire. C'est au coin de son feu que nous avons connu pour
la première fois Racine, Châteaubriand, Lamartine, ses
préférés. Son âme pure avait horreur de la plupart des
romans nouveaux qu'elle ne lisait d'ailleurs jamais, étant
demeurée toujours étrangère aux raffinements exaspérés
de la littérature moderne ; en revanche, elle goûtait fort
les écrits de l'honnête Walter Scott, pour la loyauté un peu
romanesque de ses héros et héroïnes qui ne s'aimaient
jamais que pour le bon motif. Encore nous épinglait-elle
nombre de pages qu'elle jugeait pour nous trop passionnées.*

*Tout l'intéressait ; un rien l'égayait. Mais cette candeur
n'excluait pas la finesse ; elle savait donner à la conversation un tour imprévu, sans jamais se départir d'une absolue
bienveillance. Elle ne croyait pas au mal. Elle ne le voyait
ni ne le comprenait, et, du reste, oubliait toujours complètement les choses désobligeantes qu'on avait pu lui raconter
sur les uns ou les autres.*

Elle n'avait jamais cherché à se rajeunir par les artifi-

ces de la toilette ; c'était pour elle chose tout à fait indifférente, et peut-être dut-elle à cela d'avoir conservé à son caractère, à son regard, à son sourire, cette jeunesse d'enfant dont le charme était si grand.

Elle n'ambitionna pas de voyager. Ses enfants, qui ne la quittaient guère, ses livres, ses souvenirs lui suffisaient. Bornant son horizon, des beaux hêtres de sa montagne à l'intérieur de la maison familiale où elle avait vécu des jours si paisibles, plus avisée que le laboureur de Virgile, elle connut et apprécia son bonheur.

Telle on la voyait à la fin de sa vie dans son vieux manoir de Chabret, la classique bâtisse vivaraise, plantée au creux d'une haute vallée montagnarde, robuste et simple comme les mœurs du pays, dans son salon aux meubles en tapisserie, rangés en ordre et sans aucune fantaisie contre les murs, recevant amis et parents avec cette bonne grâce hospitalière dont il était impossible de ne pas se sentir touché, telle elle apparaîtra dans ces souvenirs, entourée des silhouettes de ceux qu'elle aima et que le crayon d'une de ses petites-filles a essayé de retracer.

Sa physionomie eût tenté la plume d'un Balzac par sa si remarquable personnalité, et, comme le disait un jour la Petite Sœur des Pauvres qui connaissait bien le chemin de sa demeure et son inépuisable charité, elle fut véritablement une « femme d'autrefois ».

BERTHE, Vicomtesse DE LA LAURENCIE.

SOUVENIRS

Première Partie

AVANT MA NAISSANCE

CHAPITRE PREMIER

Ma famille. — Tableau de ce qu'elle était lors de la naissance de mon père. — Intérieur de mes parents. — Epoque révolutionnaire. — Une partie de la famille de ma bisaïeule, échappée aux massacres de Lyon, se réfugie dans nos montagnes. — Diverses anecdotes sur cette époque funeste. — Habitudes hospitalières et patriarcales de ce temps-là.

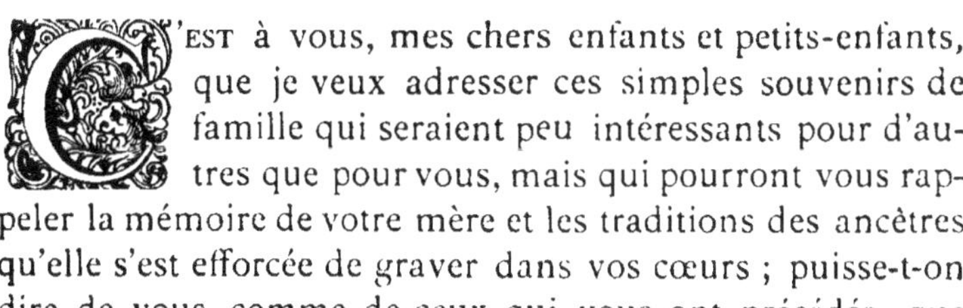C'EST à vous, mes chers enfants et petits-enfants, que je veux adresser ces simples souvenirs de famille qui seraient peu intéressants pour d'autres que pour vous, mais qui pourront vous rappeler la mémoire de votre mère et les traditions des ancêtres qu'elle s'est efforcée de graver dans vos cœurs ; puisse-t-on dire de vous, comme de ceux qui vous ont précédés, que

vous avez passé en faisant le bien ! C'est la gloire que j'ambitionne pour vous, et, si ce petit ouvrage peut contribuer à vous y conduire, je n'en désire pas d'autre fruit ni d'autre récompense.

Je suis née d'une famille noble du Vivarais qui n'a jamais cessé depuis des siècles de se distinguer par son attachement à la religion catholique et par sa fidélité à la monarchie légitime des Bourbons ; aussi, sont-ce les deux premiers sentiments que mes parents ont cherché à faire pénétrer dans mon âme, et ils s'y sont toujours conservés comme un feu sacré. Hélas ! les choses divines sont seules immuables ; l'Eglise est immortelle, mais la monarchie de saint Louis est ensevelie dans le cercueil de Goritz avec le dernier descendant des rois très chrétiens ; puisse Dieu, dans sa miséricorde, lui susciter un successeur qui les fasse revivre !

Mon père, jeune.

Mon père se nommait Jean-Guillaume-Isaïe d'Indy, né à Vernoux, petit bourg du département de l'Ardèche, et ma mère, Joséphine de Chorier (1), née à Valence, chef-lieu de la Drôme ; elle était fille d'un conseiller au parlement de Grenoble, et sa mère était Mlle Pernéty, dont le père, particulièrement distingué par Frédéric le Grand, avait occupé un

---

(1) J'ignore si mon grand-père appartenait à la famille de l'historien Chorier : c'est bien probable, le nom et la province étant les mêmes.

poste important dans les finances à la cour de Prusse. Ma mère n'avaitqu'une sœur, ma tante Thérèse ou Résia, comme on l'appelait par abréviation, laquelle épousa le frère cadet de mon père, mon oncle Théodore d'Indy, officier dans la garde royale sous la Restauration, et démissionnaire en 1830. Les deux branches de la famille se trouvèrent ainsi étroitement réunies par le mariage des deux frères avec les deux sœurs ; et, chose singulière, le même fait se renouvela à la génération suivante pour les deux fils de mon oncle, mes cousins doublement germains, Wilfrid et Antonin d'Indy, qui épousèrent également deux sœurs, Mlles de Chabrol-Crouzol, petites-filles du dernier ministre de la marine sous la Restauration.

Mon père et mon grand-père avaient embrassé la carrière de l'administration, qu'ils ne purent continuer longtemps. Mon grand-père, nommé préfet de l'Ardèche, en 1814, courut mille dangers pour sa fidélité au roi pendant les Cent-Jours, ce qui ne l'empêcha pas d'être destitué, en 1819, par M. Decazes, ce ministre néfaste, qui employa sa faveur auprès de Louis XVIII à persécuter tous les royalistes fidèles. Cette politique révolutionnaire ayant eu pour dernier résultat le meurtre du duc de Berry, le ministre succomba sous la réprobation universelle ; M. de Villèle, qui lui succéda, nomma mon père sous-préfet à Nyons. petite ville de la Drôme, sur les confins de la Provence. C'est là que je naquis en 1822, et que je passai ma première enfance jusqu'en 1830, où la royauté ayant été renversée, mon père ne voulut pas servir le gouvernement usurpateur de Louis-Philippe, et se retira avec ses enfants (1) près de son père et de sa mère, à Chabret, l'ancien manoir de la famille, entre Vernoux et un autre village nommé Boffres, au milieu des montagnes du Vivarais ; c'est dans cette chère solitude que mes parents, aidés de mon grand-père et de ma grand'mère, aussi excellents chrétiens qu'eux-mêmes, s'occupèrent de for-

---

(1) Nous étions trois, mais ma sœur étant élevée auprès d'une vieille tante, mon frère et moi étions seuls auprès de nos parents.

mer notre esprit et notre cœur aux douces vertus dont ils nous offraient chaque jour le modèle.

O figures vénérées et chéries ! combien je me sens émue au souvenir de vos enseignements, de vos leçons précieuses ! puissé-je en être restée digne, et vivre dans la mémoire de mes enfants comme vous vivez dans la mienne !

Mon père et ma grand'mère, types aimables et exquis de cette ancienne société française aujourd'hui disparue, possédaient ce charme de la conversation, presque perdu de nos jours, et leurs récits se sont si bien gravés dans ma mémoire, qu'il me semble avoir connu les aïeux vénérables avec qui ils avaient passé leur jeunesse et dont ils m'entretenaient si souvent. Je vais dépeindre d'après eux la famille patriarcale dans laquelle naquit mon père en 1792.

Cette famille se composait, au commencement de la Révolution, de ma bisaïeule, née de Milanais, issue d'une famille importante et considérée de Lyon ; elle était restée veuve de bonne heure, et s'était fixée, avec mon grand-père, son fils unique, dans le bourg de Vernoux. C'était une femme d'une haute vertu, dont la beauté imposante et noble avait survécu à la jeunesse, et qui inspirait le respect à tous ceux qui l'approchaient. Selon la coutume touchante de ces temps, où les traditions de famille avaient encore leur force, plusieurs oncles et tantes célibataires vivaient dans la maison dont ils étaient regardés comme les bons anges. C'étaient, d'abord, le chevalier d'Indy, ancien capitaine de dragons, frère de mon bisaïeul, vénérable vieillard dont mon père ne parlait qu'avec attendrissement, et qui, demeuré dans la maison après la mort de son frère pour servir de père à son neveu et de soutien à sa belle-sœur, était considéré par tous comme chef de la famille ; ensuite, une sœur de ma bisaïeule, Mlle de Milanais, pieuse fille qui semblait appartenir plus au ciel qu'à la terre, et que tout le pays vénérait comme une sainte. Pour animer cet intérieur paisible, un couple jeune et charmant, mon grand-père et ma grand'mère, nouvellement mariés, et, avec ma grand'mère, une tante veuve, Mme de Séguins, qui lui avait servi de mère, car elle était orpheline, et qui avait poussé le dévouement jusqu'à abandonner son pays dans sa vieillesse pour suivre sa nièce chérie dans la maison de son mari, où elle demeura avec elle jusqu'à sa mort.

Mon grand-père et ma grand'mère, mariés fort jeunes, et tendrement unis, formaient néanmoins par leur caractère un contraste parfait ; mon grand-père, comme mon père, cachait une profonde sensibilité sous une apparence froide et sérieuse ; ma grand'mère, non moins bonne, non moins dévouée, était une vive et spirituelle provençale, Mlle de Bertrand de Pélissier de Saint-Ferréol, d'une ancienne famille du Comtat maintenant éteinte. Jusque dans sa vieillesse, où je l'ai connue, elle n'a jamais cessé de faire le charme de la maison par l'entrain et l'animation de son aimable caractère ; les deux époux étaient d'une beauté remarquable, et leurs traits se retrouvaient chez leurs fils, beaux l'un et l'autre comme eux. Mon père avait le regard profond et pensif de son père ; mon oncle, la physionomie vive et animée de sa mère, et leurs caractères les reproduisaient également. Je me rappelle combien la gaîté, la vivacité, la verve intarissable de mon oncle faisaient notre joie dans les visites qu'il faisait à mes parents.

Ces deux enfants, la bénédiction de la famille, n'étaient pas encore nés lorsque la Révolution éclata avec toutes ses horreurs et vint troubler même ce paisible coin de terre, où auraient semblé ne devoir jamais pénétrer les agitations du monde, si l'on ne savait qu'aucun asile, si reculé qu'il soit, ne saurait être à l'abri des passions des hommes. En effet, ces montagnes, déjà ravagées au seizième siècle par les guerres de religion, devaient revoir des jours plus terribles encore.

Néanmoins, malgré la nombreuse population protestante encore répandue dans la contrée, et favorable par cela même aux idées révolutionnaires, les habitudes tranquilles de nos bons montagnards, qui n'étaient nullement sanguinaires, permirent à mes parents de passer au milieu d'eux cette époque funeste, sans courir le risque d'être massacrés,

et ils purent même recueillir une partie de la famille de ma
bisaïeule, échappée aux massacres de Lyon, dans lesquels
un grand nombre d'entre eux avaient péri. Mon père avait
conservé pour ces bons parents, avec lesquels il avait été
élevé, dans ces jours de trouble et d'angoisses, une affection
filiale et fraternelle. La liaison la plus intime n'a jamais
cessé de régner entre eux jusqu'à la fin de leur vie; elle s'est
continuée avec leurs enfants, que j'ai aimés à mon tour, et
je désire que cette douce amitié se perpétue de génération en
génération.

La sœur de ma bisaïeule avait épousé le marquis de
Bellescise, gouverneur du château de Pierre-Scise, à Lyon ;
ce fut sa fille, Félicité de Bellescise, devenue depuis
Mme Mazuyer, qui s'illustra par un trait d'héroïsme rapporté
dans les Mémoires du temps, alors qu'étant encore jeune fille,
elle défendit la porte du château de Pierre-Scise, à la place
de son père qui était malade, contre une bande d'assassins
venus pour massacrer des officiers qu'on y avait enfermés
pour les soustraire à leur fureur, et donna par son courage,
à une grande partie de ceux-ci, le temps de s'évader. J'ai
connu cette héroïne dans sa vieillesse, c'était la meilleure, la
plus douce, la plus obligeante des créatures, ne parlant
jamais de ce qui aurait pu la faire valoir. Petite, mince, délicate, elle n'avait rien de hardi ni de masculin, et ce grand
courage, dont elle donna encore d'autres preuves dans le
cours de sa vie, paraissait plus admirable sous une si frêle
apparence. Malgré son héroïsme, qui semblait devoir la
désigner aux fureurs des bourreaux, elle échappa aux massacres, et fut protégée, qui le croirait ? par un des chefs de
bandits les plus atroces du village de Chasselay, près de
Lyon, où est situé le château de Bellescise. Cet homme se
trouvait avoir été le mari de sa nourrice, et ce souvenir l'empêcha de rien faire contre elle ; c'est un des mystères du
cœur humain, qu'un pareil sentiment ait pu exister chez un
monstre à face humaine, qui se livrait dans toute la contrée
aux plus abominables cruautés. Il avait été à la tête d'une
bande qui assaillit dans son château un gentilhomme du

voisinage, M. de Guillain de Pougelon, et ces brigands, l'ayant découvert dans la cachette où il s'était réfugié, non-seulement l'assassinèrent, mais, chose effroyable à dire, firent de ses membres sanglants un horrible repas !

Mon père avait vu, bien des années plus tard, ce misérable, seul survivant de ce festin de cannibales, frappé par la justice divine d'un tremblement convulsif dans tous ses membres ; on le voyait se traînant à peine, seul et abandonné, objet d'horreur et d'effroi pour la population, qui s'écartait en frémissant devant cet exemple vivant du courroux céleste.

Le vieux marquis de Bellescise dut la vie à l'attachement qu'il avait su inspirer aux habitants de sa terre de Chasse-lay, qui, le sachant en prison et menacé de mort, vinrent en masse le réclamer, de sorte qu'on n'osa leur refuser, et le sauvèrent ainsi de l'échafaud ; mais son fils aîné y monta avec sa jeune femme enceinte, âgée de dix-sept ans ! Son gendre et cousin, M. de Milanais, mari d'une de ses filles, éprouva le même sort. Un autre jeune de Milanais, fils d'un frère de ma bisaïeule, lorsqu'il parut devant les juges, était si jeune et si beau, que ces monstres mêmes éprouvèrent un sentiment de pitié ; ils voulurent lui faire nier qu'il eût pris les armes pendant le siège de Lyon, ce qui eût été pour lui un moyen d'échapper à la mort ; mais le jeune héros refusa de sauver sa vie par un mensonge, et de renier l'action qui était pour lui un titre de gloire. Martyr de l'honneur et de la vérité, il fut mitraillé avec ses compagnons d'armes dans la plaine des Brotteaux.

Son malheureux père, dont il était le fils unique, perdit la raison à la suite de ce coup affreux, et tomba pour le reste de sa vie dans un état d'idiotisme et d'insensibilité qui lui ôta du moins le sentiment de son malheur.

Ce furent les restes de cette famille infortunée qui trouvè-rent un refuge à Vernoux, auprès de mes grands-parents. Celui qui y resta le plus longtemps fut le marquis de Belles-cise, neveu de ma bisaïeule, rentré secrètement d'émigration, et qui sut si bien gagner tous les cœurs à Vernoux par sa bonté et son aménité que pas un des habitants, qui cepen-

dant connaissaient la situation délicate et dangereuse où il
se trouvait, ne chercha à le molester ni à le dénoncer. Il y
demeura jusqu'à ce que, la terreur étant passée et les mesu-
res contre les émigrés adoucies, il put retourner chez lui sans
danger. J'ai encore connu ce bon parent, devenu vieux et
infirme, mais toujours aussi bon et aussi aimable, et son
souvenir est resté dans ma mémoire d'enfant comme un de
ceux que j'aime le plus à me rappeler, ainsi que celui de son
héroïque et excellente sœur, Mme Mazuyer.

Ferme de Royer.

Malgré la tranquillité relative de leurs montagnes, mes
parents n'échappèrent pas aux mille vexations dont nul ne
pouvait être à l'abri dans ce temps d'exécrable tyrannie. Ma
grand'mère m'a raconté qu'étant près d'accoucher, elle avait
été forcée de prendre part, au risque de sa vie et de celle de
son enfant, à des farandoles qu'on organisait dans la rue et,
pour lesquelles on arrêtait de force les passants. Dans une
autre de ses couches, une frayeur qu'elle éprouva, par suite
de cris féroces qu'elle entendait dans la rue, lui causa une
maladie dont elle souffrit plusieurs années.

Mon grand-père n'avait pas voulu émigrer, pour ne pas
abandonner sa jeune femme et ses vieux parents ; il fut un
de ceux qui, au Dix-Août, se rendirent auprès du roi pour

essayer de le défendre, et eurent la douleur de voir leurs efforts inutiles ; il n'échappa qu'avec peine aux massacres de cette affreuse journée. Quelque temps plus tard, la tante chérie de ma grand'mère, Mme de Séguins, fut arrêtée et envoyée dans son pays du Comtat pour comparaître au tribunal révolutionnaire d'Orange. C'était un arrêt de mort, dont Dieu la préserva, on peut le dire, miraculeusement, d'autant que son arrestation avait été accompagnée de circonstances qui auraient pu causer la perte de toute la famille. Les commissaires du gouvernement, en venant l'arrêter, avaient mis les scellés sur ses effets ; il arriva que, par hasard, mon père, qui était un enfant de moins de deux ans, fut amené par sa bonne dans la chambre, et pendant qu'on ne le surveillait pas, il s'amusa à enlever la cire rouge des scellés. Sa mère arriva lorsqu'il finissait cette opération et fut saisie de terreur ; il n'en fallait pas tant à cette époque pour envoyer à l'échafaud toute une famille ! On alla immédiatement prévenir les autorités de l'accident survenu ; les commissaires arrivèrent avec un visage menaçant, et, paraissant douter de la vérité du récit qui leur avait été fait, ils demandèrent qu'on amenât l'enfant ; alors ma grand'mère alla chercher son fils, priant Dieu de tout son cœur de l'inspirer en ce moment. En effet, par une espèce de miracle, l'enfant, sans s'effrayer de la présence de ces inconnus, alla droit aux restes des scellés, et acheva d'enlever ce qui restait de cire rouge. Les commissaires s'apaisèrent alors, voyant qu'on ne les avait pas trompés. Néanmoins, la tante, ou plutôt la seconde mère de mon aïeule, n'était pas sauvée ; elle fut envoyée devant le tribunal de sang, présidé par Maignet, et, chose admirable ! son âme pure était si calme qu'elle s'endormit au tribunal même, pendant le jugement qui devait l'envoyer à la mort. Ce fut ce qui la sauva ; les juges, ou plutôt les bourreaux, furent si frappés de cette tranquillité qu'ils l'épargnèrent ; elle fut une des seules qui pût sortir vivante de leurs mains et être rendue à sa famille, qui bénit la Providence d'une aussi visible protection.

Un autre habitant de Vernoux, le comte d'Apchier de

Vabre, prisonnier à Lyon, et sur le point d'être massacré, dut la vie à l'héroïsme de sa fille, qui, émule de Mlle de Sombreuil, eut le courage d'entreprendre, seule, à cheval, sans s'arrêter ni jour ni nuit, le voyage, alors assez long, de Lyon à Vernoux, de se présenter, seule également, devant les autorités révolutionnaires et de leur réclamer, pour son père, un certificat de civisme qu'ils n'osèrent lui refuser. Munie de cette pièce, elle repartit, toujours à cheval, et eut le bonheur d'arriver à Lyon assez à temps pour sauver son père. Cette courageuse fille épousa depuis, en Auvergne, M. de Longevialle.

Quelquefois, mes parents recevaient la visite désagréable de quelque représentant du peuple en tournée, qui, ne trouvant pas de logement confortable à Vernoux, allait demander à la maison la plus considérable du village une hospitalité qu'on n'aurait pu refuser sans danger ; c'était, au reste, la coutume de ces temps-là, qui se continua encore longtemps après. Les petites villes ou villages n'ayant pas d'auberges, ou de très mauvaises, les personnes de considération qui y passaient étaient adressées par les aubergistes mêmes aux plus notables habitants, qui se faisaient un plaisir de les héberger. Mon père m'a dit qu'il avait connu, par là, beaucoup de gens de sa province, et j'ai vu le temps, dans ma jeunesse, où l'on aurait fait une grave offense aux personnes de sa connaissance et de ses amis si, ayant affaire dans la ville où ils demeuraient, on eût été à l'auberge au lieu d'aller manger et loger chez eux. Ces mœurs patriarcales resserraient entre les familles les liens d'amitié et les bonnes relations ; le luxe était banni de ces réceptions ; on donnait ce qu'on avait et on le donnait de bon cœur.

Un de ces proconsuls révolutionnaires, adressé ainsi à mes parents, le fameux Rovère, s'étant trouvé malade chez eux, fut si satisfait des soins qui lui furent donnés, qu'il fit rendre immédiatement à mon grand-oncle, le chevalier d'Indy, la pension militaire qui lui avait été supprimée comme aristocrate ; cette fois, du moins, sa visite leur profita à quelque chose.

CHAPITRE II

Vie de campagne et de village. — Quelques types curieux de parents et d'amis. — Mme Saint-Romain. — Le curé de Boffres. — Le père Chambaud. — Cordialité entre les diverses classes de la société. — Le maréchal Victor, musicien. — Les voisins de campagne. — Les familles du Bay et de Cachard.

PLUSIEURS autres parents de ma famille, plus malheureux que les miens, avaient trouvé aussi un refuge dans leur maison hospitalière de Vernoux ; parmi eux, étaient deux sœurs, Mlles de Villeneuve-Laroche, qui avaient eu deux frères massacrés à Quiberon, et dont le troisième n'avait échappé que par miracle. Je les ai connues, ces deux bonnes vieilles filles, au village de Saint-Péray qu'elles habitaient, et leur attachement pour mes parents était une sorte de culte. Sans eux, elles seraient mortes de faim et de misère, leur famille étant massacrée ou proscrite, et le peu de bien qu'elles possédaient confisqué ; aussi, lorsque nous nous arrêtions pour les voir, ne sachant que faire pour nous témoigner leur affection, elles auraient été tout à fait déso-lées si nous avions refusé de prendre un repas chez elles, toutes pauvres qu'elles fussent.

J'ai aussi connu leur frère échappé au massacre de Qui-beron ; les aventures romanesques de sa fuite étaient un des récits qui avaient le plus frappé mon imagination d'en-fant. Obligé, pour échapper à la mort, de rester vingt-quatre heures dans une cachette, où il ne pouvait, étant très grand, se tenir ni debout ni assis, mais seulement accroupi ; en-suite, dans une étable à porcs, où il était forcé de se défendre contre les animaux qui l'occupaient, pour n'en être pas dévoré ; il avait été emporté dans un coffre à pétrir le pain et avait pu passer en Angleterre, où il avait épousé une Française, émigrée comme lui et aussi pauvre que lui, mais fort belle. Je les ai connus l'un et l'autre à Valence, où ils s'étaient fixés et où ils ont fini leurs jours. Pendant l'été, mes parents les invitaient souvent à passer quelque temps

Vernoux.

à la campagne avec nous. Mme de Villeneuve, toute vieille qu'elle était alors, se souvenait encore de sa beauté d'autrefois, et elle recevait les compliments qu'on lui en faisait avec un reste de coquetterie qui nous amusait.

Un type des plus originaux, que je ne puis oublier de mentionner, était celui d'une parente pauvre, élevée par ma bisaïeule, dont elle était devenue l'enfant gâtée, ce qui la rendait souvent assez insupportable pour les autres membres de la famille.

Rosalie Romieu, c'était son nom, jouait, sans vergogne, avec tous les enfants du village, et inventait avec mon oncle Théodore, le frère cadet de mon père, toutes sortes de tours

qui ont rendu leur nom populaire à Vernoux. On les choi-
sissait souvent pour être parrain et marraine des enfants qui
naissaient dans le village ; un grand nombre, à cause de cela,
s'appelaient Théodore. Leur première victime avait été leur
maîtresse d'école, ancienne religieuse, Mme Jeannet, que j'ai
encore vue dans sa vieillesse, et dont la figure grotesque
était faite pour exciter en effet la malice des enfants. Mon
oncle prétendait que sa taille n'excédait pas celle d'un chien
assis ; elle avait un gros œil et un petit, dont l'un regardait
à droite et l'autre à gauche, le reste de la figure à l'avenant.
On peut juger que cet extérieur n'attirait pas beaucoup le
respect de ses élèves. Une de ses punitions favorites était de
les coiffer de son bonnet et de les montrer ainsi à la fenêtre
les jours de marché, où les rues étaient pleines de monde.
Rosalie, qui était à la tête de tous les complots, avait continué, en devenant femme, à occuper un rang distingué parmi
les commères du village. Il y avait sur son compte de si
plaisantes histoires que je ne puis résister au plaisir d'en
citer quelques-unes, qui feront diversion aux scènes lugu-
bres de la Révolution que j'ai eu à raconter jusqu'à présent.

Elle avait épousé un M. Lapra Saint-Romain, brave
homme des environs de Vernoux, mais elle n'avait jamais
pu se résigner à vivre à la campagne, et continuait presque
toujours à résider dans le village. Elle y avait un appartement qu'on aurait pu aller voir par curiosité : rien n'y était
à sa place ; tout y était entassé pêle-mêle, de jolis meubles
que lui avait donnés mon aïeule, avec de vieux pots cassés ;
de belles robes de soie, qu'elle tenait d'elle également,
étaient fourrées dans un sac, avec de vieilles nippes et ori-
peaux de toutes sortes. Aussi était-elle toujours mise comme
une pauvresse, chiffonnée, mal peignée ; elle n'avait point
de servante, sous prétexte d'économie (car j'ai dit qu'elle
était pauvre), mais aussi parce qu'elle n'aurait jamais pu en
supporter. Mon père prétendait qu'elle n'en aurait pas pris,
lors même qu'elle aurait eu cent mille livres de rente, et que,
fût-ce dans ce cas, sa maison n'eût pas été mieux arrangée,

ni elle mieux mise. Elle avait la passion des voyages, et trouvait moyen, sans rien dépenser, de tout voir, de tout visiter, de ne rien perdre qui pût l'intéresser ; et lorsqu'elle en revenait, c'était un véritable divertissement que de l'entendre raconter ses aventures, car elle avait beaucoup d'esprit naturel, et son langage donnait encore plus de piquant à ses histoires. Elle avait un frère, qui, ayant fait fortune aux Iles, était revenu à Paris, où sa vanité grotesque, qui en faisait une image parfaite du M. Jourdain de Molière, l'avait rendu la proie d'une nuée d'intrigants qui, en flattant sa manie et l'appelant M. le comte, étaient venus à bout de dévorer, en peu de temps, toute cette fortune. Pour compléter sa ressemblance avec M. Jourdain, il était possédé de l'envie d'aller à la Cour. Celle de Louis-Philippe n'étant pas, comme on sait, très choisie, il y avait obtenu une invitation, et il avait fait faire son portrait en habit de Cour. Il était mort sans se douter du désordre de ses affaires, et ses héritiers, dont était sa sœur, furent obligés d'aller à Paris pour liquider la succession, dont ils ne retrouvèrent du reste pas un sou. Mme Rosalie Saint-Romain n'y gagna que le plaisir de faire un voyage à Paris, où elle n'était allée de sa vie, et le récit de ce voyage faisait notre joie, toutes les fois que nous la mettions sur ce sujet. Elle avait trouvé moyen de tout voir, de tout visiter, d'aller à tous les théâtres, à tous les musées, de monter à tous les clochers et à toutes les colonnes. toujours infatigable quoiqu'elle fût déjà vieille, et sans qu'il lui en coûtât presque rien. Sa dépense journalière de nourriture montait à 40 centimes par jour, et le reste en proportion ; le détail de ses industries pour arriver à ne presque rien payer et de ses bévues en ce genre était à mourir de rire. Elle cachait son parapluie tout mouillé sous sa robe, en entrant dans les monuments publics, pour éviter les deux sous de dépôt. Lorsqu'elle montait en omnibus, elle ne se doutait pas de l'endroit où il fallait descendre, ne connaissant pas Paris, et, afin de se faire voiturer le plus longtemps possible pour ses six sous, elle allait jusqu'au bout du parcours de l'omnibus, et se trouvait beaucoup plus loin

de l'endroit où elle voulait aller que lorsqu'elle l'avait pris ;
alors, malédictions contre les voitures et les cochers, au lieu
de s'en prendre à son ignorance. Se trouvant au théâtre,
une ouvreuse venait lui offrir un tabouret à mettre sous ses
pieds, elle s'étonnait de l'obligeance des gens de Paris ; lorsqu'à la fin on venait lui réclamer deux sous pour son tabouret, elle entrait dans une indignation des plus plaisantes. A
l'Opéra, ce qui la gênait, c'était la musique, qui l'empêchait
d'entendre les paroles de la pièce : « Le diable te violone ! »
s'écriait-elle en nous racontant ses impressions. Vous jugez
si ces récits devaient nous divertir. Ce voyage de Paris aurait
pu figurer dans la collection des voyages drôlatiques et
partager le succès des impressions de voyage d'Alexandre
Dumas.

Pour achever son portrait, elle croyait aux revenants et
en avait une foule d'histoires, que nous lui faisions raconter à la brune, au coin du feu, pour nous donner des émotions. Je me souviens d'une entr'autres qu'elle assurait
tenir des personnes qui y avaient figuré, et qui, si elle est
vraie, eût été une bonne leçon donnée par un défunt à des
héritiers peu respectueux.

Un habitant de Vernoux ayant hérité d'une tante qu'il connaissait peu, et plus satisfait de l'héritage qu'affligé de la mort
de sa vieille parente, invita quelques-unes de ses connaissances de Vernoux à aller avec lui faire l'inventaire de la défunte. La société, composée de dames et de jeunes gens d'humeur assez joyeuse, et peu disposée à se composer un visage
et des manières conformes à la circonstance, arrive dans la
maison de la morte. On se met à table, le bon vin circule
parmi les convives et rend les propos plus animés encore.
L'un des assistants propose la santé de la défunte, lorsque
tout à coup le vieux fauteuil, sur lequel s'asseyait la morte,
et qu'on avait laissé dans un coin de la salle, se met tout
seul en mouvement et vient de lui-même se placer à table
au lieu qu'elle occupait ordinairement. Vous jugez de l'effet
produit sur l'assemblée par cet événement : les gais propos se
changèrent en un silence plein de terreur et tous les convi-

ves, ayant perdu l'appétit, s'empressèrent de quitter la maison, où ils n'osèrent pas coucher, et de revenir à Vernoux raconter leur effrayante aventure, que Mme Saint-Romain disait tenir de leur propre bouche. Ne me demandez pas maintenant mon appréciation ; je vous donne l'histoire telle qu'elle m'a été contée ; s'il peut être permis aux morts de donner une leçon aux vivants, aucune ne pourrait avoir été mieux appliquée et mieux méritée que celle-là.

Mme Saint-Romain, telle que je l'ai dépeinte, n'en avait pas moins pour fils un jeune prêtre aimable et instruit, à qui mon frère avait été confié dans son enfance, et que nous aimions tous beaucoup. Sans prendre garde aux ridicules de sa mère, il avait pour elle la tendresse la plus touchante, et elle l'adorait également ; mais sa santé délicate fut bientôt épuisée par les fatigues du ministère, et il tomba dans une maladie de poitrine dont il mourut à 33 ans, vivement regretté de toute notre famille. Elle avait un autre fils, passé aux Iles avec son oncle ; il s'y était marié, mais n'y avait point fait fortune et était revenu habiter Tournon. C'est lors d'un séjour que sa mère y fit auprès de lui qu'elle mourut ; la pauvre femme dut regretter en mourant de ne pouvoir rendre son dernier soupir à Vernoux, où elle avait passé toute sa vie et où on peut dire qu'elle était devenue légendaire.

Mes parents s'étaient formé à Vernoux une petite société qui se réunissait souvent chez eux ; on y faisait la partie de boston, jeu à la mode alors, presque toute la journée ; la famille avec laquelle ils étaient le plus liés était celle d'un ancien officier d'origine allemande, M. de Gumpertz, marié et établi à Vernoux, où il s'était trouvé en garnison avant la Révolution. Son fils, excellent homme, était, ainsi que sa femme, les amis intimes de mon grand-père et de ma grand'mère, et leurs nombreux enfants (ils en avaient huit, quatre fils et quatre filles) étaient élevés avec mon père et mon oncle. Plusieurs d'entre eux ont habité longtemps Vernoux ; malheureusement, l'aîné de la famille, qui avait hérité de la maison paternelle, est mort sans enfant et les autres se sont dispersés. La maison a été vendue à la mairie, qui y a établi une école laïque ! Je ne puis passer sans tristesse devant cette porte, où j'entrais toujours familièrement depuis mon enfance, surtout en pensant qu'elle a une telle destination ! Il est triste d'avancer en âge pour être témoin de pareils changements, qui font toujours une impression douloureuse. La maison de notre famille a eu un meilleur sort ; elle a été achetée par un des amis de mes parents, M. Sonier de Lubac, qui, avec sa femme, faisait partie de leur société habituelle ; c'était un bon royaliste, qui, pendant la Terreur, avait montré une vigueur peu commune et tenu tête aux meneurs révolutionnaires. Un de ceux-ci lui ayant un jour fait demander ses titres de noblesse pour les brûler : « Dites-lui, répond-il, que s'il vient encore m'ennuyer, je le prends par la peau du ventre et je ne le lâcherai que lorsque je l'aurai fait passer par-dessus sa tête. » Comme il était d'une force herculéenne et qu'on le savait capable de faire ainsi qu'il le disait, on jugea plus prudent de le laisser tranquille.

Il a vécu jusqu'à 90 ans, dans notre ancienne maison, qui appartient encore à son petit-fils, avec lequel nous sommes dans les mêmes bonnes relations, et qui est un homme distingué de toutes manières par son instruction et son amabilité, ce qu'on peut dire aussi de sa gracieuse femme, Mlle de Silans. Ces dernières années, ils ont loué, à ma grande joie, cette maison de mes parents à ma fille de Raousset Boulbon et à mon gendre qui désiraient un pied-à-terre sur les confins de Vernoux, pour l'été ; je les revois ainsi quelques semaines dans ce lieu où mon père est né et où je n'entre jamais sans attendrissement.

Parmi les personnes que mes grands-parents voyaient le plus souvent à Vernoux, était aussi une aimable et jolie femme, Mme Pervencher, créole de la Martinique, et compatriote de l'impératrice Joséphine. Elle était orpheline, et ayant été recueillie à Vernoux pendant la Révolution par une de ses parentes, elle avait épousé un brave homme du pays ; elle a vécu jusqu'à un âge très avancé, où je l'ai connue, et elle était toujours restée très attachée à mes parents (1).

Lorsque le gros de la Révolution fut passé, ma grand'mère, qui préférait le séjour de la campagne pour elle et pour ses enfants, vint habiter, l'été, le manoir de Chabret, situé dans la montagne, à quelques kilomètres de Vernoux. Il y avait aussi dans le voisinage plusieurs autres vieux châteaux habités par des familles qui vivaient dans l'intimité avec la leur. Au sortir de la Révolution, on avait souffert ensemble,

Chabret en 1820.

et les liens d'amitié s'en étaient resserrés. Point de luxe, tout le monde était pauvre ; on allait se voir à pied, les femmes et filles de la maison aidaient souvent elles-mêmes à la cuisine, et mon père disait qu'elle en était beaucoup meilleure. On mangeait les provisions rustiques que fournissait le pays, le gibier tué dans le temps de la chasse par les maîtres de maison et leurs fils, presque tous habiles chasseurs, et l'on menait d'autant plus joyeuse vie que les angoisses par où l'on venait de passer avaient été plus cruelles.

Parmi les voisins qui formaient cette société, il en était deux qui offraient plus particulièrement le type des mœurs

---

(1) Son souvenir est resté très vivant dans la famille de nos cousins de Chabrillan, dont elle avait abrité les parents pendant la Révolution et qui les recevaient souvent à Saint-Vallier.

de cette époque. Le premier était le curé du village de Boffres, paroisse de Chabret ; prêtre de l'ancien régime, curé de Boffres avant la Révolution, il ne voulut jamais quitter sa paroisse, où il mourut après y être resté plus de cinquante ans, bien que par la distinction de son esprit et de son intelligence il eût pu aspirer à des situations bien plus élevées. Il y était, disait-on plaisamment, de père en fils, car il avait succédé à un oncle qui avait été également curé de la paroisse avant la Révolution pendant une quarantaine d'an-

Boffres.

nées. Il était l'ami intime de toutes les familles des environs, protestantes ou catholiques, car les haines de secte contre l'Eglise et ses ministres étaient bien moins fortes alors que depuis le réveil de l'esprit révolutionnaire, qui a surexcité toutes les passions antireligieuses. Aussi ne voyait-on pas de mal pour le clergé à prendre part à des distractions innocentes, et on n'aurait pas trouvé de bonne fête sans notre bon curé. M. de Barjac, un des voisins dont le manoir était situé en face de Boffres, avait coutume, lorsqu'il avait quelque chose de bon à dîner, de mettre un drapeau blanc sur sa tourelle ; c'était le signal convenu pour avertir le curé de venir partager son repas. Celui-ci faisait volontiers sa partie de cartes, de billard, animait les dîners et les réunions par sa gaîté spirituelle, qui ne sortait jamais des bienséances de son caractère sacré. Charitable et bon pour ses paroissiens, tous l'aimaient comme un père ; il se connaissait un peu en médecine, les soignait dans leurs maladies, leur fournissait des remèdes, sans distinction de religion ; aussi, des protestants, gagnés par cette charité, étaient revenus à la vraie foi. Un trait fera connaître sa bonté indulgente : il aimait extrêmement les fruits et en cultivait dans son jardin ; néanmoins, lorsqu'il apercevait des gamins qui venaient les lui voler, au lieu de se fâcher, il leur disait : « Prenez garde que ma sœur ne vous voie ! » (il avait sa sœur pour gouvernante et, plus tard, sa nièce). Ma grand'mère le taquinant un jour sur cette conduite : « Que voulez-vous ? lui dit-il, je ne puis pas leur en vouloir d'aimer les fruits ; pour moi, si je n'en avais pas, je sens que j'en volerais. » Aussi son goût pour les fruits était-il devenu proverbial. Un jour qu'il y avait réunion chez ma grand'mère, il y arrive et voit sur la cheminée une belle pêche cueillie dans le jardin ; c'était, paraît-il, la seule, et on l'avait exposée aux regards pour la faire admirer ; le curé étant entré pendant qu'on était à la promenade, voit la pêche et tranquillement la prend et la mange. Ma grand'mère, à son retour, ne trouve plus sa pêche ; grand émoi ; elle apostrophe le curé : « Je parie, M. le curé, que c'est vous qui l'avez prise ! » — « Eh ! sans doute, répond-il d'un ton bonhomme, il n'y en aurait pas eu pour tout le monde ; autant valait qu'un seul s'en régalât. » Il n'y avait pas moyen de lui en vouloir. Je me rappelle toujours sa bonne figure, que j'ai vue si souvent dans mon enfance. Il arrivait de préférence le lendemain des grands dîners, pour manger les restes, disait-il, et lorsqu'il était à table, il demandait d'un ton comique : « N'y a-t-il pas quelque vieux fond de bouteille ? » et on avait toujours soin de lui en garder. Afin de rendre toutes les politesses qu'on lui faisait, il réunissait tous les voisins à son presbytère le 14 septembre, jour de la foire et de la fête patronale du pays, pour leur offrir un gâteau et des rafraîchissements. Toute la contrée venait, même de plusieurs lieues, à cette petite fête. Elle eût duré, sans doute, autant que la vie du bon curé, si de mauvais plaisants n'eussent un jour imaginé de confisquer le gâteau et la petite collation, de sorte que les invités, à leur arrivée, ne trouvèrent plus rien, à la grande mortification du pauvre curé. Il en éprouva une peine si sensible qu'il cessa depuis cette époque de recevoir ce jour-là, et l'on fut ainsi privé de réunions cordiales et agréables à tous.

Un second type assez curieux était un vieux paysan appelé le père Chambaud. Brave homme par excellence, il n'y avait pas de famille dans le pays à qui il n'eût rendu quelque service, pendant la Révolution ou après. Dès qu'il y avait quelqu'un de malade, il accourait pour le veiller et le soigner ; on aimait à recourir à ses conseils, donnés dans le style un peu cru des gens de la campagne, mais presque toujours sages. Il avait aidé le curé à sauver les ornements et les vases sacrés de l'église pendant la Terreur. Son caractère et ses services lui avaient attiré une telle considération que chaque famille le recevait à sa table. Il y apportait de la gaîté, de l'esprit naturel, et ses saillies, moitié en patois, moitié en français, avaient le talent de dérider les plus graves. Un bon prêtre de Vernoux, l'abbé Genthial, passablement original aussi et très familier avec lui, le provoquait souvent et s'attirait des réparties qui ne mettaient pas toujours les rieurs de son côté. Un jour qu'il était venu prêcher à Boffres, dînant ensuite chez le curé avec le père Chambaud, il voulut le taquiner sur le peu d'attention qu'il avait prêté à son sermon, lui demandant ce qui l'avait le plus frappé : « Que voulez-vous que j'aie remarqué, lui répondit le père Chambaud d'un ton moitié brusque, moitié railleur, si ce n'est que vous avez été fort long. »

Comme vous le voyez, une grande cordialité existait dans les rapports entre les diverses classes de la société, avant que la Révolution fût venue semer partout la haine et l'envie. Un remarquable exemple est ce qui arriva à la naissance de notre grand-oncle, le chevalier d'Indy, qui était né après la mort de son père. Pendant que la famille l'accompagnait au baptême à l'église du village (c'était à la campagne, chez la sœur de sa mère, Mme Dupré de Piermal, près

Saint-Georges-les-Bains), un vigneron qui se trouvait sur le passage demanda quel était ce cortège. On lui répondit que c'était l'enfant de Mme d'Indy qu'on menait baptiser. Il s'écria alors : « Eh bien, si on veut lui donner mon nom, je paie tout le vin du baptême. » La proposition fut acceptée et mon grand-oncle reçut le nom d'André, que portait le paysan. Que l'on compare cette simplicité avec les mœurs actuelles, on verra de quel côté est la vraie fraternité, et si, pour n'être pas inscrite si pompeusement dans les constitutions, elle ne régnait pas mieux dans les cœurs et dans une société encore chrétienne.

Ces rapports de condescendance de la part des classes supérieures, de cordialité de la part des inférieures, formaient souvent des liens qui, dans les bouleversements de fortune causés par la Révolution, donnèrent lieu à plusieurs traits intéressants que l'on trouve nombreux dans les Mémoires de cette époque. J'en rapporterai un qui eut lieu pour une famille voisine et amie de la nôtre, la famille de Cachard, qui habitait un petit château du même nom, situé près de Chabret. Cette famille était noble et ancienne, mais peu fortunée, comme celles de presque tous les gentilshommes campagnards de cette époque, ce qui n'empêchait pas les voisins de se réunir souvent et gaîment. Dans le manoir de Barjac, à côté de celui de Cachard, et habité aussi par la famille du même nom, on avait donné une fête pendant laquelle on avait mis un tonneau en perce, et la société ne s'était pas séparée jusqu'à ce qu'il fût entièrement vidé. La fête ayant ainsi duré plusieurs jours, une grande salle du château de Barjac avait servi de dortoir à tous les jeunes gens, qui n'étaient pas difficiles à cette époque.

Barjac se distinguant ainsi, Cachard n'avait pas voulu rester en arrière, et il y avait eu aussi une fête où on avait voulu faire danser la jeunesse, qui était nombreuse, car M. de Cachard avait dix à douze enfants. Embarrassés pour trouver des musiciens, on pria le colonel du régiment en garnison à Tournon d'en envoyer un ; la requête fut accordée, et un des soldats arriva avec son instrument. Après avoir déployé tous ses talents pour faire danser la société, il demanda comme seule rémunération la permission de danser une contredanse avec une des demoiselles de Cachard, qui étaient au nombre de trois, toutes remarquablement jolies. Les parents firent un peu la grimace, mais le soldat avait été si complaisant qu'on n'osa lui refuser, et la jeune fille lui accorda la contredanse demandée. Or ce musicien s'appelait Victor et n'était autre que celui qui devint plus tard le maréchal duc de Bellune.

Pendant que la fortune de l'un montait, celle des autres descendait. La Révolution pesa lourdement sur la pauvre famille de Cachard ; un des fils périt sur l'échafaud, plu - sieurs autres émigrèrent. Le modeste patrimoine fut confisqué et les vieux parents obtinrent d'être laissés par tolérance dans leur manoir, comme *fermiers de la nation* ; les fils et les filles demeurés avec eux faisaient aller la ferme, dont le produit était leur seule subsistance. De longues années se passèrent ainsi ; enfin, lorsque le roi fut remonté sur le trône et qu'on parla d'indemnités pour les émigrés, un des frères de Cachard se rendit à Paris, afin de solliciter une part à laquelle ils avaient bien droit. Comme ancien militaire, il dut s'adresser au ministre de la guerre, qui était précisément le maréchal Victor. Le pauvre émigré ne se souvenait plus probablement de l'épisode du bal champêtre, et, s'en fût-il souvenu, il aurait craint plutôt de nuire à sa cause en rappelant un tel souvenir ; à qui donc avoir recours pour l'introduire auprès du ministre et appuyer sa demande ? Il n'avait à Paris ni connaissances ni recommandations. Enfin, il se hasarde à demander une audience, qui lui est accordée. Le gentilhomme ruiné et sans appui se trouve en face de l'ancien soldat parvenu au faîte des grandeurs ; sans doute celui-ci va le dédaigner et l'écoutera à peine. Mais quelle est sa surprise, lorsque le maréchal, entendant son nom, s'avance vers lui de l'air le plus gracieux, l'assure de sa bienveillance et lui rappelle la circonstance dans laquelle ils s'étaient déjà vus, se louant de la bonté que sa famille avait témoignée au soldat obscur qu'il était alors et se montrant charmé de pouvoir la reconnaître, maintenant que la Providence lui en fournissait l'occasion. En effet, il s'employa pour lui de tout son pouvoir et ce fut à son influence et à ses bons offices que M. de Cachard dut le succès de ses démarches.

Ce trait, qui m'a été raconté par un membre de la famille, dépeint mieux que tout autre la grande âme du vaillant maréchal, qui, parmi les généraux de l'Empire élevés à une haute fortune, fut un des caractères les plus honorables et les plus sympathiques. Sans aucune morgue, il aimait à plaisanter sur son ancien état, et disait qu'il était descendu au lieu de monter, car son nom de soldat était *Beausoleil* (chaque soldat avait alors un surnom ou nom de guerre) et depuis il n'était plus que *Belle-lune* (Bellune), ce qui était une véritable déchéance. On me pardonnera de citer ici ce bon mot, qui vient à sa place en parlant de celui qui fut si digne de son élévation.

Revenons à nos voisins de Cachard et de Barjac. Ces deux manoirs, situés tout près l'un de l'autre dans un joli vallon à cinq ou six kilomètres de Chabret, près d'un village appelé Alboussière, élevant leurs modestes tourelles au milieu des arbres, semblaient deux nids de verdure cachés dans ce pli de montagnes. Parmi les jeunes gens et les jeunes filles qui les habitaient et qui étaient pour ainsi dire élevés ensemble, s'étaient formées de tendres inclinations. L'une d'elles a laissé son souvenir sur un des grands hêtres de Chabret, où se lisent encore, gravés sur l'écorce par la main des amoureux, des chiffres entrelacés, surmontés de deux cœurs enflammés. L'arbre, comme un témoin immuable, a gardé fidèlement, à travers les années, l'empreinte qui lui avait été confiée. Mais hélas ! les destinées des hommes sont plus changeantes, et ces chiffres à demi effacés sont tout ce qui reste de ces jeunes et fraîches amours. Les troubles de l'époque, les nécessités de la vie séparèrent les amants. Les deux familles étaient pauvres, la prudence des parents s'opposa à un mariage qui n'offrait à leurs enfants qu'un avenir trop peu assuré. Le jeune homme dut chercher une carrière, la jeune fille un appui, et je dois l'avouer en historien véridique, tous deux, après les regrets donnés à leurs premiers rêves, finirent par accepter d'autres liens et par y trouver le bonheur (1).

Ce dénouement, mes enfants, vous paraîtra sans doute peu poétique ; mais je ne fais point un roman et je dois raconter les choses telles qu'elles se sont passées dans la vie réelle qui ne ressemble pas souvent aux romans. C'est ainsi que, des deux héros de cette histoire, l'un épousa une bonne et aimable femme, qui lui conserva le manoir de famille,

Ferme de Chabret.

où elle a passé sa vie et où nous l'avons connue et aimée ; l'autre, unie à un digne et excellent homme, qu'elle apprécia comme il le méritait, fut la meilleure des épouses et des mères de famille.

Cette famille de Cachard, dispersée par la pauvreté et le malheur des temps (le dernier qui posséda le manoir étant mort sans enfant), a disparu du pays, à notre grand regret. Des trois jolies filles dont j'ai parlé à propos du maréchal Victor, l'une épousa un M. de Saint-Romain, parent de Mme Rosalie, sur laquelle j'ai conté plusieurs histoires. Celle-ci faisait avec l'autre un contraste parfait ; autant la première était négligée dans sa mise, autant l'autre aimait

---

(1) Les deux amoureux étaient M. Hercule de Cachard et Mlle d'Hauterive, petite-fille de M. de Barjac, devenue Mme de Miraval.

à faire des toilettes extravagantes, qui étaient loin, par exemple, d'être toujours de bon goût ; elle avait la manie de mettre des robes de mousseline blanche ou rose par les temps les plus froids (car notre pays n'est nullement chaud). En cet accoutrement, elle allait partout, montée sur un âne, sa fortune et le mauvais état des chemins ne lui permettant pas les voitures ; elle était connue pour cela, et lorsqu'on apercevait de loin sur un âne cette robe blanche à rubans roses, on se disait : Voilà Mme Saint-Romain ! Par suite de mauvaises affaires, son petit manoir nommé Larsallier, situé près de Cachard et de Barjac, fut vendu, et la famille entière émigra en Algérie.

L'aînée des demoiselles de Cachard, Mlle Fanny, petite, mignonne et jolie, au point d'avoir été, pendant qu'elle était élève à Saint-Cyr, remarquée par la reine Marie-Antoinette, qui l'avait prise sur ses genoux et embrassée pour sa gentillesse, et qui n'avait pas moins d'esprit que de beauté, n'avait jamais voulu se marier, disant qu'elle eût été sûre de faire une sottise. Une fois, elle s'était laissée gagner, à force de sollicitations, à consentir à une entrevue ; le futur qui accourait empressé, fit une chute de cheval (car le cheval était alors un des seuls moyens de locomotion) qui le retint au lit et l'empêcha d'être au rendez-vous ; elle en profita pour lui écrire : « Monsieur, en venant me voir, vous avez failli vous casser la jambe ; si vous m'épousiez, vous vous casseriez le cou » ; et sur ce bon mot, le mariage en resta là. Elle avait conservé dans sa vieillesse, où je l'ai connue, cet esprit gai et aimable, plein de saillies amusantes et de réparties qui ne se faisaient jamais attendre. Un jour qu'elle était allée rendre visite à une de mes vieilles tantes, femme fort singulière, dont je parlerai plus tard, une de ses amies, présente à l'entrevue, lui dit après, pour la taquiner, que Mme de C... avait fait la remarque que, n'ayant pas vu Mlle Fanny depuis longtemps, et l'ayant laissée fort jolie, elle la trouvait bien changée : « Eh bien, ma mie (c'était son terme), vous lui direz que pour moi je ne l'ai pas trouvée changée, parce que je l'avais toujours vue laide. » Toutes ses intimes, plus jeunes qu'elle, l'appelaient ma tante, et elle était connue sous le nom de la tante Fanny, à Valence, où elle s'était fixée, et où je l'ai vue souvent dans sa vieillesse. La seule faiblesse qu'elle ait eue, était un perroquet, que lui avait rapporté un de ses neveux, et qui parlait fort bien. Vous devez vous souvenir, mes enfants, qu'étant tout petits, je vous menais le voir.

Le troisième château avec lequel mes parents entretenaient de fréquentes relations de voisinage se nommait Crozat, et appartenait à M. le baron du Bay, qui fut député sous la Restauration, homme éminemment respectable et distingué, partageant tous les sentiments royalistes de nos familles, ce qui avait d'autant plus de mérite de sa part qu'il était protestant, et que ceux-ci, dans nos pays surtout, sont généralement révolutionnaires. Lui, se montrait hautement le protecteur des catholiques, et, chose singulière, dans sa commune, lui, protestant, se trouvait à la tête du parti catholique, tandis que le chef du parti protestant était un homme jadis catholique, qui, ayant épousé une protestante et fait ses enfants protestants, avait abandonné tout signe extérieur de catholicisme. M. du Bay, au contraire, était marié à une catholique, et ses enfants furent élevés dans la religion de leur mère, ce qui fit rentrer toute la famille dans le giron de l'Eglise, en récompense, sans doute, de la protection qu'elle lui avait toujours accordée, et qui datait de loin, même parmi ses ancêtres. On raconte, en effet, qu'au temps des guerres de religion, un M. du Bay, protestant, voyageant avec un de ses amis catholiques, M. de Vocance, tous deux furent assaillis par un parti de huguenots, qui en voulait au gentilhomme catholique. Le chef, s'adressant à M. du Bay, lui dit : « Retirez-vous, ce n'est pas à vous que nous en voulons, nous ne vous ferons point de mal, mais c'est votre compagnon qui est l'ennemi que nous cherchons. » M. du Bay, mettant l'épée à la main, répondit qu'il n'abandonnerait jamais son ami, et fut tué, en effet, en le défendant. Ces traditions d'honneur et de loyauté s'étaient conservées dans la famille, ainsi que les habitudes patriarcales. Deux frères de M. du Bay, non mariés, habitaient la maison, aidaient à toutes les affaires, à tous les travaux et n'avaient jamais su quelle était, dans le patrimoine de la famille, la part qui leur revenait en particulier. Tout était resté commun entre eux, et jamais aucune contestation ne s'était élevée, ni entre les frères, ni avec la belle-sœur, femme du frère aîné, qui vécut toujours avec eux dans la même union, que la différence de religion ne troubla même pas, car j'ai déjà dit qu'elle était catholique et bonne catholique.

M. du Bay avait deux enfants, un fils et une fille, gâtés à l'envi par tous les parents, qui les idolâtraient, et on citait de ces gâteries des anecdotes assez drôles. Un jour, on attendait du monde à dîner, et il y avait un lièvre à la broche ; le petit garçon arrive, se met à crier qu'il veut le lièvre ; sa mère qui l'entend pleurer et ne sait rien lui refuser, ordonne aux domestiques de le lui donner. Il l'attache à une ficelle, le traîne ainsi par les escaliers et les invités se passèrent de rôti. Quant à la petite fille, elle voulait bien voir les personnes qui venaient chez ses parents, mais ne voulait pas qu'on la vît. Elle se servait à cet effet de ses cheveux, qui étaient longs et qu'elle ramenait devant son visage ; elle demeurait ainsi au salon et à table tant que duraient les visites. Heureusement, cette éducation, que mon père appelait l'éducation de Saint-Péray (car le village de Saint-Péray, patrie du bon vin, dont était Mme du Bay, était renommé pour les gâteries des enfants), cette éducation, dis-je, tomba sur de bonnes natures, qui n'en éprouvèrent pas de trop mauvais effets. Les enfants, eux-mêmes, devenus plus grands, sentirent le ridicule de tels caprices et demandèrent à aller en pension, où leurs petits travers achevèrent de se corriger. C'est parce qu'il ne leur en restait rien lorsque je les ai connus que je raconte ces anecdotes de leur enfance, dont ils étaient les premiers à rire.

Ils sentaient, néanmoins, que cette faiblesse ne prépare pas aux luttes de la vie et j'ai entendu la fille, Mme de Saint-Jean, dire à ses parents en parlant de ces premières fantai-

sies de son enfance : « Vous auriez dû me fouetter et je
souffrirais moins maintenant. » Dure leçon pour les parents
trop faibles, et heureux encore quand les conséquences n'en
sont pas plus funestes ! Car j'ai vu d'autres exemples, dans
des familles de notre connaissance, où les enfants n'ayant
pas été corrigés dans leur premier âge, ont tourné de
manière à faire le malheur de leurs aveugles parents. J'ai
connu, entr'autres, une pauvre femme, d'une famille des
plus honorables, restée veuve avec deux fils, qu'elle avait
aussi gâtés par trop de faiblesse. De ces deux fils, l'un,
devenu officier, fut chassé de son régiment pour vol et en

Ferme de Chalan.

mourut fou ; l'autre, resté auprès de sa mère, la battait pour
lui extorquer l'argent qui lui restait, jusqu'à ce qu'enfin sa
famille le força de s'engager, et n'étant accoutumé à supporter
aucune fatigue, il mourut de la fièvre à sa première campagne. La pauvre mère, qui avait épuisé jusqu'à ses dernières
ressources pour fournir aux prodigalités et aux désordres de
ses enfants, mourut après eux dans la misère, et on aurait
pu dire dans le désespoir, si la piété qu'elle avait conservée
ne l'eût soutenue à ce dernier moment.

Je vous cite, mes enfants, cet exemple terrible, que j'ai
eu sous les yeux, pour vous montrer l'importance de bien
élever les vôtres ; avec douceur et indulgence, sans doute,
mais sans faiblesse, même dans les petites choses, car elles
peuvent mener aux grandes, comme vous le voyez ; et vous,

mes petits-enfants, sachez gré à vos parents s'ils vous élèvent avec une sévérité salutaire, dont vous recueillerez plus tard les fruits.

Tels étaient les voisins et amis au milieu desquels vivaient mes parents ; j'en ajouterai un autre, ancien magistrat, protestant aussi, mais très attaché à notre famille, à laquelle il rendit des services pendant les Cent-Jours. Il s'appelait M. Perrier ; sa maison a été vendue depuis, mais sa fille, Mme de la Condamine, et son petit-fils ont conservé un établissement dans le pays. Il fut longtemps maire de Boffres et conserva, pendant sa très longue vie, l'estime et la considération de tous.

CHAPITRE III

Evénements de 1814 et de 1815. — Dangers courus pendant les Cent-Jours. — Retraite à Chasselay. — Courage de Mme Mazuyer. — Destitution de mon grand-père en 1819.

Mon aïeul et sa femme passèrent ainsi tranquillement à la campagne les dernières années de la Révolution et les premières de l'Empire. Leurs deux fils atteignaient l'âge d'homme : mon oncle, le plus jeune, entra dans l'armée et mon père fit ses débuts dans la carrière administrative, au Ministère de l'Intérieur, auprès de M. de Montalivet, ministre alors, et notre compatriote. Il se trouvait à Paris en 1814 et assista au grand drame de la chute de l'Empire, dont il m'a souvent raconté les péripéties. Il me disait combien la lassitude générale, produite par le régime tyrannique de Napoléon, se faisait jour, même dans les régions du pouvoir et au sein des ministères, quelque précaution qu'on pût prendre. Il m'a dit avoir vu un soir arriver un jeune attaché qui, à la suite de quelque nouvelle vexation, s'écria en plein salon du ministre : « Cela ne peut pas durer ; il est impossible qu'on y tienne plus longtemps ! » Aussi lorsqu'arriva la catastrophe finale, les esprits étaient tellement énervés qu'aucun élan patriotique ne s'éleva contre l'entrée des étrangers dans la capitale. Elle fut regardée avec indifférence et presque avec soulagement, comme mettant fin à un régime oppresseur. Et cependant ils n'y venaient pas, comme on l'a dit calomnieusement, pour y ramener les Bourbons. Ceux-ci furent appelés par le vœu public, comme des sauveurs, et leur intervention seule, le prestige de leur nom, plus puissant qu'une armée, préserva la France d'être partagée.

O race de nos rois, c'est toi qui avais fait la France, c'est toi qui l'as tant de fois sauvée ! et pour récompense, le dernier des tiens vient de mourir en exil ! L'ingratitude a égalé le bienfait ; ah ! puissent les martyrs que tu as envoyés dans le ciel obtenir notre grâce et fléchir la colère de Dieu que nous avons trop méritée !

Mon père, accompagnant le ministre, suivit à Blois la débâcle de la Cour impériale et l'impératrice Marie-Louise. Il avait été chargé d'une somme assez importante (40.000 fr.) qu'il rapporta fidèlement, après le changement de gouvernement, lorsque le ministère fut reconstitué. Il m'a dit souvent que les employés de bureau à qui il l'avait remise l'avaient regardé d'un air surpris, et légèrement ironique, qui semblait dire : « Quelle naïveté de rendre cet argent ; il pouvait bien le garder, personne ne s'en serait aperçu, ni ne l'aurait réclamé ! » Telle est souvent la conscience de beaucoup de ceux à qui les deniers publics sont confiés....

Mon oncle, qui avait fait dans les Gardes d'honneur, où il avait été incorporé, les dernières campagnes de l'Empire, eut le bonheur d'en sortir sain et sauf. Heureusement il n'avait pas fait partie de l'expédition de Russie, où périt un de ses cousins, M. de Saint-Ferréol, fils d'une sœur de ma grand'mère. Mon père regrettait beaucoup ce cousin, leur compagnon d'enfance, dont il m'a parlé souvent, ainsi que mon oncle. Ce pauvre jeune homme avait été obligé de partir comme soldat et de faire la guerre d'Espagne, dont il était revenu indigné des cruautés qui s'y étaient commises et qui suscitèrent malheureusement de terribles représailles. Il disait à mon père : « Si tu pouvais savoir ce que nous avons fait en Espagne, tu me renierais pour ton cousin ! » Il disparut dans les steppes de la Russie, lors du passage de la Bérésina, sans que mon aïeul et sa femme, qui l'aimaient comme un fils, aient pu savoir ni où ni comment il avait péri, ni encore moins retrouver son corps ; ils n'en eurent

jamais aucune nouvelle ; ainsi en fut-il alors, hélas ! de
bien des familles !

Mon oncle Théodore d'Indy avait pris part, ainsi que je
l'ai dit, à la campagne de 1813 et il nous a souvent raconté
plaisamment cette anecdote de sa première rencontre avec
l'ennemi, à la bataille de Hanau, je crois.

Entendant pour la première fois une grêle de balles siffler
autour de lui, mon on-
cle, qui venait d'arriver
à son régiment, bien que
fort brave, ne pouvait
retenir ce geste instinc-
tif qui pousse le soldat
encore inexpérimenté à
courber la tête comme
pour laisser passer les
projectiles. Son colonel,
M. de Pully, s'en étant
aperçu, lui cria : « Voilà
M. d'Indy qui salue les
balles bavaroises ! »
Alors le jeune lieute-
nant, très mortifié, ima-
gina d'appuyer forte-

Mon oncle Théodore.

ment son épée au pommeau de sa selle en en dirigeant la
pointe juste sous son menton, ce qui lui ôta l'envie de continuer à incliner la tête.

Au retour des Bourbons, mon oncle devint capitaine
de cuirassiers et fit en cette qualité la guerre d'Espagne
de 1823 ; il passa ensuite aux Grenadiers à cheval de la
Garde royale, accompagna, en 1830, le roi Charles X en
Normandie, malgré la défection de son régiment et donna
sa démission pour ne point servir Louis-Philippe.

Lors de la Restauration, mon grand-père fut nommé préfet de l'Ardèche, et son fils aîné devint son secrétaire ; la
patrie semblait renaître, les cœurs s'ouvraient à l'espérance,
mais la tranquillité ne fut pas de longue durée. Le retour

de l'île d'Elbe fondit sur la France comme un fléau dévastateur et la replongea dans un abîme de malheurs.

Mon grand-père, désigné aux vengeances du parti vainqueur comme un des plus fidèles serviteurs du roi, fut obligé de fuir à Vernoux, où vivait encore sa mère, et de s'y cacher, pendant que des sbires étaient mis à sa poursuite.

Obligé de quitter sa maison, il trouva un refuge dans celle de son ami, M. de Gumpertz. Les gendarmes chargés de l'arrêter furent l'y chercher, et pendant que Mme de Gumpertz, les voyant arriver, se répandait en cris et en larmes, ma grand'mère, forte et courageuse, précédant elle-même les soldats pour leur donner le change et paraître ne rien craindre, faisait signe à son amie de réprimer ces démonstrations qui pourraient les trahir. En effet, les gendarmes, trompés par la tranquillité apparente de ma grand'mère, ne poussèrent pas trop loin leurs recherches, et mon grand-père leur échappa. Il faillit courir un autre péril par l'indiscrétion d'une enfant. Une des petites filles de M. de Gumpertz, s'étant aperçue que les domestiques emportaient mystérieusement une partie des plats du dîner, eut la curiosité de les suivre en cachette pour voir où ils allaient ; elle les laissa partir et pénétra après eux dans une chambre haute où elle les avait vus entrer. Reconnaissant mon grand-père, elle resta toute interdite et se mit à pleurer, voyant bien qu'elle avait fait une sottise. Ses cris eussent pu encore devenir compromettants. Mon grand-père l'attira, la calma et lui fit promettre de ne rien dire, ce qu'elle observa d'autant plus exactement qu'elle était bien sûre d'être grondée si elle venait à raconter son aventure. Elle me l'a contée bien des fois plus tard, et me décrivait, d'une manière fort amusante, sa confusion à la vue de mon grand-père.

Mon aïeul put cependant s'évader ce soir-là, grâce à la ruse d'une bonne femme qui était dans le secret, et qui, pour donner le change, fut bavarder dans toutes les maisons, disant que M. d'Indy était parti depuis plusieurs jours, qu'on perdait son temps à le chercher, racontant sa fuite dans les plus menus détails, et, comme elle était connue pour savoir toutes les nouvelles, ses récits produisirent leur effet, et firent abandonner ou ralentir les poursuites. Mon grand-père put se retirer en lieu plus sûr et y attendre les événements, mais il fut obligé de partir seul, et de se séparer de sa femme ; celle-ci se réfugia dans son pays du Comtat, chez un ancien et fidèle serviteur, qui lui donna asile. Mon oncle, qui faisait partie des officiers restés fidèles au roi, se retira dans les montagnes, chez un de ses parents, où il put se dérober aux poursuites. Toute la famille était ainsi dispersée ; mon père, au commencement des événements, fut arrêté à Privas, puis mis en liberté par la protection du vieux magistrat, voisin de la famille dont j'ai parlé précédemment, M. Perrier, qui fut depuis maire de Boffres, et qui, étant alors procureur impérial, employa tous ses bons offices pour la délivrance de mon père.

Echappé à ce danger, il en courut un encore plus grand, par suite d'une étourderie. Il avait été chargé, par son père, de porter des dépêches à Mgr le duc d'Angoulême, qui se trouvait alors dans le Midi. Parti de Privas à cheval (il n'y avait guère alors d'autre moyen de voyager), il avait eu l'imprudence, au lieu de porter ses dépêches sur lui, de les mettre dans sa valise, placée sur la croupe de son cheval. Ce cheval, disait-il, avait l'air tellement poussif et tellement rosse, qu'il ne s'en défiait pas. Ayant mis pied à terre à une montée pour le soulager, il le laissait aller sans penser à le retenir par la bride, lorsqu'arrivé au haut de la montée, le cheval, qui paraissait n'avoir que le souffle, se ranime tout à coup et se met à prendre le trot, emportant la valise et les dépêches. Mon père avait beau courir après, il ne pouvait venir à bout de le rattraper ; il courut ainsi pendant long-temps, sans que le cheval ralentît sa course ; épuisé, à bout de forces, il était prêt à tomber de fatigue sur le chemin, lorsque heureusement il aperçut quelques passants, auxquels il eut encore assez d'haleine pour crier d'arrêter le misérable cheval. Ils parurent d'abord ne pas comprendre, mais enfin l'un d'eux saisit la bête par la bride, et mon père put re-monter dessus et continuer son chemin. Il ne put venir à bout de remettre ses dépêches au prince, qui était parti, mais elles ne furent pas découvertes, et il se réfugia ensuite au château des Bellescise, à Chasselay, près de Lyon, chez sa cousine, Mme Mazuyer, l'héroïne de la prison de Pierre-Scise, dont j'ai parlé au commencement de mes Souvenirs. Cette noble femme venait encore de sauver son village par un nouveau trait de courage.

Pendant l'invasion de 1814, un engagement avait eu lieu entre les troupes françaises et autrichiennes, à Limonet, lieu voisin du village de Chasselay qu'elle habitait. Les Autrichiens, vainqueurs et échauffés par le combat, menaçaient de piller le village. Tous les habitants, à commencer par le maire, s'étaient enfuis ou cachés dans les caves. Mme Mazuyer seule, conservant sa présence d'esprit, se rend sans hésiter et sans être accompagnée de personne, au camp des Autrichiens et demande à parler à l'officier commandant. Elle lui déclare hardiment que s'il veut piller le village, il n'y trouvera pas grand profit, les habitants étant pauvres et ayant emporté toutes leurs provisions ; tandis que s'il veut seulement des vivres pour ses troupes, elle se fait fort de lui en fournir, à la condition de respecter le village et de n'y point faire de mal.

L'officier autrichien, voyant une femme seule et qui parlait avec un calme aussi intrépide, se radoucit et devient plus traitable. Il promet que, moyennant qu'on fournisse à ses soldats toutes les provisions nécessaires, il ne fera aucun mal au village ni à ses habitants.

Munie de cette promesse, Mme Mazuyer va relancer les paysans dans leurs cachettes et les somme d'envoyer au camp autrichien, qui un bœuf, qui un mouton, enfin tous les animaux et comestibles nécessaires pour nourrir les soldats, s'ils veulent échapper au sort qui les menaçait. Chacun s'empresse d'obéir sans répliquer, trop heureux d'en être quitte à si bon marché. C'est ainsi qu'une femme courageuse sauva le lieu qu'elle habitait du pillage et de l'incendie, comme elle avait sauvé jadis les prisonniers du massacre.

Mon père passa auprès de cette bonne parente toute l'époque des Cent-Jours. Plusieurs réfugiés des environs s'y trouvaient aussi, attendant les événements. Parmi eux était le vicomte de Beaune, et sa belle-fille, Mᵐᵉ de Montagut, dont les intéressants Mémoires ont été publiés par son neveu, le duc de Noailles. Ce vicomte de Beaune était un fort aimable causeur, qui racontait d'une manière amusante les aventures' de son émigration et les anecdotes de la Cour de Louis XV. Ce roi, paraît-il, aimait parfois à se divertir aux dépens des gentilshommes qui venaient lui faire la cour. Le vicomte de Beaune disait qu'un jour, se promenant dans les jardins d'un des châteaux royaux où le roi se trouvait (je ne me rappelle plus si c'était Versailles ou un autre), il fut surpris par la pluie et se mit en devoir de regagner les salons. Le roi l'aperçut se dirigeant vers une porte vitrée. Feignant de lire en se promenant, il vint se mettre précisément le dos contre la porte par où M. de Beaune allait entrer, ce qui obligea celui-ci à faire le tour pour aller en chercher une autre ; le roi alors fit également demi-tour, et alla se mettre devant l'au‑tre porte ; il continua ce jeu deux ou trois fois, jusqu'à ce qu'enfin la pluie augmentant, il ne voulut pas lui infliger une plus longue station et laissa la porte libre.

Ces petites taquineries d'une époque heureuse firent bientôt place aux grandes épreuves de la Révolution.

On connaît par les Mémoires de Mᵐᵉ de Montagut les malheurs de sa famille.

Après la tourmente, le vicomte de Beaune ayant obtenu de rentrer en France, se présente à la frontière devant les autorités, accompagné de son valet de chambre. On lui demande quel est cet homme. Ignorant les susceptibilités du nouveau régime et employant les termes usités de son temps, il répond simplement : « C'est un homme à moi. » Là-dessus, indignation des agents de l'autorité sur ce langage d'aristocrate : « Eh bien, si vous voulez, reprend le vicomte, c'est un de mes gens. » Nouvelle récrimination : Mes gens ! doit-on parler ainsi dans une république ? Le vicomte, à bout de voie, finit par se souvenir que l'appellation moderne devait être un *officieux*, et, ayant donné ce nom, ils s'en contentèrent enfin et le laissèrent passer.

Ces causeries aimables aidaient à passer ce temps d'une incertitude si douloureuse pour tous ; car on ne savait, dans le cas où Napoléon serait vainqueur, si l'esprit révolutionnaire, déchaîné par ce triomphe, ne conduirait pas à de nouveaux excès.

Le château de Bellescise semblait devoir en être plus à l'abri, à cause de l'affection que les habitants du pays portaient à ses propriétaires, affection qui datait de loin, comme on l'a vu, et qu'avait encore augmentée l'acte récent de courage de Mme Mazuyer, qui avait préservé son village de l'invasion autrichienne.

La chute définitive de Napoléon permit à mes parents de se réunir à l'abri désormais de tout danger. Déplorant les défaites et les malheurs attirés sur la France par l'ambition d'un homme funeste, ils saluèrent avec joie et espérance le retour des Bourbons qui promettait de cicatriser les maux de la patrie. Mon grand-père rentra dans sa préfecture de Privas, et quelques années tranquilles se passèrent ainsi. En 1816, il eut la douleur de perdre sa mère, et, après la mort de celle-ci, la maison de Vernoux leur étant devenue inutile, fut vendue, ainsi que je l'ai dit, à M. de Lubac, ami de la famille.

En 1819, mon aïeul fut relevé de ses fonctions de préfet par le ministre persécuteur des royalistes, M. Decazes. Il éprouva un profond chagrin, moins de l'injustice qui lui était faite après tant de preuves de fidélité, que des malheurs où il prévoyait qu'une semblable politique allait entraîner la monarchie, et l'année suivante, le meurtre du duc de Berry ne vint que trop justifier ses craintes ! La naissance du duc de Bordeaux lui rendit un moment de joie. Qui eût dit, hélas ! que cet enfant, objet de tant d'espérances, devait, après soixante ans, mourir loin de cette France qui avait accueilli sa naissance avec une si vive allégresse !

O profondeur des desseins de Dieu, que vous êtes impénétrable ! Nous devons vous adorer, quelle que soit votre apparente rigueur !

CHAPITRE IV

Mariage de mon père et de son frère. — Famille de ma mère. — Ses
oncles et tantes. — Le nègre de mon oncle député en 1848. — Mes
deux grand'mères. — Caractères de ma mère et de ma tante. — La
tante Annette. — La tante Henri. — La tante Chorier.

ON aïeul et sa femme étaient alors retirés à Chabret,
et mon père fut nommé sous-préfet de Nyons par
M. de Villèle. Mes grands-
parents, trouvant néan-
moins le climat de la montagne trop rigoureux pour
l'hiver, avaient pris pendant
la mauvaise saison un ap-
partement à Valence, où ils
avaient beaucoup de rela-
tions. Ma grand'mère avait
entr'autres une amie in-
time, Mme du Pont, auparavant Mlle de Laurencin,
une des beautés du lieu à
l'époque où Napoléon y était

Ma tante Résia.

sous-lieutenant, et qui est mentionnée en cette qualité dans
le Mémorial de Sainte-Hélène.

C'est par cette amie commune que se fit la connaissance
qui devait amener le mariage de mon père et de mon oncle.
Ma grand'mère maternelle, Mme de Chorier, qui était veuve,
demeurait avec ses filles dans la maison de Mme du Pont,

dont elle était locataire. Elle rencontrait souvent chez elle ma grand'mère d'Indy, ainsi que ses fils, tous deux beaux et séduisants, qui ne tardèrent pas à faire impression sur le cœur des jeunes filles. Le mariage de mon oncle se décida le premier, quoiqu'il fût le plus jeune, car il avait gagné le cœur de ma tante, l'aînée des sœurs, dont le caractère résolu triompha de deux préjugés qu'avait sa mère, le premier contre l'état militaire, qui, sous l'Empire, avait été l'effroi de toutes les mères, le second, contre les Vivarois, ou habitants de l'Ardèche. parce qu'en 1814, voulant éloigner ses jeunes filles du théâtre de l'invasion étrangère, elle s'était réfugiée avec elles dans une ferme du Vivarais, près de Lavoulte, où elle s'était trouvée fort mal. Cette circonstance, jointe à l'espèce d'antipathie ou de rivalité qui a toujours existé entre les habitants des deux rives du Rhône, lui avait fait protester qu'elle ne prendrait jamais pour gendre ni un Vivarois, ni un militaire (or elle a eu un militaire et deux Vivarois, ce dont ses filles et ses gendres ont souvent ri plus tard avec elle). Ma mère, d'un caractère beaucoup plus timide et contenu que sa sœur, mais qui n'en était que plus sensible et passionné, ressentait, sans oser le dire, une affection non moins vive pour mon père, l'aîné des deux frères, dont l'esprit charmant, mais plutôt rêveur et mélancolique, très différent de la vivacité de son frère, sympathisait davantage avec celui de ma mère.

Le mariage de mon oncle ayant rapproché les deux familles, celui de mon père et de ma mère fut arrangé par une vieille tante fort originale, dont j'aurai de curieuses histoires à raconter. Très spirituelle elle-même, elle avait été séduite par le charme de l'esprit et des manières de mon père, et favorisa l'inclination qu'elle avait devinée chez sa nièce. Le second mariage eut lieu un an après le premier, en 1821, et mon père emmena sa femme à Nyons, où je naquis l'année suivante. Ma tante demeura avec sa mère. Le service militaire, à cette époque, n'occupait qu'une partie de l'année ; les officiers avaient, presque toujours, six mois à passer chez eux, et il n'était pas d'usage que leurs femmes

les suivissent dans les garnisons, à moins qu'ils ne fussent
colonels ou généraux, pour leur aider à faire les honneurs.

Ayant fait connaître la famille de mon père, je vais maintenant dépeindre celle de ma mère.

Mon grand-père maternel, conseiller au parlement de
Grenoble, était mort jeune, laissant sa veuve avec trois filles, ma mère, ma tante et une troisième sœur, créature
idéale de grâce et de beauté, et joignant à ces avantages mille
qualités aimables, d'après tous ceux qui l'ont connue, mais
qui mourut à quinze ans, semblable à une apparition
céleste, qui ne fait que passer sur la terre. Ma mère ne
pouvait parler de cette jeune sœur, qu'elle avait tendrement aimée, sans une émotion et des regrets toujours renouvelés.

La famille de ma grand'mère était nombreuse ; elle avait
six frères ou sœurs, qui ont presque tous vécu très vieux, et
dont j'ai connu la plus grande partie. L'un d'eux s'appelait
Pernéty d'Argens, pour le distinguer des autres, suivant la
coutume du temps. Le bon vieillard, malgré son nom,
n'était pas cousu d'or ; il était célibataire et aveugle, ce qui
le rendait absolument dépendant d'une vieille servante, qui
lui avait rendu des services pendant la Révolution, durant
laquelle son mari et elle l'avaient caché pendant longtemps.
Elle abusait pour lors un peu de l'empire que de telles obligations, jointes à l'infirmité de son maître, lui avaient valu
sur celui-ci, et les membres de la famille lui étaient particulièrement en aversion. Lorsque, mon vieil oncle étant
malade, ses frères et sœurs allaient savoir de ses nouvelles,
la vieille servante refusait d'ouvrir la porte, et leur criait par
la fenêtre, dans son dialecte provençal (elle était marseil-
laise) : « Monsieur *il* va mieux ; la succession *il* n'est pas
encore ouverte. » Et Dieu sait que la succession n'était pas
considérable ; mais pour pouvoir approcher de leur frère, les
parents étaient obligés de supporter les boutades de la servante.

Deux autres de mes grands-oncles avaient été Commissaires généraux de la marine. Pendant leur séjour dans les

ports, l'un avait épousé une provençale de Toulon, l'autre
une bretonne des environs de Brest. Le premier, obligé de
fuir lors du siège de Toulon, mourut en émigration. Sa
veuve, qui était revenue à Valence, vécut jusqu'à quatre-
vingt-seize ans et mourut à Sérignan, près d'Orange, où
était établie sa fille, Mme de la Paillonne, qui vient de
mourir à plus de quatre-vingts ans. L'autre, mon oncle
Henri Pernéty, prit sa retraite aussi à Valence, et y mourut
à quatre-vingt-douze ans. Il ne laissa qu'une fille, Mme de
Sigoyer, mère de l'infortuné commandant de Sigoyer, si
odieusement assassiné par les incendiaires de la Commune
en 1871.

Le quatrième de mes oncles Pernéty parvint à une plus
haute fortune que ses frères. Il fit les guerres de l'Empire
dans l'arme de l'artillerie et fut fait général de division à la
bataille de Wagram, où il fut chargé par Napoléon de la
construction du célèbre pont de l'île Lobau. Devenu pair
de France sous la Restauration, il se fixa à Paris, où il
épousa Mlle Henrion de Pansey, cousine-germaine de notre
grand poète M. de Lamartine et nièce du président Henrion
de Pansey, magistrat éminent, dont le salon réunissait les
esprits les plus distingués de l'époque, auxquels s'ajoutèrent,
par le mariage de sa nièce, les principales notabilités militaires. Ma tante Pernéty faisait les honneurs de ce salon avec
une grâce et une aménité qui le rendaient doublement agréable, et elle continua pendant de longues années, son mari
et elle étant parvenus à la plus grande vieillesse. Il y a eu à
leur sujet une anecdote assez plaisante qui a été rapportée
dans les journaux de l'époque, et qui porte la marque des
temps étranges et troublés où nous vivons.

Lors de la Révolution de 1848, dans l'enthousiasme des
républicains pour l'émancipation des noirs, on voulut
nommer à Paris un député nègre ; or, mon oncle, le général
Pernéty, avait un nègre pour valet de chambre, et ce fut précisément ce nègre, Hilaire, ou Mazulime de son nom de
famille, qui, se trouvant là, fut choisi ; de sorte que, la pai-
rie étant abolie, le maître fut remplacé comme législateur

par son valet de chambre. Un bon mot courut à ce sujet, c'est que le valet avait passé d'une *chambre* à l'autre.

Le brave homme ne s'enorgueillit pas trop de sa nouvelle position, et comme il jugeait avec raison que sa place de valet de chambre était meilleure et plus assurée que celle de député, il ne voulut pas quitter le service de mon oncle, ni sa femme celui de ma tante, dont elle était femme de chambre. Il était plaisant d'entendre mon oncle donner des conseils politiques à son valet successeur. C'était l'époque où l'Assemblée était assez conservatrice, et le ministère également. Quand mon oncle trouvait que le vote d'Hilaire n'avait pas été aussi bon qu'il l'aurait dû, bien qu'il fût généralement parmi les conservateurs, il lui en faisait des reproches, et le pauvre Hilaire répondait, pour se justifier, qu'il n'avait pas compris la question : « Imbécile, lui répliquait mon oncle, quand on n'a pas compris, on vote comme les ministres ! » Cette théorie du gouvernement parlementaire prouve que mon bon oncle ne vivait pas en l'an de grâce 1888, car il eût parlé autrement.

Enfin, au bout de quelques mois, comme mon oncle réunissait toujours à sa table beaucoup de gens importants, dont plusieurs étaient députés, il trouva trop ridicule de les faire servir à table par leur collègue, et il fit comprendre à Hilaire que son mandat législatif ne pouvait s'accorder avec sa place de valet de chambre. Le pauvre nègre consentit avec grand regret à se retirer chez lui, où la cuisine qu'il fut obligé de faire contrastait si fort avec celle de mon oncle, qu'il ne tarda pas à prendre une maladie d'estomac dont il mourut l'année suivante. Ce fut tout le fruit qu'il retira de sa grandeur momentanée, qu'il dut maudire plus d'une fois. Ainsi en a-t-il dû être de beaucoup de pauvres gens dont la fumée des honneurs éphémères est venue troubler la paisible existence, pour les laisser ensuite plus misérables qu'auparavant.

Mon oncle le général, comme nous l'appelions, n'ayant pas eu d'enfants, adopta pour son héritier le fils de son frère aîné mort en émigration ; mais celui-ci n'ayant eu que deux filles mariées à deux frères, MM. Carra de Vaux, d'une famille de magistrature de Paris, le nom de la famille Pernéty n'est plus porté que par une branche éloignée et collatérale. Ainsi dans cette maison, où il y avait quatre fils, dont trois mariés, le nom s'est éteint à la génération suivante, ce que nous avons souvent remarqué avec chagrin. Celui de ma mère s'est éteint aussi, et dans ce Valence où elle avait une famille si nombreuse, il ne m'est resté aucun parent.

Je passe maintenant aux femmes de la famille, et je parlerai en premier lieu de ma grand'mère, femme de beaucoup de mérite et de vertu, plus instruite que beaucoup d'hommes, car elle avait suivi les leçons de ses frères, savait le latin comme eux, et faisait en outre de très jolis vers, un peu dans le goût des madrigaux et vaudevilles du dernier siècle, mais toujours du style et de la morale la plus châtiée, car elle était d'une grande piété. Elle avait élevé elle-même ses filles, qui surent profiter de ses enseignements. Cette éducation maternelle n'offrit qu'un seul inconvénient. La mère, bonne et faible, se laissait un peu dominer par le caractère plus absolu de sa fille aînée, tandis que la timidité naturelle de ma mère, qui la tenait dans une sorte de sujétion vis-à-vis de sa sœur, s'augmenta au point de lui rendre pénibles les rapports de société, où son intelligence et ses talents étaient bien faits au contraire pour la faire distinguer. Un peu d'éducation publique aurait fait disparaître, par le frottement des caractères, ces deux légers défauts ; mais ma grand'mère éprouvait une aversion, inspirée par certains écrivains du dernier siècle, contre les pensionnats de jeunes filles, dont il y avait du reste bien peu alors qui méritassent confiance, les couvents n'existant plus.

Une vieille religieuse avait cependant établi à Valence à cette époque un externat de jeunes filles, où presque toutes celles de la ville et des environs étaient élevées. Ma mère et ma tante n'y furent pas envoyées, mais leur mère prit tous les soins possibles de leur donner, outre les principes solides, les talents les plus agréables. Elle leur avait fait choisir le talent qui leur plaisait le plus, et elles avaient choisi suivant la pente de leur caractère. Ma mère qui craignait par-dessus tout d'être mise en avant, se décida pour le dessin et la peinture, art pour lequel il y a plutôt besoin de solitude, et elle y acquit une véritable supériorité. Elle avait aussi une jolie voix et de grandes dispositions pour la musique, mais ce fut ma tante qui la cultiva plus qu'elle, étant moins timide, et ne craignant pas de se produire dans le salon de sa mère où son talent précoce et remarquable était vivement apprécié.

Mes deux grand'mères, telles que je les ai connues, aussi vertueuses l'une que l'autre, offraient néanmoins un contraste frappant. Mon aïeule maternelle, quoique sentant très profondément, était calme et froide en apparence, autant que l'autre était vive et enjouée. Leur piété, également solide et sincère, présentait les mêmes différences : elle était chez l'une expansive comme sa nature, chez l'autre elle se renfermait davantage dans les strictes obligations, se défiant de toute pratique nouvelle, même des plus autorisées ; bien que loin d'être janséniste, elle n'avait pu éviter de se ressentir un peu du cachet de sécheresse et de formalisme imprimé par cette école à la religion dans le xviii⁰ siècle, tandis que ma grand'mère d'Indy, enfant du Comtat d'Avignon, encore alors province du Pape, y avait puisé la dévotion affectueuse et démonstrative de l'Italie et du Midi de la France. Orpheline, elle avait passé son enfance et sa jeunesse dans un couvent, tandis que ma grand'mère de Chorier n'avait jamais quitté ses parents.

Ma mère, jeune.

En un mot, l'une de mes grand'mères était la femme pieuse et vertueuse du xviii⁰ siècle, telle que la dépeignent

les Mémoires de Mme de Montagut. L'autre me représentait
davantage la châtelaine des anciens jours, vivant au milieu
de ses terres, et y répandant ses bienfaits.

Des sœurs de ma grand'mère maternelle, l'une était religieuse et avait passé à l'étranger lors de la Révolution. Une
autre, mariée, sans enfants, était morte avant ma naissance.
Une troisième, que j'ai connue, était une bonne vieille fille,
que nous appelions la tante Annette. Elle n'avait pas embrassé le célibat par un choix volontaire, mais étant un peu
disgraciée de la nature au physique et au moral, aucun
mari n'était venu la chercher. Elle avait été longue à en prendre son parti, et on prétendait que, comme la Bélise de
Molière, lorsqu'il se présentait des jeunes gens pour ses nièces, elle s'imaginait souvent devoir être l'objet de leur choix.
Néanmoins, ses déconvenues n'aigrissaient point son caractère; elle restait toujours bonne et douce, et malgré ses ridicules et son esprit un peu borné, ses complaisances pour
nous tous, ses petits-neveux et nièces, nous la faisaient
aimer. Ma grand'mère, sa sœur, la prenait souvent chez elle
pour essayer de la soustraire, quoique sans succès, à l'empire tyrannique d'une servante qui la dominait comme une
autre avait fait pour son frère d'Argens, et qui avait fini dans
sa vieillesse par lui imposer toute sa parenté, laquelle resta
avec elle, même après la mort de la servante, et dont elle ne
se débarrassa jamais. Elle vécut jusqu'à plus de quatre-
vingts ans, et n'était pas néanmoins disposée à quitter la
vie. On prétend que lorsque son confesseur lui déclara qu'il
fallait se préparer à la mort, elle s'écria : « Mais ce n'est pas
mon tour, c'est le tour d'Henri ! » (1). Comme je l'ai dit, en
effet, tous les frères et sœurs étaient arrivés en général à
une grande vieillesse.

Après les sœurs de ma grand'mère, deux de ses belles-
sœurs méritent un chapitre particulier. L'une était la Bretonne que nous appelions ma tante Henri, femme de mon
grand-oncle Henri Pernéty, Commissaire général de la ma-

---

(1) Son frère aîné.

rine. C'était une toute petite femme, vive, caressante, et qui avait été fort jolie. Elle avait pour son pays un amour passionné, et citait la Bretagne à tout propos. Une fois, apercevant dans la rue deux soldats qu'elle reconnut à leur langage pour des Bretons, elle courut après eux, les accosta, et n'eut pas de repos qu'elle ne les eût emmenés déjeuner chez elle, s'inquiétant peu que cela pût paraître étrange à eux ou aux autres. Tel était son caractère primesautier et un peu excentrique. Lorsqu'elle avait une idée, elle l'exprimait de suite, quelque singulière qu'elle pût paraître.

Lorsque ma sœur revint du couvent, à l'âge de quinze ans, elle était étonnamment grande, et ma vieille tante, comme je l'ai dit, était toute petite. A la première visite que lui fit ma sœur, lorsqu'elle se préparait à l'embrasser, ma tante lui tourne tout à coup brusquement le dos, en lui disant : « Attends, attends ! » Pendant que ma sœur cherchait à se rendre compte de cette singulière réception, elle voit revenir ma tante, qui, étant allée chercher un tabouret, y monte dessus, et lui dit : « A présent je suis à ta hauteur, et je puis t'embrasser », manière de la complimenter sur sa belle taille.

Ma mère, étant une fois chez elle, avait profité d'un moment où elle était sortie de la chambre, pour remettre sa jarretière qui s'était détachée. Ma tante rentre avant qu'elle eût pu finir cette opération, et pousse tout à coup une exclamation telle, que ma mère, confuse et effrayée, se retourne, ne sachant ce qui arrivait : « Ah ! Joséphine ! (c'était, comme je l'ai dit, le nom de ma mère) Joséphine ! que tu as la jambe bien faite ! »

Elle avait la bonté de m'aimer et de me caresser beaucoup, et je lui ai gardé un souvenir affectueux. Sa petite-fille, Caroline de Sigoyer, était mon amie intime ; elle l'est restée du fond de son couvent, où elle a été une sainte religieuse de la Visitation, jusqu'au jour où j'ai eu, hélas ! le chagrin de la perdre. D'un caractère fort gai, elle me racontait plaisamment les confusions où la jetait souvent sa grand'-mère par ses singularités.

Cette bonne vieille tante a vécu jusqu'à quatre-vingts ans, et son mari jusqu'à quatre-vingt-douze, et j'étais déjà mariée lorsqu'ils sont morts. Ils avaient eu plusieurs filles, dont l'aînée, nommée Aline, qui mourut jeune, était, paraît-il, une charmante personne, qui avait été l'amie bien chère de ma mère et de ma tante. La seule qui leur était restée était Mme de Sigoyer, dont le mari, qui fut longtemps dans l'administration, faisait aussi fort agréablement les vers.

Leur fils aîné a été le malheureux commandant de Sigoyer, si cruellement assassiné, comme je l'ai dit plus haut, par les bandits de la Commune en 1871. Cette mort terrible de mon ancien camarade d'enfance a été une des impressions les plus douloureuses qui me soient restées de cette funeste époque !

Bien que j'aie cité parmi les tantes de ma mère quelques caractères singuliers, la personne excentrique par excellence était la femme du frère de son père, M. de Chorier, ancien officier et député sous la Restauration. Elle était fille unique de M. de Gailhard, homme riche et considéré, qui avait été président au présidial de Valence, charge qui fut supprimée vers l'époque de la Révolution. Ma tante de Chorier était un de ces types dont il y a peu, heureusement ; petite, laide, mal faite, elle ressemblait à une de ces vieilles fées qui arrivent dans les contes pour jouer quelque méchant tour aux nouveau-nés et aux familles qui ont oublié de les inviter.

Intelligente et spirituelle, mais d'un esprit aussi mal tourné que son corps, elle passait sa vie à tourmenter tous ceux qui l'entouraient, à commencer par son mari qu'elle avait néanmoins épousé par amour, et à qui elle avait apporté une grande fortune ; mais cet amour ne l'empêchait pas d'exercer sur lui son humeur. Son caractère n'était pas emporté, mais taquin. Elle se fâchait rarement, mais inventait en dessous de petites vexations, dont elle niait ensuite être l'auteur. Lorsque son mari donnait un ordre aux domestiques, elle leur en donnait en secret un contraire, puis faisait croire à son mari que c'étaient les domestiques qui étaient négligents, l'exhortant à prendre patience.

Elle avait eu deux enfants qu'elle avait perdus par sa manière bizarre de les traiter. Imbue des maximes de J.-J. Rousseau, elle les laissait courir, à peine vêtus, quelque temps qu'il fît, et l'un d'eux ayant pris la rougeole, elle continua ce régime, traitant de préjugés les recommandations du médecin, de sorte que le pauvre enfant en mourut.

C'était la femme du XVIII° siècle, frivole et sceptique, affectant la sentimentalité, quoiqu'en réalité fort peu sensible ; elle en représentait les mauvais côtés, comme ma grand'mère Chorier, sa belle-sœur, en représentait les bons. Elle avait, néanmoins, été élevée par une mère pieuse, et avait fait son éducation au couvent de la Visitation ; mais son esprit de travers avait tout gâté. Sa manie de contradiction l'avait poussée à rechercher et à lire en cachette tous les livres qu'on lui défendait, et ces mauvaises lectures avaient perverti son esprit et faussé ses idées.

Il faut lui rendre néanmoins cette justice, qu'elle ne cherchait pas précisément à nuire d'une façon sérieuse. Plutôt bizarre et taquine, que réellement méchante, ses vexations et tracasseries portaient surtout sur les petites choses. Elle avait conservé quelques bonnes qualités, entr'autres la charité pour les pauvres, qui, sans doute, lui a mérité de mourir, comme elle l'a fait, en chrétienne, quoiqu'elle ne l'eût guère été pendant toute sa vie. Elle était souvent très généreuse dans ses cadeaux et libéralités, mais ses charités et générosités portaient toujours l'empreinte de son caractère étrange et contrariant. Elle nourrissait beaucoup de pauvres des restes de sa table, sans compter les dons en argent, mais si on lui faisait une quête pour quelque bonne œuvre, elle refusait obstinément ; elle voulait bien donner d'elle-même, mais non accorder ce qu'on lui demandait. Elle répondait toujours non, avant même de savoir ce dont il s'agissait. Il en était de même pour ses nièces et pour ma sœur, qu'elle a eue longtemps avec elle. Elle l'accablait parfois de cadeaux, de robes et de chapeaux, lorsqu'elle n'en avait pas besoin ; mais si elle avait envie d'une robe ou d'un chapeau neuf, c'est alors qu'elle n'en donnait point. Pour ses nièces, ma mère et ma tante, elle en prenait de temps en temps une des deux à gré et la comblait de présents à l'exclusion de sa sœur, afin de se donner la satisfaction de vexer l'une en faisant plaisir à l'autre ; c'était sa manière.

Ma mère, très bonne et très douce, et ayant moins que ma tante le goût de la toilette, ne s'affectait pas beaucoup de cette partialité, lorsqu'elle tombait sur sa sœur, ce qui arrivait le plus souvent, ma tante étant un peu la gâtée de la famille ; mais lorsque, par caprice, le contraire arrivait, ma tante y était plus sensible, d'autant que la maligne vieille s'y prenait de la façon la plus vexante. Ma mère étant absente après son mariage, la tante (comme on l'appelait tout court) faisait venir sa sœur et lui disait de choisir les toilettes les plus à son goût, ayant l'air de lui faire croire que c'était pour elle. Sa nièce, fort élégante, lui apportait ce qu'il y avait de plus frais et de plus à la mode, sur quoi la vieille tante ajoutait : « C'est fort joli ; je vais l'envoyer à ta sœur. »

Aucune manie de vieille femme ne lui manquait. Elle était entourée de chiens qu'elle nourrissait de rôtis et de friandises. Par malheur, lorsque les chiens ne lui suffirent plus, elle voulut un enfant, et voulut que ce fût une petite fille ; le choix tomba sur les enfants de ma mère, la seule qui eût des filles. N'osant pas demander l'aînée, qui était moi, elle exigea (c'est le mot, car, en cas de refus, elle eût déshérité non seulement ma sœur des avantages qu'elle comptait lui faire, mais ma mère de la part de son héritage qui était considérable, elle exigea donc que ma sœur (1) lui fût confiée ; ce fut la plus dure épreuve pour mes parents. Ils ne pouvaient se résoudre à faire un tel sacrifice, surtout en faveur d'une femme de ce caractère. Si dans leur sollicitude pour leurs enfants (ma mère en avait beaucoup alors, que Dieu lui reprit, hélas ! plus tard) ils consentirent à s'y résigner, ce ne fut qu'après avoir pris toutes les précautions pour assu-

---

(1) Laurence d'Indy, comtesse de Raousset Boulbon.

rer l'éducation chrétienne de leur fille. Une institutrice pieuse fut placée auprès d'elle, mais elle ne put supporter longtemps les bizarreries de la tante, et lorsque mes parents s'aperçurent que l'instruction religieuse de leur fille serait négligée, et qu'on ne la conduisait pas exactement à l'église, ils la reprirent avec eux, méprisant également les promesses et les menaces de la vieille tante, à qui mon père déclara que l'âme de son enfant lui était plus précieuse que tous les trésors de la terre. Ce ne fut qu'au bout de quelque temps que, sur les supplications de la tante qui était devenue veuve, ils consentirent à la lui rendre, moyennant plusieurs conditions et garanties sérieuses :

1º De la mettre au couvent pour y faire son éducation, dès qu'elle serait en âge ;

2º De placer auprès d'elle, dès lors et jusqu'à son mariage, une personne de confiance et de leur choix.

Ce choix tomba sur une parente éloignée, vieille fille et excellente, appelée Mlle de Lavèze, à laquelle ma sœur est toujours restée tendrement attachée. Après le mariage de celle-ci, elle est restée auprès de la tante qui avait fini par l'aimer aussi, et elle ne l'a pas quittée jusqu'à sa mort, qu'elle a contribué à adoucir et à rendre chrétienne. Cette bonne fille est morte il y a peu de temps, âgée de quatre-vingt-quatre ans ; mais, hélas ! l'intelligence s'était éteinte chez elle avant la vie. Elle était tombée en enfance, et nous ne pouvions plus causer avec elle de ceux que nous avions aimés, et qu'elle aimait aussi. N'importe, lorsqu'elle a disparu, il m'a semblé perdre encore quelque chose qui me restait d'eux !

Mon père qui aurait pu, s'il avait voulu, se faire donner alors toute la fortune de la tante, tant elle tenait à ravoir ma sœur, eut soin au contraire de lui faire faire un partage qui ne lésât personne et qui, tout en lui laissant la latitude de faire un avantage à ma sœur, assurât les droits de son frère et de sa belle-sœur, en même temps que ceux de ma mère.

Selon l'habitude d'accaparement et d'exclusion caractéristique chez la tante Chorier, en même temps qu'elle prenait ma sœur avec elle, elle refusait de recevoir les deux petits garçons de sa nièce Résia (1), sous prétexte qu'ils lui rappelaient ceux qu'elle avait perdus, et cette exclusion mortifia beaucoup cette dernière, qui était cependant assez sa favorite ; mais ses favoris étaient souvent le plus exposés à son humeur contrariante, témoin ma sœur, à qui elle a fait essuyer des taquineries de toutes sortes, tout en la gâtant beaucoup. Elle lui passait volontiers ce qui aurait été punissable, et la contrariait sur ce qui était juste. Aussi ma sœur avait-elle fini, pour en obtenir quelque chose, par lui demander précisément le contraire de ce qu'elle désirait, et cette tactique lui réussissait ordinairement. Elle lui faisait beaucoup de cadeaux, l'accablait de joujoux dont le plus souvent elle ne savait que faire et qu'elle finissait par ne plus regarder ; mais si quelque autre personne lui donnait une bagatelle qui lui fît plaisir, la tante exigeait immédiatement qu'elle s'en défît pour la donner, contre son gré, à un autre.

J'ai quelquefois été l'objet de ces libéralités forcées, et je ne l'ai su que beaucoup plus tard, ma sœur ayant eu l'amour-propre de ne pas vouloir me le dire, pour conserver le mérite de son cadeau, quoiqu'elle fût sûre que je le lui aurais rendu.

Je me rappelle, entr'autres, un jour (nous étions mariées depuis longtemps toutes les deux), elle aperçut dans les affaires d'une de mes filles un petit coffret en mosaïque de paille, qui m'était venue d'elle : « Ah ! me dit-elle, voilà un coffret qui m'a coûté bien des larmes ! »

— Comment, lui dis-je, c'est toi qui me l'as donné.

— Oui. et c'était bien par force ; on m'en avait fait cadeau ; je le trouvais si joli que la tante exigea absolument que je te le donnasse.

— Eh quoi ! lui dis-je, ne pouvais-tu pas me le dire, je te l'aurais rendu tout de suite.

— Je m'en serais bien gardée. j'avais trop d'amour-propre.

----

(1) Wilfrid et Antonin d'Indy.

Lorsque j'allais la voir, au contraire, elle me donnait souvent de bon gré quelqu'un de ses joujoux, devant lesquels je tombais en admiration, n'en ayant pas de si beaux, tandis qu'elle, au milieu de ses richesses, préférait jouer du violon en croisant deux allumettes, et ne sortait ses beaux joujoux que pour nous les montrer. Preuve de la satiété qu'amène le trop d'abondance, et du peu de goût qu'ont les enfants à jouer seuls.

Ma tante de Chorier était devenue un objet de curiosité pour toute la ville, parce que, depuis la mort de son mari, sous prétexte d'une douleur inconsolable, qu'elle n'était guère capable d'éprouver, elle ne voulait plus sortir et se refusait à toute visite.

La solitude dont elle s'entourait avait pour but, non seulement de faire croire à sa profonde affliction, mais de se faire passer pour très malade ; car ce jeu, dont elle avait usé autrefois à l'égard de son mari, elle le continuait vis-à-vis des autres, qui n'en étaient pas aussi facilement les dupes. C'était son argument ordinaire, lorsqu'on voulait lui demander quelque chose qui ne lui convenait pas, ou qu'elle voulait elle-même imposer quelque caprice.

Un jour qu'elle avait impatienté son neveu Théodore, en lui refusant obstinément les demandes les plus raisonnables, et ajoutant toujours d'un ton languissant qu'on devait la laisser tranquille, pour huit jours à peine qu'elle avait à vivre, il se tourne vers Mlle de Lavèze, disant à demi-voix, d'un ton railleur : « Je lui en donne quinze et qu'elle tienne parole ! », boutade qui faillit faire perdre son sérieux à l'excellente fille. Celle-ci avait elle-même en commençant donné dans le panneau, ce qui l'avait rendue victime de maintes taquineries.

La première fois qu'elle demanda à la tante un congé pour aller voir sa mère, elle l'obtint, mais à peine arrivée chez elle, elle reçoit une lettre du médecin de la tante, lui annonçant que celle-ci est très mal, et qu'il faut se presser de revenir auprès d'elle. La pauvre Mlle de Lavèze revient à la hâte, et demeure fort surprise en retrouvant la tante absolument comme elle l'avait laissée, et qui affecte un grand étonnement de la revoir sitôt. « Mais, Madame, vous m'avez fait écrire par votre médecin que vous aviez besoin de mes soins, et qu'il fallait revenir de suite. — Moi! pas du tout, si M. Saleth (c'était le nom du médecin), vous a écrit cela, c'est de lui-même, je lui en sais gré, mais ce n'est point moi qui le lui ai dit. » Et le médecin déclara à Mlle de Lavèze que c'était la tante qui l'avait obligé à écrire cette lettre devant elle, et sous sa dictée ; néanmoins, il ne lui en chercha pas querelle, car il avait en elle une trop bonne cliente. Pour accréditer le bruit de sa santé délabrée, elle était abonnée avec lui pour qu'il vînt la voir tous les jours. Ses visites se passaient ordinairement à lui raconter toutes les nouvelles de la ville, dont elle était ainsi tenue très au courant, et c'était pour elle un moyen de distraction.

Comme tout ce qui entourait cette femme singulière devait avoir comme elle un cachet d'originalité, le chapitre de ses domestiques mérite une mention particulière. Elle en avait un surtout, nommé Joseph, vrai type de Jocrisse, bête et insolent, qu'elle ne garda pas moins jusqu'à sa mort, car, sauf ses sonneries perpétuelles, elle était maîtresse fort peu exigeante, et laissait faire à peu près à ses domestiques ce qui leur plaisait. Joseph, qui se croyait un valet modèle, se flattait qu'en outre il aurait une place dans le testament de sa maîtresse. Il essaya de lui faire une insinuation à cet égard, parlant « d'une bien brave dame » qui avait laissé des legs à ses domestiques. « Apparemment qu'elle en était contente », lui répondit la tante sans autre réflexion. Ce fut elle-même qui nous raconta cette anecdote, riant de l'air penaud de Joseph.

Un jour, il s'était querellé avec la femme de chambre, au point d'ameuter les passants, qui, attirés par le bruit et les cris, vinrent savoir si madame était morte. « Si c'eût été cela, ils n'auraient pas tant crié », dit-elle, lorsqu'on lui rapporta la scène.

Lorsque la tante voulait renvoyer une femme de chambre,

elle avait soin d'en mettre la responsabilité sur le dos de M*** de Lavèze. Elle faisait venir cette dernière, et la priait de lui chercher quelqu'un. M*** de Lavèze s'empressait de faire la commission. La femme de chambre, que sa maîtresse se gardait bien d'avertir, apprenant qu'on en cherchait une autre, venait se plaindre à la tante qu'on ne lui en eût rien dit. Celle-ci répondait d'un air innocent : « Moi, mon enfant, mais je suis très contente de vous, je n'ai nulle intention de vous renvoyer. C'est M*** de Lavèze qui a fait cela d'elle-même ; probablement vous ne lui convenez pas ». De là, fureur de la femme de chambre contre la pauvre M*** de Lavèze, qui se promettait toujours qu'on ne l'y reprendrait plus.

Bien que la tante rît volontiers des balourdises de ses domestiques et ne s'offusquât pas, comme Philaminte envers Martine, de leur voir estropier Vaugelas, elle était avec d'autres fort chatouilleuse sur ce chapitre, et l'on peut en citer des traits qui eussent figuré avantageusement dans les *Femmes savantes*.

En voici un entr'autres : lorsqu'elle quitta sa maison de ville pour habiter la campagne, elle avait d'abord eu l'intention de la louer (1). Un locataire se présente, et les conditions paraissent satisfaisantes, par malheur l'individu lui demande si elle veut faire des *bails*. La tante fait un haut-le-corps, ne conclut pas, et lorsqu'il est sorti, elle dit à M*** de Lavèze : « Mademoiselle, vous irez demain donner congé à ce Monsieur ; je ne veux pas pour locataire quelqu'un qui parle si mal le français ». C'était, à part ses originalités, une femme remarquable pour l'esprit et l'instruction, et dont la conversation, lorsqu'elle le voulait, était fort intéressante et pleine de saillies. Elle eût récité par cœur des pages entières de nos auteurs les plus célèbres, et sa mémoire était une encyclopédie vivante. C'était alors un véritable plaisir de l'écouter. Il est bien dommage que des qualités qui l'auraient

______

(1) Ce qu'elle ne fit jamais, du reste.

rendue aimable fussent gâtées par un esprit si complètement
de travers.

Mais il faut m'arrêter sur ce sujet, car vous m'accuseriez
de vouloir vous faire des contes à plaisir, tandis que vous
pouvez bien croire que je ne vous ai dit qu'une petite partie
de ses originalités.

CHAPITRE V

Société de Valence. — Anecdotes. — Amis et parents. — Evénements
tragiques dans deux familles.

Après avoir parlé de la famille de ma mère, il me reste à
dépeindre la société de Valence à cette époque, surtout
celle que mes parents voyaient ordinairement.

Valence.

Les principales familles étaient celles de Sieyes, (héritiers
du marquis de Veynes, et dont une fille épousa le fils du
célèbre comte Joseph de Maistre), de Rostaing, de Bimard,
de Ravel, de Laurencin (l'amie de ma grand'mère, Mme du
Pont, était, comme je l'ai déjà dit, Mlle de Laurencin). Dans
presque toutes ces familles et plusieurs autres étaient des
jeunes filles de l'âge de ma mère et de ma tante, qui leur
formaient une société nombreuse, car les petites villes étaient
plus habitées alors qu'à présent et on se réunissait davantage.
Bien que le nombre en eût diminué depuis, j'ai eu encore
pour amies plusieurs des filles de celles qui avaient été les

contemporaines de ma mère. Deux familles de l'Ardèche, alliées à la nôtre, qui faisaient partie de la magistrature de Valence, les Duplan et les Dupré de Piermal, étaient parmi les amis de mes parents, et nos relations de parenté et d'amitié se sont continuées avec leurs enfants.

Une des personnes les plus aimables de la société de mes parents était une vieille dame, Mme de Planta, dont le mari, bien que d'origine suisse, avait été maire de Valence (1). Elle était veuve et assez âgée, mais d'un esprit et d'une gaieté qui étaient restés toujours jeunes ; elle semblait prendre plaisir à causer et à rire avec la jeunesse, s'extasiant sans cesse plaisamment sur ce que les ménages étaient plus unis qu'autrefois : « C'est à n'y pas croire ! toutes ces jeunes femmes sont folles de leurs maris ! De mon temps, les maris étaient toujours regardés comme très ennuyeux ». La réputation intacte qu'elle avait eue toute sa vie pouvait lui permettre cette plaisanterie. Sa fille et son gendre, M. et Mme de Châteauvieux, étaient le modèle de cette tendresse conjugale, dont elle s'émerveillait. Elle vivait avec eux et avec le père de son gendre, fixé aussi dans la maison. C'était une famille vraiment patriarcale, et jamais aucun nuage ne vint troubler l'union qui y régnait. La bonne vieille dame s'en plaignait plaisamment : « Voyez, disait-elle, montrant son gendre et le père de celui-ci, voyez ces bonnes gens, ils ont un grand défaut, c'est de n'en avoir point ; on voudrait quelquefois les mettre en colère, cela romprait la monotonie, mais c'est impossible. On a beau vouloir les faire enrager, ils sont toujours contents ! Allons, fâchez-vous donc, disait-elle, en les apostrophant, fâchez-vous donc pour la rareté du fait ! mais pas moyen, ils ne veulent pas me faire ce plaisir ! » Et reprenant son air sérieux, elle ajoutait : « Il n'y en a plus au

---

(1) C'était sa sœur, une vieille religieuse, qu'on appelait la *tante* Planta (dénomination familière que les élèves de la Visitation donnent à leurs maîtresses) qui, chassée de son couvent par la Révolution, avait fondé à Valence le pensionnat où étaient élevées presque toutes les jeunes filles de cette époque.

monde comme ceux-là ! on n'en fera plus de pareils ! » Sa fille, aussi timide, aussi réservée qu'elle-même était vive et expansive, avait toujours peur que les saillies de sa mère n'allassent trop loin, et elle la tirait par sa manche, d'un air suppliant, craignant de blesser quelqu'un, ce en quoi elle se trompait, car si l'esprit de la bonne vieille était plaisant, il n'était jamais méchant.

Il y avait aussi dans la société certains types originaux, connus pour être d'autres M. de Crac, et pour raconter les histoires les plus incroyables avec une assurance que rien ne pouvait troubler, et une présence d'esprit qui ne se décon-certait jamais, même lorsque leurs blagues (pardon pour la vulgarité du mot) venaient à être découvertes.

Un d'eux, qui avait un grade dans l'armée, avait jugé à propos d'ajouter à son nom celui d'une ancienne famille, éteinte depuis longtemps. Le fait est arrivé à d'autres, et plus d'une fois ; mais, en cette occasion, le nom était trop historique pour n'être pas remarqué. Il eut néanmoins l'aplomb de se faire présenter au roi, en 1814, sous ce nom et ce titre. Louis XVIII, qui savait à quoi s'en tenir, voulant lui faire sentir qu'il n'était pas dupe, lui dit d'un ton légère-ment railleur : « Je croyais, Monsieur, que les comtes de Vintimille étaient éteints ? »

— « Sire, ils revivent en moi », reprit l'individu sans un seul moment d'embarras.

On citait une foule de traits de ce genre, dans lesquels les rieurs n'étaient pas toujours de son côté. Un jour, il se trouvait à table avec un chef vendéen, M. de Suzannet, in-terné sous l'Empire à Valence (1) ; on parle des guerres de Vendée, et notre hâbleur se met à raconter, avec une assu-rance imperturbable, les détails des principales batailles, les

(1) M. de Suzannet était à cette époque en butte aux persécutions de Napoléon, ainsi que M. d'Andigné, qui fut enfermé au fort de Joux. M. de Suzannet, pour éviter le même sort, fut obligé de fuir dans les montagnes Mon grand-père et ma grand'mère eurent la joie de le sauver en le cachant d'abord à Chabret et lui fournissant ensuite un guide pour aller plus loin.

brodant au gré de son imagination, sans réfléchir qu'il parlait devant un témoin oculaire. M. de Suzannet le laisse dire jusqu'au bout, et quand il a fini son récit : « Je puis vous certifier, dit le général vendéen, avec un grand sérieux, l'exactitude de ce que vient de vous dire monsieur, car j'étais moi-même à cette bataille, *et j'y fus tué* ».

Mais le roi des originaux, si on peut l'appeler ainsi, était un vieux gentilhomme, appelé le chevalier de Peyrins, dont la particularité était une négligence dans sa toilette qui avait passé à l'état de proverbe. Je l'ai vu une fois chez ma grand'-mère ; il avait des habits qui avaient l'air de ne pas tenir sur lui, un chapeau qui aurait pu servir d'épouvantail aux oiseaux, des cheveux où le peigne ne devait pas passer souvent.

Il avait une femme dont les goûts et les habitudes étaient à peu près pareils aux siens.

Peu de personnes pouvaient aller troubler leur intimité, parce qu'elle était partagée entre un nombre indéfini de chiens et de chats, qui mangeaient fraternellement avec eux dans les mêmes assiettes. Le chevalier disait à ce sujet : « Nous sommes toujours de nombreux convives à table, j'ai six chiens, et ma femme six chats, ce qui fait que nous sommes quatorze à dîner ». On comprend qu'il était difficile de se hasarder en pareille compagnie. Le chevalier de Peyrins était cependant reçu dans la société, où son esprit amusant et plein de saillies le faisait admettre, malgré ses défauts. Devenu veuf, il avait eu la rage de chercher à se remarier, bien qu'il eût plus de soixante ans, et prétendait choisir une femme parmi les veuves et filles mûres de la noblesse du pays (il faut reconnaître qu'il avait la modération de ne pas s'adresser aux jeunes) ; néanmoins toutes à l'envi lui répondirent en lui riant au nez. Ma grand'mère avait été une de ses passions ; mais la principale à laquelle il s'adressa fut Mlle Fanny de Cachard, cette aimable vieille fille dont j'ai parlé plus haut. Il la persécuta de telle manière que la pauvre fille, malgré son âge et le peu de goût qu'elle avait toujours eu pour le mariage, ne savait plus quelle réponse faire ; elle eut l'idée de consulter son confesseur, saint prêtre à qui son zèle pour les âmes faisait négliger les ménagements que le monde emploie pour déguiser les vérités désagréables. « Vous marier ! lui répondit-il, pensez donc à votre suaire et non au mariage ! » La bonne vieille fille, sans se fâcher de la forme un peu rude de l'avis, qu'elle racontait elle-même en riant, se tint pour satisfaite et congédia définitivement son poursuivant obstiné.

Au milieu de ces types divers, qui faisaient revivre la vieille gaîté française, renaissant sous l'influence de l'époque tranquille et heureuse de la Restauration, mon oncle Théodore d'Indy brillait au premier rang des plus aimables ; son esprit plein de saillies, sa manière originale de raconter faisaient le charme non seulement des salons où il allait, mais du cercle de famille qu'il savait toujours égayer, et j'ajouterai des enfants, pour lesquels il était d'une bonté et d'une complaisance inépuisables ; ses histoires de collége et de régiment faisaient notre bonheur.

Il faisait des descriptions à faire mourir de rire de sa vie d'écolier ; de la nourriture peu confortable qu'on leur donnait, de la soupe dans laquelle se trouvaient des bouts de chandelle, et du bouilli si gluant que lorsqu'on le lançait contre le mur il y restait collé ; quant au chauffage, il y avait, à la vérité, un poële dans les classes, mais le bois était absent, et les dictionnaires et les livres de classe servaient souvent à entretenir le feu. Ces détails qu'on pourrait regarder comme exagérés étaient cependant confirmés par mon père, plus sérieux et absolument véridique. Tel était le régime du collége de Sainte-Barbe, un des établissements les plus renommés sous le premier Empire. J'aime à croire qu'on a fait quelques progrès depuis, bien que les colléges universitaires soient restés, de l'aveu de tous, même sous le rapport du bien-être matériel, fort inférieurs aux écoles religieuses.

Les récits de mon oncle sur son régiment et sa vie militaire n'étaient pas moins amusants, et je ne puis résister au plaisir d'en citer quelques-uns, bien qu'il eût fallu les entendre de sa bouche pour en goûter tout le sel, qu'il serait impossible de rendre.

Il racontait qu'un officier de ses camarades, dans la ferveur d'une mission, avait entrepris d'apprendre le catéchisme et l'histoire sainte au soldat qui lui servait d'ordonnance ; seulement l'officier étant fort original, les leçons s'en ressentaient, et les réponses de l'élève étaient aussi très drôles. L'officier faisant partie de la garde royale, la Dauphine, Mme la duchesse d'Angoulême, entendit parler de cet enseignement et désira assister à une des leçons. Le maître et l'élève s'empressent de satisfaire au désir de la princesse. La leçon, ce jour-là, était sur le déluge. Le soldat, après avoir raconté d'une façon assez plaisante l'histoire du déluge, ajoute que Noé mit dans l'arche une paire de tous les animaux. L'officier l'interroge alors, lui nommant toutes les espèces d'animaux et lui demandant s'il y en avait dans l'arche, sur quoi Petit-Jean (c'était le nom du soldat) répondait invariablement : « Oui, mon capitaine, il y en avait une paire ». Alors l'officier, après avoir énuméré les chevaux, les bœufs, les ânes, etc..., s'avisa de lui demander : « Y avait-il des marquis de B. ? » disant le nom d'un seigneur de la cour, qui ne passait pas pour un aigle en fait d'intelligence. Petit-Jean, sans s'étonner, répond imperturbablement : « Oui, mon capitaine, il y en avait une paire ». Après ce premier essai, l'officier énumère l'un après l'autre les principaux courtisans, et Petit-Jean fait toujours sans s'émouvoir la même réponse, avec le même sérieux, jusqu'à ce que la Dauphine demandât grâce, ne pouvant plus retenir le fou rire qui s'était emparé d'elle.

Une autre histoire était celle d'un jeune officier qui avait contracté plus de dettes qu'il n'avait d'argent, et se trouvait assez embarrassé pour les avouer à ses parents et en obtenir le paiement. Ayant eu un congé pour aller dans sa famille, il part, méditant en chemin sur le moyen de se présenter pour n'être pas trop mal reçu. A son arrivée, son père, qui ne savait rien, et qui ne l'avait pas vu depuis longtemps, accourt tout joyeux à sa rencontre ; le coupable se recule, et sortant de sa poche une liasse de mémoires, s'écrie d'un air suppliant : « Mon père, paierez-vous ? » Le père, insistant pour l'embrasser d'abord, sans s'occuper d'autre chose pour le moment, le jeune homme continue à élever entre eux la terrible liasse comme une barrière, répétant toujours : «Mon père, paierez-vous ? » A la fin, le père, de guerre lasse, pour ne pas troubler la joie du retour, promet de tout payer et reçoit dans ses bras l'enfant prodigue, qui n'eût peut-être pas obtenu si facilement son pardon et l'acquittement de ses dettes s'il eût attendu pour en parler que l'attendrissement de la première entrevue fût passé.

Mon oncle se trouvait dans l'armée de Versailles, lors de l'invasion des Autrichiens, en 1814. Il racontait sur cette invasion des détails auxquels, bien que le sujet fût triste, il savait toujours donner une tournure grotesque. Il faisait une description assez drôle de la situation des prisonniers français, auxquels les Autrichiens, prenant un moyen ingénieux de les empêcher de s'évader sans leur mettre des menottes, avaient coupé toutes les bretelles qui retenaient leurs pantalons, de sorte que les pauvres malheureux, obligés d'employer leurs deux mains pour retenir leur vêtement indispensable, se trouvaient dans l'impossibilité de s'en servir pour chercher à recouvrer leur liberté. Si l'on se scandalise de plaisanteries sur un pareil sujet, il faut se souvenir :

1° que le Français plaisante sur tout ;

2° que cette invasion n'avait pas le caractère de celle de 1870, mais que, dans la lassitude où était la nation, comme je l'ai dit plus haut, de la tyrannie et des guerres perpétuelles de Napoléon, tout ce qui venait y mettre fin était regardé par le plus grand nombre comme une sorte de délivrance, et que, d'ailleurs, elle avait laissé, grâce aux Bourbons, la France encore intacte, ce qui n'eut pas lieu en 1815, et encore moins en 1870.

Je n'ai insisté jusqu'à présent que sur la note gaie, mais j'ai à raconter aussi plusieurs événements tragiques, qui vinrent à cette époque assombrir la société. L'amie de ma grand'-mère, Mme du Pont, quoique très chrétienne elle-même, avait un fils unique, qui, malheureusement imbu des erreurs philosophiques du xviiie siècle, croyait de bon ton d'affecter de faire l'esprit fort. Cette fatale manie trouva immédiatement sa punition dans la défaveur qu'elle lui attira de la part d'une société revenue de ces funestes doctrines, dont elle avait trop vu les conséquences. Plusieurs projets de mariage pour lui ayant échoué à cause de cette raison, il décida ses parents à aller s'établir à Paris, espérant que, loin de son pays, il trouverait plus facilement à se marier.

En effet, devenu plus sage et plus modéré dans ses propos, ses agréments naturels et la position honorable de sa famille, lui firent trouver une alliance également agréable et avantageuse en la personne de Mlle de Glos. Le jour du mariage est fixé ; le jeune homme se sentait souffrant, mais ne voulait pas s'en plaindre, de peur de retarder son union ; on va le soir à la mairie, la cérémonie religieuse devait avoir lieu le lendemain. En sortant de la mairie, le marié se trouve si souffrant, qu'il ne peut aller jusque chez lui. La maison de sa future étant plus près, il est obligé de s'y arrêter et de se mettre au lit dans la chambre même qui devait être la chambre nuptiale. Le lendemain, au lieu de pouvoir se rendre à l'église, une esquinancie gangréneuse se déclare et, peu de jours après, il était mort, laissant sa femme veuve devant la loi, sans avoir été mariée ! Cet événement parut si tragique et si extraordinaire qu'on en tira toutes sortes de conclusions mystérieuses, querelle, duel, etc.., mais les amis de la famille, et mon père entr'autres, qui avait assisté à ce triste dénouement, surent bien que la main de Dieu seul, et non celle des hommes, l'avait frappé, mais dans sa miséricorde, car il eut le temps de se reconnaître, et mourut dans des sentiments bien différents de ceux qu'un vain orgueil l'avait poussé à afficher.

L'autre aventure, encore plus tragique, arriva à une charmante jeune fille, appartenant à l'une des premières familles du pays, Mlle du Bouchage. En 1814, un officier autrichien, portant un des plus grands noms d'Allemagne (1), charmé

---

(1) Le comte de Wittgenstein.

de sa beauté, la rechercha en mariage, lui cachant, par une odieuse tromperie, qu'il était déjà marié dans son pays. Les parents de la jeune fille, séduits par le nom et la bonne mine du prétendant, lui accordèrent leur fille, sans prendre assez d'informations. Le perfide espérait faire perdre ses traces et cacher ainsi son indigne fraude. Mais un an s'était à peine écoulé qu'il apprit que sa première femme, ayant découvert le lieu de sa résidence, accourait pour réclamer ses droits. Alors, le malheureux, voyant son infamie prête à éclater, couronna son crime par un crime plus grand, le suicide, et se brûla la cervelle, avant que son infortunée jeune femme, qui venait de devenir mère, ni les parents de celle-ci eussent pu pénétrer le motif de sa funeste résolution.

Deuxième Partie

MON ENFANCE ET MA VIE DE JEUNE FILLE

CHAPITRE PREMIER

Nyons. — Ma naissance et ma première enfance. — Légende du Pontias. — Souvenir de mon frère. — Connaissances et amis de mes parents. — La famille d'Archimbaud. — La comtesse d'Andigné. — Son esprit, sa grâce, sa naissance romanesque. — M. de Vitrolles et ses visions.

IL est temps de sortir de ce labyrinthe de souvenirs où ma plume vagabonde s'est laissé entraîner, et de suivre mes parents dans leur paisible sous-préfecture de Nyons, où ils restèrent dix ans, jusqu'à ce que la Révolution de Juillet vînt briser la carrière de mon père, comme celle de tant d'autres. On n'était pas alors si avide de changement, ni d'avancement, et quelque peu d'agrément qu'offrît la petite ville où ils se trouvaient, mes parents y vivaient heureux et aimés de toute la population du pays, qui avait su apprécier la bonté si aimable de mon père et la grâce timide de ma mère. Ils n'y eurent pas un ennemi, malgré les différences d'opinion, et emportèrent, lorsqu'ils furent forcés de s'éloigner, les regrets una-

nimes de tous les habitants. Cinq enfants, dont plusieurs
moururent en bas âge, leur naquirent pendant cet espace
de temps, et je fus l'aînée. Mon enfance fut délicate, étant
née avant terme, à sept mois, et ayant en outre rencontré
de mauvaises nourrices. Je n'aurais probablement pas survécu, sans les soins tendres et assidus de ma mère, qui me
donna ainsi deux fois la vie.

Elle m'a dit souvent aussi qu'elle s'était adressée surtout au
ciel, et que je n'avais commencé à
marcher (à près de trois ans) qu'à
la suite d'une neuvaine demandée
au saint abbé-prince de Hohen-
lohe ; je suis donc doublement
redevable à la Providence.

Bibiane.

Ce petit pays de Nyons, qui ne
peut cependant pas passer pour
un beau pays, m'est resté infini-
ment cher. C'est là que sont mes
premiers, mes plus doux souvenirs. C'est là que j'ai passé mon
enfance avec le frère chéri qui
m'a été enlevé à dix-neuf ans, dont la perte m'a fait connaître les premières douleurs de la vie, et au bout de si longues années m'arrache encore des larmes !

Il a été le seul compagnon de ma jeunesse, car ma sœur
fut séparée de nous au sortir de nourrice, pour aller chez
la vieille tante dont j'ai parlé, et deux autres petites filles
moururent en bas âge. Ce besoin d'affection qui était dans
mon cœur se porta donc particulièrement sur lui, et lorsque
me fut ravi ce compagnon si cher, il me sembla que la moitié
de ma vie disparaissait avec lui.

Cher frère, je n'ai pu évoquer le souvenir des lieux
témoins de mes premières années, sans y retrouver ton
image chérie, avec celle de mes parents bien-aimés, et ce
sont elles qui contribuent à rendre ce coin de terre si précieux à mon cœur.

Nyons est une petite ville, située à l'extrémité du dépar-

tement de la Drôme, sur les confins de la Provence, dont
elle a le climat. La vallée où elle se trouve, sur les bords
d'une petite rivière, appelée Eygues, est couverte d'oliviers
et entourée de montagnes assez arides. Cette situation au
fond d'une gorge lui donne l'air d'être séparée du reste du
monde. La chaleur, qui y est extrême, n'est tempérée que par
un vent qui est un phénomène naturel, on l'appelle : Pontias. Il sort d'une crevasse de montagne au-dessus de la
ville, où est bâtie une petite chapelle de la Sainte Vierge,
avec les ruines d'un ermitage. Il souffle à certaines heures
le matin et le soir, et sur la ville seulement. On y sent presque à ces heures comme une tempête, tant le vent est impé-
tueux, et si l'on s'éloigne de quelques minutes de la ville, on
ne sent ni n'entend plus rien. Ce phénomène a donné lieu à
une légende. On raconte que saint Césaire, évêque d'Arles,
avait une sœur religieuse dans un monastère à Nyons ; ha-
bituée au mistral qui souffle à Arles, sa santé dépérissait
par la chaleur et le manque d'air ; saint Césaire, affligé de la
crainte de perdre sa sœur, après avoir invoqué le Seigneur
par une prière fervente, alla sur le bord du Rhône et recueil-
lit dans son gant une bouffée de la bise d'Arles. Etant allé
ensuite visiter sa sœur à Nyons, il se rendit sur la montagne. jeta son gant contre un rocher qui se fendit et forma
une crevasse d'où est sorti depuis le Pontias, qui rendit la
santé à la sœur du saint. Telle est la légende du pays.

L'ancien monastère où la tradition plaçait cette sœur de
saint Césaire, ce monastère, devenu veuf de ses saintes
habitantes, avait été transformé en bâtiment public, où se
trouvaient à la fois la prison, le tribunal, la mairie et la sous-
préfecture. C'est dans les appartements affectés à cette dernière destination que je naquis. Pus tard, mon père, en-
nuyé de cette maison commune, vrai caravansérail où tout
se trouvait mêlé, où l'on ne pouvait faire un pas sans cou-
doyer des juges, des gendarmes, des prisonniers (car je me
rappelle que ma première compagne de jeux avait été la petite fille du geôlier des prisons, que même il lui était arrivé
de se casser la jambe, et que j'allais la voir dans son lit, ce

qui m'avait beaucoup frappée et disposée à la prudence pour éviter de pareils accidents), mon père, dis-je, loua à ses frais une maison de campagne aux portes de la ville, appelée *la Para*, et c'est dans cette chère petite maison que se passèrent mes premières années

Nous étions choyés et gâtés à l'envi, mon frère et moi, par d'excellentes familles chez qui mes parents avaient trouvé ou formé des amitiés solides, que le temps et l'absence n'ont pu diminuer, et qui, avec ceux qui en restent, me sont encore chères et précieuses. Ils avaient été accueillis à leur

La Para.

arrivée par de vieux bons parents de mon aïeule. M. et Mme Duclaux, et leur neveu, M. Deydier, maire de Nyons pendant la Restauration, le meilleur des hommes, et resté jusqu'à sa mort l'ami le plus fidèle de mon père ; sa veuve existe encore et a bien voulu reporter sur moi, qu'elle a connue tout enfant, l'affection qu'elle et son excellent mari portaient à mes parents.

Près de Nyons était le château de Vérone, où mon père et ma mère recevaient souvent aussi l'hospitalité la plus cordiale. Cette habitation appartenait au marquis d'Archimbaud, un des anciens amis de la famille, avec qui ce voisinage forma des liens d'amitié encore plus intimes. Homme d'une bonté sans égale et d'un esprit charmant, on ne se serait jamais lassé de l'entendre raconter les épisodes de sa vie et les aventures nombreuses de son émigration, auxquelles, indépendamment de l'intérêt qui s'y attachait naturellement, il savait donner par sa manière de conter un charme inexprimable.

Sa femme et ses deux filles partageaient sa bonté, son amabilité, et cette maison était une de celles qu'on regrette de quitter et auxquelles on voudrait toujours revenir. L'hospitalité y était cordiale, sans façon. L'étiquette en était bannie ; la toilette n'y faisait l'objet d'aucun souci, la cuisine abondante, mais sans recherche d'aucune sorte. On ne songeait qu'au plaisir de se voir, sans s'inquiéter du reste. Les domestiques, qui partageaient la bonne grâce de leurs maîtres, se préoccupaient quelquefois plus qu'eux s'il manquait quelque chose au dîner ou au confortable. On riait des omelettes monstrueuses par lesquelles la vieille cuisinière suppléait au défaut d'autres plats ; et le vieux cocher (car il n'y avait là que de vieux serviteurs qui vivaient et mouraient au service de la maison), le vieux cocher avait soin de recommander à mon père de n'amener son cheval que lorsqu'il y aurait assez de foin à l'écurie. Lorsque la récolte était abondante, il lui disait alors dans le patois du pays : « Moussu, pouvé véni, la fénière es pléno. » (Monsieur, vous pouvez venir, le grenier à foin est plein), ce que mon père racontait en riant à ses hôtes.

Ce fut dans cette maison que mon père rencontra une femme charmante et distinguée, qui eut dans la suite une si heureuse influence sur ma destinée, en négociant mon mariage avec un de ses neveux, mon mari bien-aimé. Cette femme était Mme la comtesse d'Andigné (1), femme du célèbre général vendéen de ce nom, qu'elle avait choisi, malgré une grande différence d'âge, pour sa gloire et ses brillantes qualités. Elle était fille du marquis de Blacons, député aux Etats Généraux de 1789, et le dernier d'une maison illustre

____

(1) Son fils aîné, Léon, général et sénateur de Maine-et-Loire, a épousé Mlle de Barbentane, et son fils cadet, Amédée, Mlle de Croix.

dans les annales du Dauphiné. Réunissant ainsi en elle deux illustrations de naissance, elle y joignait tout ce qui peut charmer : belle, spirituelle, elle offrait un type achevé de la grande dame, telle qu'elle était dans les beaux temps de la monarchie, et les malheurs de sa famille, pendant la Révolution, y ajoutaient un attrait de plus.

En effet, sa naissance avait été entourée de circonstances romanesques. Sa mère, créole de Saint-Domingue, obligée de fuir pour échapper au massacre des blancs, l'avait mise au monde sur les bords d'un fleuve d'Amérique, au milieu d'une tribu sauvage dont on lui donna le nom (Onéida), et ce nom, rappelant des événements si tragiques et si singuliers, complétait le prestige qui s'attachait à elle.

Elle possédait des biens à Nyons, du chef de son père, c'est ce qui occasionnait ses visites dans le pays. Elle venait alors chez M. d'Archimbaud, que sa famille connaissait, et sa présence était une bonne fortune pour tous les habitants de Vérone. Elle apprécia bien vite la distinction de l'intelligence de mon père, le charme de son esprit et de ses manières, et continua avec mes parents des relations qui devinrent plus intimes et aboutirent plus tard, comme je l'ai dit, à me marier avec un de ses neveux.

On ne saurait donner l'idée de l'agrément de ces réunions, entre gens aimables, qui semblaient faire assaut d'esprit, mais d'un esprit qui coulait de source, sans être gâté par aucune prétention. Mme d'Andigné, lorsqu'elle fut devenue ma tante, me parlait souvent de ces souvenirs et disait en riant à mon père : « Avouez que nous étions tous charmants ! » Elle avait fait sur Vérone et ses habitants de très jolis vers, que je ne puis résister au désir de transcrire ici, tant ils dépeignent bien cette aimable et excellente famille et montrent le gracieux talent de l'auteur :

> Entre la vigne et l'olivier,
> Le torrent et le peuplier,
> A Vérone, il existe un sage,
> Providence de ce doux lieu,
> Aimant son roi, servant son Dieu.

La bonté fait son apanage,
La grâce et l'esprit son partage ;
Comme il ne lui fut point compté,
Il en met un peu de côté.
Vous en trouvez à votre usage,
Comme il en est de tout le sien,
Sa maison, sa table et son bien.
Ici point de vaines parures,
De prétentions, de serrures,
On dort sous le simple loquet
Et l'amitié vous fait le guet.
L'amitié, prisme de la vie,
Là, sans façon s'est établie,
Comme dans certain conte bleu
La bonne fée au coin du feu.
Mais ces vieilles, pour l'ordinaire,
Se déguisent sous forme austère.
A Vérone, c'est différent,
Elle est dans un accueil charmant,
Dans le son de voix d'un bon père,
Dans le doux regard d'une mère,
Dans la gaîté de leurs enfants,
Dans l'air de tous les habitants,
Et l'on rit dans cette retraite
Bien que malice y soit muette,
Non cette malice d'esprit,
Assaisonnant ce que l'on dit.
Surcroît de tact et de finesse,
De grâce et de délicatesse,
Personne ne l'a plus que lui,
Mais il n'en garde pour autrui,
Quand Zéphir prêterait ses ailes,
Qui pourrait se les attacher ?
Il n'appartient qu'aux hirondelles
D'effleurer l'eau sans y toucher.
Ainsi l'abeille intelligente
Aspire le suc d'une fleur,
Sans en altérer la fraîcheur,
Sans nuire à sa forme élégante.

On voit qu'à cette époque, plus littéraire que la nôtre, le
talent de faire des vers, pourvu qu'on n'en fît point parade,
ne passait pas pour rien enlever aux agréments d'une femme.
Ma mère et ma grand'mère de Chorier en faisaient aussi de

fort jolis, tout en étant les femmes les plus simples et les moins disposées à se mettre en avant. Quant à Mme d'Andigné, on en avait aussi fait beaucoup en son honneur, et elle en plaisantait agréablement, disant qu'en général ils étaient assez mauvais, et qu'elle était condamnée à n'être chantée que par les *balayeurs du Parnasse.*

Trois bonnes vieilles sœurs, vivant ensemble, Mmes Romieu, tantes d'un préfet qui a fait parler de lui sous Louis-Philippe, l'une, ancienne religieuse chassée de son couvent par la Révolution, l'autre, veuve, et la troisième, vieille fille, étaient aussi parmi les amis de mes parents, et je me rappelle encore les caresses et les douceurs dont elles me comblaient. La plus spirituelle était la religieuse, dont mon père appréciait beaucoup la conversation ; la veuve inspirait l'intérêt par le malheur qu'elle avait éprouvé de perdre un fils unique, noyé par accident à l'âge de quatorze ans. Mes parents nous citaient souvent ce triste événement pour nous engager à ne pas nous avancer trop imprudemment au bord de l'eau, ce qui tente toujours les enfants.

Je parlerai encore du docteur Ailhaud de Brisis, beau-frère de M. Deydier et neveu de l'inventeur de la poudre d'Ailhaud, remède jadis célèbre en médecine, homme aimable et distingué, médecin et encore plus ami de la famille, qui m'aimait particulièrement pour m'avoir soignée et tirée d'affaire dans mon enfance si chétive, ce qui le faisait, ainsi que sa femme qui avait aidé ma mère à me soigner, me regarder un peu comme leur enfant. Chez lui vivait son frère, qu'on appelait M. Ailhaud de Vitrolles (bien qu'il ne fût, je crois, point parent de M. de Vitrolles, auteur des Mémoires sur la Restauration), homme très savant et très bon, mais caractère étrange, auquel les affaires de ce monde paraissaient absolument étrangères. Il portait en général ses habits d'hiver en été, et ses habits d'été en hiver, faute de se souvenir dans quelle saison on se trouvait et ne s'apercevant pas des différences.

Pour donner une idée de son insouciance à l'égard des choses de ce monde, lui et sa femme (qu'il avait choisie conforme à lui), avaient placé toute leur fortune, non chez un banquier, mais dans une malle, où ils puisaient à mesure, ayant calculé à peu près ce qu'il leur fallait pour aller jusqu'à la fin de leur vie (ils n'avaient pas d'enfants). Malheureusement, se trouvant à Paris, lors des journées de Juillet, et ayant voulu fuir précipitamment, leur malle fut volée à la barrière, et ils se trouvèrent sans ressources. Son frère, le bon docteur, vint à leur secours, et la femme de M. de Vitrolles étant morte peu après, celui-ci se réfugia à Nyons, où il demeura jusqu'à sa mort.

Absorbé par la science, il l'était encore plus par les communications qu'il prétendait avoir avec le monde surnaturel. Il passait sa vie à converser avec les esprits, et en racontait toutes sortes d'histoires à ma mère et à Mme Deydier, qui, malgré leur incrédulité à cet égard, finissaient par ne plus oser traverser la rue, le soir, pour retourner chez elles. Je n'ai pas besoin de dire que ma mère nous tenait toujours soigneusement éloignés de ce genre de conversations, trop dangereux pour des imaginations d'enfant, mais elle me les a rapportées depuis.

Il prétendait avoir la visite de tous ses amis défunts, qui l'avertissaient par quelque signe du moment de leur mort. Il avait proposé à ma mère, pour confondre, disait-il, son incrédulité, de lui faire une visite de ce genre, s'il mourait avant elle, mais ma mère avait obstinément refusé. « Je n'y crois certainement pas, me disait-elle, n'importe, si j'avais appris qu'il était mort, j'aurais toujours eu peur de voir son fantôme ou de me le figurer. » Mme Deydier, qui, plus crédule ou plus intrépide, avait accepté la visite, assure qu'une nuit, étant couchée, elle entendit trois fois distinctement le mot « Adieu ! » et qu'elle apprit le lendemain qu'il était mort précisément à cette heure-là. Etait-ce réel ? était-ce l'effet de l'imagination ? c'est ce que je laisse à décider à de plus habiles que moi. A cette époque, on était moins matérialiste qu'à présent, on ne repoussait pas comme absolument absurdes les récits qui touchaient au surnaturel, tout en évitant une crédulité exagérée.

Lorsque M. de Vitrolles voulait bien redescendre parmi
les vivants, il avait l'esprit gai et amusant ; il nous racontait sa vie de collége, où le fouet jouait alors, paraît-il, un
grand rôle. Il disait que lorsqu'un élève était condamné à
cette punition, il devait, sous peine d'augmentation de châtiment, répéter pendant tout le temps de l'exécution : « La
malice est au cœur de l'enfant, mais le fouet de la discipline
l'en chassera. »

Jugez de l'impression que faisaient sur nous ces récits,
et combien ils contribuaient à nous faire apprécier davantage les douceurs de l'éducation paternelle.

Il était encore à Nyons une figure qui m'avait frappée.
C'était un vieux bonhomme, pas plus haut qu'une cheminée, avec une queue et des culottes, à la mode du siècle
dernier, d'une tournure des plus grotesques et qu'on voyait
toujours se promener de long en large sur la promenade. Il
s'appelait M. Pons, et n'était pas moins que le frère du con-
ventionnel Pons de Verdun. Cette parenté n'était pas de
nature à lui attirer beaucoup de sympathies ; mais on lui
pardonnait à cause de sa bêtise, dont tout le monde se
divertissait. Ce qui l'avait fait s'échouer à Nyons, c'est que,
sous le premier Empire, le crédit de son frère l'y avait fait
nommer sous-préfet, mais on avait été obligé de le révoquer
pour cause d'incapacité absolue, et il y était néanmoins resté
depuis, espérant toujours rattraper sa place. Lorsqu'il
arriva dans le pays, il n'avait jamais vu d'oliviers, et voyant
ces petits fruits noirs qui pendaient aux arbres, il les prenait
pour des cerises, bien qu'on fût au mois d'octobre ; et ce
n'était qu'une des moindres bévues qu'il faisait journelle-
ment. Mon père, bienveillant pour tous, était en assez bons
termes avec lui.

CHAPITRE II

Nos voyages annuels à Chabret. — Fête du Petit Saint-Jean à Valréas.
— Péripéties du voyage. — Séjour à Chabret. — Voyages à Lyon.

MA mère, craignant les grandes chaleurs pour la santé
de ses enfants, nous emmenait tous les ans passer
deux ou trois mois d'été à Chabret, auprès de mes grands-
parents. Nous partions vers la Saint-Jean, et nous nous
arrêtions à Valréas, petite ville du Comtat, à quelques lieues
de Nyons, chez un oncle de mon père, M. d'Emery de Saint-
Ferréol, père de ce cousin mort dans la campagne de Russie et que mon père avait tant regretté.

Nous y assistions à une fête qui a été un de mes souvenirs d'enfance les plus agréables. En l'honneur de la Saint-
Jean, on habillait le soir un petit enfant de la ville en petit
S. Jean, et on le promenait en procession dans les rues de
la ville avec des torches allumées, après quoi on tirait un
beau feu d'artifice. Quelquefois, le marmot se prêtait à son
rôle avec toute la gravité voulue et distribuait des bénédictions avec sa petite main ; d'autres fois, il se mutinait, ne
voulait pas se laisser habiller, et une fois nous fûmes chargés nous-mêmes d'aller trouver le bambin et de tâcher de
vaincre sa résistance pour ne pas faire manquer la cérémonie, ce qui nous aurait causé plus de chagrin qu'à personne ;
car ce mouvement, ces flambeaux, cette fête nocturne, qui,
outre le plaisir de la cérémonie, nous donnait celui de nous
coucher tard, ce qui est toujours très apprécié par les enfants,

étaient pour nous une joie sans pareille, dont la trace est restée vive comme celle des premières impressions.

Le voyage jusqu'à Chabret, assez long à cette époque où
les communications étaient moins faciles, avait des péripéties qui sans doute, pour ma mère, n'étaient qu'une fatigue,
mais qui, pour nous, en variaient la monotonie et servaient
à notre amusement. Nous le faisions dans la voiture de mon
père et avec ses chevaux, ce qui dit assez que nous allions à
petites journées ; nous nous arrêtions ordinairement au bord
de quelque torrent pour dîner en plein air, avec les provisions apportées, les villages qu'on traversait n'étant ni nombreux, ni bien fournis en auberges. Ce repas champêtre
était un de nos plus grands plaisirs ; on voyait en passant
le château de Grignan, célèbre par les souvenirs de Mme de
Sévigné, que je n'ai pu apprécier que plus tard, mais dont
on nous parlait déjà, car mes parents ne perdaient aucune
occasion de nous instruire. On traversait ensuite le bois qui
le suit, désert, rocailleux, sur lequel on racontait des histoires
de voleurs, et qui est désolé souvent par le mistral dont
parle Mme de Sévigné, quand elle dit à sa fille dans une de
ses lettres : « Vous avez donc votre bise ? ah ! ma chère,
qu'elle est ennuyeuse ! »

Un de nos parents, assailli dans ce bois par une de ces
tempêtes de vent, arriva à Nyons en parodiant le vers de
Phèdre :

« J'ai pris la bise en haine, et Grignan en horreur ! »

Enfin nous arrivions à Montélimar, où nous couchions
pour notre première journée ; je me rappelle que nous y
étions toujours assaillis par des nuées de moustiques, et nous
arrivions le lendemain à Valence, avec la figure enflée et
labourée de piqûres, ce qui nous rendait peu présentables et
mortifiait l'amour-propre de ma mère, lorsqu'elle avait à
nous montrer ainsi aux siens, encore à cette époque à
Valence. Pour nous, nous nous en inquiétions moins, et
nous passions une bonne journée à jouer avec mes jeunes

cousins, Wilfrid et Antonin d'Indy, qui se réjouissaient aussi de nous voir, ainsi que ma sœur, toujours chez sa vieille tante, et que nous voyions si rarement.

Nous prenions ensuite la route de Chabret dans une carriole, seul véhicule capable d'affronter les routes de montagnes, trop primitives à cette époque pour une voiture plus élégante, et aux aspérités desquelles j'ai dû de m'habituer de bonne heure à ne pas m'effrayer des chemins difficiles et même périlleux. En effet, la route taillée dans la montagne, comme elle l'est encore (mais très modernisée à l'heure ac-

Ferme de Grangeon

tuelle), côtoyait à peu près tout le temps des précipices assez profonds et avec des pentes tellement rapides, que si le pied des chevaux et les traits de la voiture n'eussent pas été d'une solidité à l'épreuve, on aurait pu courir de véritables dangers.

En outre, lorsqu'on était obligé de quitter la route pour le chemin de traverse, une heure avant d'arriver, il était nécessaire de faire traîner la carriole par des vaches, sans quoi il eût été impossible de franchir cette dernière étape, où le chemin n'était qu'un lit de pierres, avec des montées invraisemblables, où toute voiture autre que la carriole se serait infailliblement brisée, et où, malgré toutes les précautions, nous avons versé plusieurs fois.

Enfin, après toutes ces péripéties, nous étions reçus dans les bras de nos bons grands-parents, dont le tendre accueil nous dédommageait des fatigues du voyage, et nous passions un charmant été au milieu des frais ombrages du vieux manoir de famille.

Nous jouions souvent avec les enfants de la fermière, femme d'une figure et d'un caractère angélique, qui avait nourri et élevé une famille de douze enfants, sans jamais murmurer ni perdre patience un instant, toujours calme et souriante, aussi était-elle en vénération à son mari et à ses enfants, qui étaient doux et gentils comme elle, et mes parents ne craignaient point leur société pour nous (1).

Un de nos principaux plaisirs était la chasse aux champignons, dont nos bois abondaient, et que nous étions très fiers d'avoir appris à connaître de manière à inspirer une pleine confiance à ceux qui en mangeaient. Nous étions escortés par notre vieille bonne, la *Grasse* (c'était son nom de famille), dont je me rappelle les jupes courtes à la Provençale, et les chapeaux de feutre aussi larges qu'un parapluie, auxquels elle n'avait jamais voulu renoncer. Ma mère l'avait choisie, malgré son âge, ses costumes étranges et son langage parce qu'elle savait toute la confiance qu'elle pouvait avoir dans les soins de cette brave femme, qui nous aimait comme ses enfants. Elle était veuve et n'avait qu'un fils unique, parti comme soldat ; il fut tué au siège d'Alger, en 1830. La douleur de cette pauvre mère me donna la première idée des malheurs qu'enfante la guerre et des larmes qu'elle peut faire verser !

Pierre, notre cocher, qui nous gâtait aussi beaucoup, se chargeait souvent de nous promener et nous divertissait par la singulière faculté qu'il avait de charmer les serpents qu'on était exposé à rencontrer quelquefois dans les bois,

---

(1) Cette femme appartenait à une ancienne famille de paysans riches appelée Crouzet. Elle mourut chez sa fille qui avait épousé le fermier de Chabret, Jean-Pierre Boissy, dont les ancêtres étaient déjà nos fermiers il y a deux siècles. Sa petite-fille Fanny, femme de Raymond Rasclas, a été pour ma fille et mon gendre d'Indy, à leur installation dans le pays, le modèle des serviteurs les plus fidèles et les plus dévoués, cumulant les fonctions de régisseurs, et surveillant les Faugs en leur absence.

ou du moins de les saisir sans qu'ils lui fissent de mal. Il les prenait adroitement par la tête, leur donnait à mordre un corps dur quelconque, sur lequel ils laissaient leur venin et, devenus ainsi inoffensifs, il les mettait dans sa poche et s'en servait pour effrayer les autres domestiques. Nous nous amusions de sa dextérité à les prendre et à nous les montrer frétillant de la queue. Lorsqu'il en avait ainsi introduit quelqu'un subrepticement au milieu d'un groupe, qui s'enfuyait avec des cris de terreur : « Quoi ! leur disait-il, c'est cette petite bête qui vous fait peur ? » Et il se baissait, la prenait en lui caressant la tête, et s'en allait triomphant devant les assistants ébahis.

Voilà bien des petites niaiseries qui vous paraîtront peut-être peu intéressantes, mais tout ce qui me rappelle ces souvenirs d'enfance a tant de charmes pour moi que je me laisse aller à m'y étendre plus que je ne voudrais.

Mon père nous menait souvent à Vernoux, car il aimait beaucoup son pays natal et y était aimé. Une des particularités dont je me souviens, c'est que dans l'église, alors petite (qui est remplacée maintenant par un superbe monument dédié au Sacré-Cœur), on voyait un fou et une folle, qui avaient élu domicile dans deux chapelles vis-à-vis l'une de l'autre. La femme, appelée Jeanne-Marie, avait pour folie de s'affubler de haillons de toutes couleurs. Le fou se croyait une des personnes de la Sainte Trinité, et exigeait qu'on l'appelât Monseigneur. Il se promenait dans sa chapelle en faisant de grands gestes. On le laissait tranquille, car il était inoffensif. Ce fou et cette folle de chaque côté de l'église me frappaient beaucoup, et j'en ai conservé le souvenir, bien qu'ils ne fussent pas effrayants.

Les seuls incidents qui diversifiaient notre vie pendant ces premières années, étaient des voyages à Lyon et aux environs pour visiter nos bons parents Bellescise et Mazuyer. Nous nous y amusions beaucoup, car on y était fort gai.

CHAPITRE III

Révolution de Juillet. — Consternation de mes parents. — Mon père
et mon oncle donnent leur démission. — Mort de mon grand-père
et de ma petite sœur. — Premières tristesses. — Horreur pour la
famille d'Orléans. — Amour enthousiaste pour la famille royale
exilée. — Expédition de la duchesse de Berry. — Son arrestation ;
sympathies ardentes. — Arrestation du général d'Andigné ; effroi
de sa femme. Il est mis en liberté. — Aventure arrivée à mon mari
à la même époque. — Souvenirs rétrospectifs sur le passage de la
duchesse de Berry à Valence, en 1829.

Ainsi s'écoula notre existence jusqu'à l'époque néfaste de
1830 ; les joies qui la précédèrent, le triomphe de nos
armes à Alger, auquel mes parents prirent une si vive part,
me rendent encore plus présente la consternation profonde
qui les frappa comme un coup de foudre, lors de la catastrophe qui suivit de si près, hélas ! cette dernière gloire de
la Monarchie ! Ma grand'mère, qui était allée faire un voyage
d'agrément avec son amie, Mme du Pont, apprit en route les
événements et rentra à minuit à Chabret, saisie de douleur
et d'inquiétude, car mon oncle se battait à Paris dans les
rangs de la garde royale.

Je me rappelle encore la figure décomposée de mon grand-
père, déjà malade, et auquel on n'osa annoncer que le lendemain la terrible nouvelle. Nous pleurions sans bien comprendre encore, en voyant pleurer nos parents, et sentant
qu'il s'agissait d'un grand malheur. On nous disait que le
roi, qu'on nous avait appris à aimer, était renversé de son
trône ; on ajoutait que nous ne retournerions plus à Nyons,

notre cher pays, ce qui redoublait nos larmes. On nous recommandait de prier pour mon oncle, exposé à tant de dangers. Bientôt, nous apprîmes que ma tante était partie pour Paris, afin de le rejoindre et de connaître son sort. Heureusement, il échappa sain et sauf et, ayant donné sa démission, rentra dans sa famille.

Ma mère s'inquiétait aussi pour mon père, mais il était si aimé à Nyons que plusieurs braves gens du pays se relevèrent pour monter la garde la nuit, aux abords de la maison, afin de le défendre. Lorsqu'on sut sa résolution de donner sa démission, ce fut une explosion générale de regrets. Il ne voulut pas néanmoins rester sous un gouvernement usurpateur, et revint bientôt auprès de nous. L'hiver qui suivit fut un des plus tristes dont j'ai gardé le souvenir ; la faible santé de mon grand-père ne put résister à de si cruelles émotions, il mourut peu de mois après la fatale révolution.

Sa mort fut précédée de celle d'une de mes petites sœurs, âgée de trois ans, jolie et douce comme un ange, dont ma mère m'avait promis de faire mon élève et ma protégée. Elle se nommait Isabelle (1). Je la pleurai amèrement ; quelques jours après, on nous amena, mon frère et moi, au pied du lit de mon grand-père mourant, pour recevoir sa bénédiction. Il avait toujours été d'une éminente piété et il fit la mort d'un saint.

L'impression de ces deuils successifs est restée gravée dans mon cœur. Tout enfant que j'étais, elle s'est mêlée avec celle des événements politiques et a contribué à augmenter le sentiment pénible que me fait toujours éprouver le souvenir de cette triste époque.

Je connus alors pour la première fois l'existence des dissensions politiques et religieuses. J'entendais avec horreur le récit du brisement des croix, du sac de l'archevêché, de toutes les fureurs impies qui signalèrent l'avènement du roi

---

(1) C'est en souvenir d'elle que ma fille d'Indy se nomme Isabelle.

des barricades (1). J'apprenais avec étonnement qu'il se trouvait parmi nos voisins, nos amis, nos parents même, des gens qui ne pensaient pas comme nous, qui se réjouissaient de ce qui nous affligeait tant, ce que dans ma naïveté je ne pouvais concevoir, et qui me causa une sensation douloureuse. Triste effet des révolutions, qui déchirent la patrie en semant la discorde entre ses enfants ! Je commençai dès lors à éprouver une horreur profonde pour cette famille d'Orléans, dont l'ambition détestable venait de rejeter la France dans un abîme qui ne s'est plus fermé depuis et qui a tout englouti : famille royale, gloire et prospérité de la patrie, tout y a péri. Faudra-t-il voir les premiers auteurs de tous ces maux régner sur cette France dont ils ont causé la ruine ? Dieu voudra-t-il réduire ce malheureux royaume, le plus beau, disaient nos ancêtres, après celui du ciel, à n'avoir plus qu'à choisir entre la République et les descendants de Philippe-Egalité ! Puisse-t-il nous épargner ce châtiment et cette dégradation, et susciter un digne héritier de saint Louis pour le faire asseoir sur son trône.

A l'horreur de l'usurpation et de l'usurpateur se joignit dans mon cœur et mon esprit, naturellement enthousiaste, un amour ardent et passionné pour la famille royale exilée, dont mes parents nous entretenaient sans cesse ; pour ce jeune prince surtout, l'espoir de la patrie, alors, hélas ! et que son âge rapproché du nôtre contribuait encore davan-

---

(1) Ces abominables impiétés se répétèrent, comme on le sait, dans plusieurs villes de province. A Valence, en particulier, une grande croix de mission qui décorait une des places de la ville fut renversée, brisée et traînée dans la boue par une troupe d'énergumènes, dont plusieurs, au bout de peu de temps, furent visiblement frappés par la justice divine. L'un, en arrivant sur le lieu du crime pour applaudir aux profanateurs, fut frappé d'apoplexie foudroyante ; un autre fut mordu par un chien enragé ; un troisième, qui était maçon, tomba d'un échafaudage et se tua ; un quatrième enfin, qui semblait avoir échappé pendant bien des années, finit misérablement par le suicide. Je me rappelle toujours l'impression d'effroi que me causèrent, en les entendant raconter à mes parents, ces exemples terribles de la vengeance céleste.

tage à nous faire aimer. Nous demandions à lire les journaux et les brochures qui parlaient de lui et en racontaient mille traits touchants ; nous apprenions par cœur les vers qui célébraient les royales infortunes ; nous pleurions avec la fille de Louis XVI, nous aurions voulu l'aider à consoler, à soutenir l'exil du vieux roi ; nous suivions les augus-

Ma mère, mon frère et moi (1830).

tes enfants dans leurs jeux, dans leurs études, nos cœurs leur promettaient une éternelle fidélité.

Nous nous amusions, souvent aussi, je l'avoue, des chansons et des caricatures qui tombaient drû comme grêle sur Louis-Philippe, et que la presse, dont il s'était servi pour détrôner son roi et son bienfaiteur, retournait maintenant contre lui.

Ceux qui n'ont pas vécu à cette époque ne peuvent se faire une idée de la répulsion profonde qu'inspirait aux royalistes d'alors ce prince ingrat et perfide, qui avait récompensé les bienfaits dont il avait été comblé par son roi et son parent, en le condamnant à mourir en exil. Il était pour eux le crime couronné, contre lequel se révoltait le sens moral, émoussé aujourd'hui par tant de bouleversements ; il ne faut pas s'étonner si les enfants mêmes ressentaient ces impressions (1). Le meurtre du dernier des Condé et le déni de justice qui voulut faire passer ce meurtre pour un suicide, redoublèrent ces sentiments d'indignation qui furent portés au comble lors de l'expédition de la duchesse de Berry et de l'emprisonnement de Blaye. Ils ne pouvaient être égalés que par l'admiration qu'on éprouvait pour l'héroïque mère, qui renouvelait les exploits des Marguerite d'Anjou et des Jeanne de Montfort. Avec quelle avidité nous écoutions les récits qui nous en étaient faits, les traits de courage, les déguisements, les aventures chevaleresques, et enfin la triste nouvelle de l'arrestation à Nantes ! Elle arriva par une lettre, je me le rappelle, un soir que ma mère jouait avec nous pour nous amuser. Elle poussa un cri, laissa tomber les cartes et s'écria avec désespoir : « La duchesse de Berry vient d'être arrêtée ! » paroles qui nous frappèrent de stupeur. Puis vinrent les douloureux détails, pendant lesquels nous ne respirions pas ; il nous semblait que tant de courage d'un côté, de dévouement de l'autre, ne pouvaient avoir une semblable fin. J'enviais en particulier les nobles femmes qui avaient partagé ses dangers. Nous tendions les mains involontairement pour éteindre le feu qui devait faire découvrir la cachette dans la plaque de la cheminée. Nous maudissions le traître Deutz et le misérable Thiers qui l'avait acheté. Nous donnions le peu d'argent de nos menus plaisirs pour souscrire en faveur des fidèles servantes qui avaient refusé

---

(1) Je me rappelle l'aversion que nous inspirait le drapeau tricolore, ce symbole de la Révolution, et avec quel chagrin nous le vîmes remplacer le drapeau sans tache sur les monuments publics ! Nous n'aurions pu supposer qu'il arriverait un jour où des hommes, se disant royalistes, voudraient l'imposer au roi lui-même.

de livrer la princesse ; puis c'était la captivité de Blaye, sur laquelle se multipliaient les gravures, les chants, les bijoux confectionnés en forme de chaînes et de tours.

Ces souvenirs sont toujours vivants dans mon esprit, et un épisode les y grava encore davantage. Au commencement des troubles, Mme la comtesse d'Andigné, dont j'ai déjà parlé, après une visite à ses propriétés du Dauphiné, était venue nous voir à Chabret ; elle s'y trouvait lorsqu'on apprit par les journaux que son mari, le général d'Andigné, avait été arrêté, en sa qualité d'ancien chef vendéen, comme suspect de participation à l'entreprise de la duchesse de Berry.

Le premier soin de mon père fut de cacher le journal qui contenait la nouvelle et de l'apprendre ensuite avec toutes sortes de ménagements à son amie, qui fut saisie de douleur et d'effroi et voulut partir immédiatement.

Le général se disposait, en effet, à rejoindre la duchesse, sur le premier ordre de sa part. Comme il n'avait pas eu le temps d'en recevoir, et qu'on ne put trouver aucune preuve contre lui, on fut obligé de le relâcher. Mais quelles angoisses pendant quelque temps ! car on ne savait encore si l'échafaud n'était pas le sort destiné aux fidèles suivants de la princesse. Louis-Philippe le leur épargna, mais ce fut pour tâcher de les déshonorer en les envoyant au bagne, de même qu'il épargna la vie de la princesse qui était sa nièce, en essayant de flétrir son honneur ! combinaison digne de la bassesse et de la perversité de son cœur, et que les anciens tyrans n'avaient pas inventée !

Mon cher mari m'a raconté qu'il avait été aussi arrêté à cette époque par suite d'une méprise. Il venait d'entrer dans la marine et, avant de s'embarquer, avait obtenu quinze jours de permission pour venir voir, à Voreppe, la comtesse d'Agoult, sa grand'mère, qui l'avait élevé ; jeune et étourdi, il avait oublié de faire régulariser sa feuille de route. Aux environs de Gap, où il passait en venant de Toulon, on lui demande ses papiers ; il n'en peut présenter de satisfaisants, et comme la police était en éveil, à cause du débarquement de la duchesse de Berry, on le prend pour un des émissaires, et on lui déclare qu'il ne peut continuer sa route, à moins qu'il ne puisse se réclamer d'une personne qui connaisse sa famille. Dans son ignorance des noms marquants en politique, il a l'imprudence de nommer le baron de Vitrolles, ami de ses parents, l'un des plus compromis pour son attachement aux Bourbons. Dès lors, les autorités froncent le sourcil, son affaire devient beaucoup plus mauvaise, et il est conduit à Gap entre deux gendarmes. Arrivé à la préfecture, il vient à bout d'expliquer ce qu'il venait faire, et de prouver que son voyage n'avait rien de politique ; mais comme il fallut écrire à Toulon, les communications postales et autres n'étant pas rapides comme à présent, il fut forcé d'attendre les réponses, gardé à vue pendant ce temps-là, et perdit, ce qui fut sa principale peine, la moitié des quelques jours qu'il avait à passer auprès de sa bonne grand'mère, qu'il ne devait plus revoir. Encore semblait-il être poursuivi cette fois par la fatalité, car, étant arrivé au château de ses parents pendant la nuit, afin de ne pas perdre une journée, et, trouvant la porte de la cour fermée, il voulut enjamber le mur, lorsqu'il vit s'élancer sur lui deux énormes bouledogues, gardiens de la maison, dont il eût été infailliblement dévoré si, par bonheur, l'un d'eux, qu'il appela par son nom, ne l'eût reconnu, et n'eût empêché son compagnon de lui faire du mal.

J'ai raconté ici cette anecdote, qui m'a paru être à sa place dans les récits de cette époque, et que je tiens de mon mari. Je reviens à ce qui se passait dans ma famille, où l'enthousiasme royaliste ne se refroidissait pas. Ma tante Résia d'Indy, d'un caractère actif et entreprenant, s'était mise à la tête de toutes les loteries et souscriptions pour venir en aide aux Vendéens persécutés, emprisonnés et, pis encore, comme je l'ai dit, envoyés au bagne ! Elle nous faisait passer des masses de billets, et nous gagnions quelquefois des lots envoyés par la princesse, que j'ai gardés comme des reliques.

Outre l'amour que mes parents m'avaient inspiré pour la famille royale, et la passion que j'ai toujours eue pour les récits héroïques et chevaleresques, la duchesse de Berry m'inspirait un intérêt particulier, parce que je l'avais vue passer à Valence, en 1829, accompagnant sa sœur, la reine Marie-Christine d'Espagne, qui allait se marier.

C'était un grand événement pour des enfants comme nous, de voir passer des rois (le roi de Naples y était) et des princesses, car nous ne pouvions nous figurer ces personnages qu'avec le manteau royal et la couronne en tête. Mes cousins, pour se vanter auprès de nous, prétendaient qu'ils avaient été salués par la duchesse, et ces propos nous enflammaient encore plus du désir de la voir à notre tour.

Pendant que mon père, comme sous-préfet, rendait ses hommages à la princesse, et que ma mère était dans les salons de la préfecture, parmi les dames qui devaient lui être présentées, nous nous étions glissés sur l'escalier, mon frère et moi, pour voir passer le cortège ; nous y restâmes trois heures à attendre, ce qui était beau pour des enfants de notre âge et méritait un meilleur succès, car, hélas ! au milieu de la foule, nous eûmes beau nous hisser sur la pointe des pieds, nous ne pûmes apercevoir que le bout de la plume qui surmontait la toque de la duchesse de Berry ; c'était un médiocre résultat, et c'est cependant tout ce que j'ai jamais vu de ma vie en fait de princes et de princesses. Comme, après 1830, je n'avais pas envie de me déranger pour voir les princes d'Orléans, et sous l'Empire, pas davantage, la vie a passé pour moi, qui aime tant la royauté, sans en avoir vu aucun représentant. Il n'y en a qu'un seul, il est vrai, que j'aurais ardemment désiré voir et je n'ai pu avoir cette consolation ! (1)

J'avais oublié de raconter cet épisode de notre vie avant 1830, et il retrouve sa place ici, avec les récits qui regardent Mme la duchesse de Berry.

---

(1) Ma fille d'Indy a été plus heureuse que moi ; elle a été avec Vincent lui présenter ses hommages à Frohsdorf, où ils ont été admirablement reçus comme la nièce de la V^{sse} d'Agoult, amie de la duchesse d'Angoulême, et le petit-fils du Cte d'Indy, officier de la Garde royale.

CHAPITRE IV

Mon frère au collège. — Mes premières études ; mon goût pour les
livres, surtout pour l'histoire. — Mon éducation religieuse. — Je suis
mise au Sacré-Cœur pour ma Première Communion. — Mes sorties
à Bonce et à Chasselay.

PEU après ces événements, mon frère entra au Petit-
Séminaire de Vernoux. pour commencer ses études de
latin et fut confié à la garde de l'abbé Saint-Romain, dont
j'ai parlé au commencement de mes Souvenirs. Cette séparation me causa beaucoup de chagrin, et je ne savais plus
que devenir sans le compagnon chéri de mes jeux. Mes
meilleurs moments étaient les journées qu'il venait de
temps en temps passer avec nous et l'époque des vacances.
Je ne manquais pas d'assister à la distribution des prix, où
les élèves jouaient ordinairement une pièce, ce qui me divertissait beaucoup, après quoi nous ramenions notre collégien
en triomphe, qu'il eût eu des prix ou non. Pour moi, mes
parents me gardèrent encore quelques années, sans négliger
pour cela de m'instruire ; je me rappelle avec attendrissement les leçons d'abord de ma mère, puis plus tard de mon
bon père, qui se faisait un plaisir de me communiquer son
instruction si étendue et si variée et de qui j'ai appris tout
ce que je sais. Je faisais mes efforts pour répondre à ses
soins, j'avais beaucoup de goût et de facilité pour l'étude et
la lecture. J'ai appris à lire en trois mois, tant j'avais envie
de connaître les histoires qui étaient dans les livres, et plus
tard il fallait me gronder pour m'arracher les livres des
mains, de peur de me fatiguer la tête.

A douze ans, j'avais dévoré toute l'histoire ancienne et romaine de Rollin. L'histoire était dès lors mon étude favorite et celle qui parlait le plus à mon imagination ; tout ce monde grec et romain, tous ces héros et héroïnes, reparaissaient devant mes yeux comme vivants. Avec mes cousins d'Indy, qui avaient les mêmes goûts que moi, nous avions la passion de jouer des scènes historiques, et nous dévalisions la garde-robe de ma tante pour nous fabriquer des costumes, de même que nous traînions tous les meubles pour figurer des villes et des camps. Nous avions chacun quelque héros favori, et nous nous disputions souvent avec acharnement sur le plus ou moins de mérite de nos préférés. Plus tard, notre histoire nationale n'excita pas chez moi moins d'enthousiasme, et c'est dans cette glorieuse histoire, tout imprégnée des grandeurs de la monarchie, que j'ai puisé, non moins que dans les leçons de mes parents, l'exaltation de mes sentiments royalistes ; j'y ai toujours été disposée naturellement, car, dans ma plus grande admiration pour Rome et la Grèce, je n'ai jamais éprouvé aucune sympathie pour les farouches républicains ; je m'attendrissais sur le meurtre de César et les deux Brutus ne m'ont jamais inspiré qu'une profonde horreur.

Au contraire, les traits de dévouement et de fidélité royalistes, les braves Cavaliers du temps de Cromwell, les Ecossais de Charles-Edouard, et, par dessus tout, les héroïques Vendéens, excitaient en moi une émotion qui remuait toutes les fibres de mon cœur, sensible par dessus tout aux récits de nobles sacrifices, d'actions grandes et généreuses.

Les histoires des croisades ne me passionnaient pas moins ; pour exprimer ces impressions, je m'étais amusée, dans ma jeunesse, à composer quelques vers, où je les avais retracées et dont voici une strophe :

> Quand, seule en mon manoir, des leçons de l'histoire
> J'aimais à me nourrir.
> Toujours mon jeune cœur à des récits de gloire
> Se sentait tressaillir,
> Et des hauts faits des preux, ma fidèle mémoire
> Gardait le souvenir.

Je n'étais pas, néamoins, toujours lancée dans les lectures sérieuses, j'avais toute une bibliothèque enfantine qui faisait mes délices, entr'autres les petites comédies de Berquin. Je m'étais imaginée de composer sur ce modèle une série de petites pièces, où je mettais en scène tout ce qui se passait dans la maison et entre mon frère et moi. On se figure bien ce que ces chefs-d'œuvre pouvaient être, ce qui ne m'empêchait pas d'en être enchantée et mes parents d'en rire de bon cœur ; ils me laissaient faire, afin de me former à écrire correctement, et cette habitude d'écrire en m'amusant est cause que je n'ai eu aucune peine à apprendre l'orthographe, qui se gravait tout naturellement dans mon esprit en lisant et en écrivant, avant même que j'eusse commencé à étudier la grammaire.

Je n'étais pas aussi forte sur le travail manuel, et lorsqu'il fallut apprendre à coudre, à tricoter, à *taconer* (comme dit M. de Maistre), je n'y réussis guère, mais ma mère m'apprit le dessin, que j'aimais beaucoup, et sur lequel elle avait beaucoup de talent. Quant à la musique, j'avoue, à ma honte, que j'y ai toujours été absolument rebelle ; aimant beaucoup la poésie, et retenant facilement les vers, mon oreille, sensible à cette harmonie, était complètement fermée à celle de la musique, et mes parents, voyant qu'il était impossible de me faire distinguer un son juste d'un son faux, avaient dû renoncer, quoique à regret, à me la faire apprendre. Je dis cela en toute humilité, car j'estime beaucoup ce don, qui est une source de vraies jouissances, mais le ciel ne me l'avait pas accordé.

Quelque soin que prissent mes parents de cultiver mon esprit, ils s'occupaient encore plus à former mon cœur par la religion, qu'ils s'appliquaient à m'enseigner, non seulement en paroles, mais par leurs exemples, et j'aurais été bien coupable si je n'en avais pas profité !

Lorsqu'il fallut me faire confesser pour la première fois, ma mère, toujours craintive dans son respect des sacrements, appela pour l'aider à m'y préparer Mlle de Lavèze, cette bonne parente dont j'ai parlé, qui n'était pas encore alors

auprès de ma sœur. Elle me confia à elle pendant quelques
jours, et Mlle de Lavèze m'ayant aidée à faire mon examen,
me conduisit au curé de sa paroisse, ma mère craignant
que notre vieux curé de Boffres qui venait si souvent à la
maison ne m'inspirât pas assez de respect. J'étais tout
émue et tremblante, m'attendant à être bien grondée, parce
que je prenais mes peccadilles d'enfant pour de grands
péchés. Lorsque je vis la douceur du bon prêtre, qui ne faisait que me rassurer et m'encourager, j'étais si contente en
sortant du confessionnal que je me mis à sauter au milieu
de l'église, et que Mlle de Lavèze eut beaucoup de peine à
modérer mes démonstrations. Obligée de renfermer alors
mes impressions, je me dédommageai dans l'après-midi, où
le curé étant venu faire une visite, je m'étais tellement fami-
liarisée qu'en faisant des bonds sur le foin, près duquel on
était assis, je lui sautai tout à coup sur les épaules, ce qui
me valut une semonce de Mlle de Lavèze et excita une
hilarité générale dans toute la compagnie.

Quand arriva l'époque de ma première communion, mes
parents voulurent, néanmoins, me mettre pour quelque
temps au couvent, se trouvant trop loin de secours religieux
pour me faire profiter des instructions et suivre les exercices
nécessaires ; car nous habitions la campagne toute l'année,
Chabret l'été, et l'hiver, une autre maison de campagne qui
appartenait à ma mère, appelée Marquet, aux environs de
Valence, dont le climat était plus doux, mais toutes deux
assez loin de l'église.

Je fus mise au Sacré-Cœur de la Ferrandière, près de
Lyon ; ma sœur fut mise également au couvent, selon la
condition que mes parents en avaient faite à la vieille tante ;
mais pour trouver moyen de contrarier, même en cédant,
elle se garda bien de la mettre au même que moi. Elle la
mit à Montfleury, près de Grenoble, pensionnat qui a été
acheté depuis par le Sacré-Cœur, mais qui était tenu alors
par des religieuses appelées les Dames de Saint-Pierre. Mes
parents avaient préféré pour moi Lyon, à cause de la proxi-
mité de leurs bons parents lyonnais, qui furent, en effet,

excellents pour moi, me faisaient sortir, et j'ai pu ainsi contracter avec leurs enfants de nouveaux liens d'amitié qui
ont continué ceux que ma famille avait déjà avec eux.

A Chasselay, je trouvai la petite-fille de Mme Mazuyer,
Claire, charmante enfant, à peu près de mon âge ; elle a
épousé depuis un Lyonnais, M. Morel de Voleine, et elle
est toujours restée mon amie.

La bonne et courageuse grand'mère existait encore ; elle
vivait avec sa fille, Mlle Félicité Mazuyer, véritable ange de
la terre, qui, réunissant tout ce qui peut charmer, avait,
néanmoins, renoncé à tout autre avenir qu'à demeurer auprès
de sa mère veuve et à être son soutien et sa consolation, ses
frères étant éloignés ; elle prenait un soin maternel de leurs
enfants, lorsqu'ils venaient de temps en temps égayer le
foyer de l'aïeule ; c'est ainsi que Claire, mon amie, s'y trouvait en ce moment.

A Bonce, château des Bellescise, les enfants, petits-fils de
M. de Bellescise, étaient plus jeunes que moi, et je leur ser-
vais de petite maman, ce qui m'enchantait. Je passais quelquefois des semaines de suite dans ces maisons hospitalières,
car, pour les pensionnaires qui étaient loin de leurs parents,
lorsque ceux-ci venaient leur faire des visites on était indul-
gent pour les sorties, et les miens en profitaient, lorsqu'ils
venaient à Lyon, pour m'emmener plusieurs jours de suite
chez leurs amis.

J'avais avec le petit garçon de la famille, Ernest, une infor-
tune qui nous était commune : c'était une aversion contre le
foie de veau que nous n'aimions pas et que nous étions
condamnés à voir reparaître inévitablement tous les dimanches, car la bonne Mme de Bellescise, la mère, pour s'éviter
des frais d'imagination, faisait revenir périodiquement les
mêmes plats, le même jour de la semaine, de sorte que le
dimanche, le curé et deux habitants du village, le maire et
le notaire, qui étaient invités toute l'année pour ce jour-là,
mangeaient régulièrement le même dîner. Je ne sais comment ils s'en accommodaient, mais pour nous, qui n'aimions
pas le foie de veau, et à qui on en faisait manger pour nous

accoutumer à tout, nous étions fort mécontents, et le petit Ernest, à qui ma grand'mère disait un jour : « Tu viendras bien nous voir à Chabret », lui répondit tout bas à l'oreille : « Oui. à condition que vous ne me donnerez pas du foie de veau ».

Ces deux enfants. le petit garçon et la petite fille, étaient aussi jolis que bien élevés, obéissants et d'une tendresse pour leurs parents dont on pouvait citer mille traits charmants. Le petit Ernest, lorsqu'on lui donnait des bonbons, ne manquait pas d'en offrir à tout le monde, en particulier à son père et à sa mère ; si l'un d'eux était absent, il gardait soigneusement sa part, pour la lui donner à son retour, et venait la lui mettre doucement dans la main, après l'avoir embrassé.

Un jour, quelqu'un de la société. pour l'embarrasser, lui dit : « Ernest, si ton papa battait ta maman, pour qui prendrais-tu parti ? » Le pauvre enfant, tout interdit, reste un moment sans répondre. et regardant son père d'un air attendri : « Oh ! dit-il, papa ne ferait jamais cela ! » Ce cher cousin a tenu ce que promettait son enfance, et les épreuves de la vie l'ont trouvé à la hauteur de tous les devoirs et de tous les sacrifices. Veuf de bonne heure d'une jeune femme qu'il avait aimée uniquement et rendue parfaitement heureuse, il est resté fidèle à sa mémoire et a consacré sa vie à l'éducation de ses enfants et au soin de sa mère et de sa sœur.

J'étais aussi très frappée de la figure d'un vieil oncle, M. de Véray, figure droite, sérieuse et sévère, qui était toute la journée dans un coin de la fenêtre, sans dire un mot, et travaillant à un ouvrage de tapisserie, ce qui me paraissait singulier, quoique beaucoup d'hommes en fissent à cette époque, et mon père lui-même quelquefois.

M. de Véray n'avait pas toujours été aussi grave et aussi taciturne, car, dans sa jeunesse, ayant fait quelques folies qui l'avaient fait mettre pour quelque temps dans la forteresse de Pierre-Scize, il charma les ennuis de sa prison en épousant Mlle de Bellescise, fille du gouverneur. Cette cir-

constance s'est présentée plusieurs fois, entr'autre pour
l'aïeul de mon beau-frère de Raousset-Boulbon qui, ayant été
mis au château de Saumur, épousa également la fille du gouverneur ; elle prouve que les lettres de cachet n'étaient pas
aussi effrayantes qu'on a bien voulu les représenter et re-
mettaient le plus souvent dans le bon chemin de jeunes
étourdis, qui étaient ainsi préservés de devenir dissipateurs
et mauvais sujets.

CHAPITRE V

Ma vie de jeune fille. — Mes lectures ; mes occupations favorites ; mon
enthousiasme royaliste. — Description du pays et origine de plusieurs noms. — Légendes de famille. — Nouveaux détails sur les
voisins. — Nos jeux, nos discussions littéraires.

CES sorties et ces agréables distractions adoucissaient
pour moi la transition de la vie de famille au couvent,
transition à laquelle je n'avais jamais pu bien m'accoutumer, et qu'augmentait le regret de n'avoir pas au moins ma
sœur avec moi.

Si l'on s'étonne de ne pas trouver ici le récit de quelques
espiègleries de pensionnaires, je dirai que, tout en n'étant
pas des plus sages, mon caractère tranquille ne me portait
pas aux sottises bruyantes. En outre, la nostalgie de la maison paternelle me donnait une sorte de mélancolie qui me
rendait peu capable d'espiègleries, dont, au reste, il se faisait
très peu au Sacré-Cœur, où l'on était, en général, disci-
pliné. Bien que je fusse tendrement attachée aux bonnes
religieuses, dont les enseignements s'étaient gravés dans
mon cœur pour y développer et y affermir ceux que j'avais
déjà reçus de mes parents, je vis arriver avec joie le moment de retourner auprès d'eux.

J'avais quatorze ans lorsque mes parents me rappelèrent
définitivement. Ils se décidèrent, à cette époque, à envoyer
mon frère terminer ses études à Paris, dans une institution
religieuse, dont il y avait peu alors, car, sous Louis-Philippe,
la tyrannie universitaire sévissait dans toute sa rigueur ; le

certificat d'études, que toute l'impiété républicaine n'a encore osé rétablir, était exigé alors, et forçait les jeunes gens qui sortaient d'institutions libres à les quitter pour prendre quelques mois de leçons particulières avant de pouvoir se présenter au baccalauréat, comme il arriva pour mon frère. On voit que le régime sous les d'Orléans n'était guère meilleur pour les catholiques qu'il n'est à présent. Si c'est celui qu'on veut nous rendre, ce ne sera pas la peine de changer !

Quelques maisons d'éducation avaient néanmoins résisté, pourvu qu'elles ne fussent tenues que par des prêtres séculiers, car les religieux étaient exclus, et le fameux article 7 de Jules Ferry était alors la loi de l'Etat ; il n'est pas inutile de rappeler ces choses à ceux qui vantent sans cesse le régime de 1830. Dieu nous préserve d'y revenir !

Le collége où fut mis mon frère était tenu par l'abbé Poiloup, à Vaugirard, et a été remplacé depuis par le collège des Jésuites. Le départ de ce frère chéri me causa un vif chagrin et fut aussi un grand sacrifice pour mes parents, car Paris était encore plus éloigné qu'à présent, les chemins de fer n'existant pas, et le voyage était long et pénible. Ils étaient un peu rassurés par la présence de ma grand'mère, qui passait ordinairement les hivers à Paris, auprès de son amie, Mme du Pont ; celle-ci s'y était fixée après la mort de son fils, à cause de l'attachement qu'elle portait à celle qui, devant la loi, portait le nom de sa belle-fille, et qui lui rappelait ce fils chéri. Cette demi-belle-fille l'affectionnait aussi beaucoup et l'entourait de soins et ce fut Mme du Pont elle-même qui négocia son second mariage avec M. de Bressieux, fils de cette Mme de Bressieux, auparavant Mlle Grégoire de Colombier, qui avait été la première passion de Napoléon pendant son séjour à Valence.

Ma grand'mère revenait auprès de nous au commencement de l'été, et sa présence et son aimable caractère mettaient l'animation et la gaîté dans la maison. Je soupirais aussi toute l'année après le moment des vacances, qui me ramenait mon frère, et cet heureux temps passait comme un

éclair, à nous communiquer tout ce que nous avions fait,
lu, appris pendant le temps de la séparation ; malgré l'active
correspondance que nous avions ensemble, nous avions
toujours, une fois réunis, mille choses nouvelles à nous
raconter ; je l'accompagnai à la chasse, où il commençait
à tirer des grives et des merles, n'étant pas encore lancé
dans la grande chasse. Nous lisions ensemble, nous travail-
lions à la même table, où il m'apprenait l'alphabet grec, me
parlait d'Homère et de Virgile, et moi des études que je faisais avec mes parents, car ceux-ci ne négligeaient pas de perfectionner mon éducation
et de m'initier aux beautés
de la littérature ; mon esprit,
formé par les leçons de mon
père, était préparé à les goûter, et la lecture des chefs-
d'œuvre de nos grands poètes et de nos grands écrivains produisit sur moi une
impression que je ne sau-
rais rendre ; il me sembla
qu'un monde nouveau s'ou-
vrait devant moi. Ayant eu

Moi 1847

toujours, comme je l'ai dit, un goût prononcé pour la poésie
et les beaux vers, et une mémoire très facile à les retenir,
qu'on juge de l'effet que firent sur moi ceux de Corneille, de
Racine, de La Fontaine, de Molière (du moins dans ce
qu'on pouvait me donner de ces derniers, car mes parents
étaient trop chrétiens pour laisser tomber sous mes yeux ce
qui aurait pu être dangereux pour mon innocence, et j'avais
en cela de tels scrupules de conscience et une déférence si
entière pour leurs avis, que toute la curiosité naturelle ne
m'eût pas fait jeter les yeux, non seulement sur un livre,
mais sur une page ou un chapitre qu'ils m'auraient dit de
laisser de côté). Ils s'astreignaient à lire avec moi, en choi-
sissant les passages, me faisant ainsi connaître plusieurs
beaux ouvrages qu'on n'aurait pu me donner en entier, et

m'apprenant en même temps, par leurs commentaires et leurs remarques, à les mieux apprécier ; aussi ces lectures en commun faisaient-elles mes délices.

Je citerai entr'autres deux ouvrages qui firent une grande impression sur mon imagination : *La Jérusalem délivrée* qui surexcita mon enthousiasme pour les croisades et la chevalerie (je me rappelle les larmes que je versais sur la mort de Clorinde, sur la tendre Herminie), ensuite *Le voyage d'Anacharsis*, qui me rappelait les beaux souvenirs de la Grèce et la parait des couleurs les plus poétiques.

Dans les auteurs modernes, le *Génie du Christianisme* était l'objet de ma grande admiration, et les vers de M. de Lamartine, alors tout nouveaux, me ravissaient. J'en savais une grande partie par cœur, et on se plaisait à me les faire réciter devant ma tante Pernéty, la femme du général, qui, comme je l'ai dit, était la cousine du grand poète. Le soin que prirent ainsi mes parents de n'attirer mon intérêt que sur les vraies beautés littéraires en même temps qu'ils m'inspiraient l'horreur des productions immorales, et de me nourrir de lectures sérieuses et solides, a réussi pleinement à me dégoûter pour toujours de la littérature malsaine et des romans de pacotille, sur lesquels tant de jeunes femmes se précipitent dès qu'elles sont émancipées de la tutelle de leurs parents, au grand détriment de leur esprit et de leur cœur. Ce genre d'ouvrages ne m'a jamais inspiré que la répulsion ou l'ennui.

Quant à mes prédilections en fait de genres, je vais émettre une opinion peu conforme au goût actuel, en avouant que les livres de voyages proprement dits, qui sont maintenant les plus en faveur, ne m'intéressaient pas, sauf la découverte de l'Amérique par Christophe Colomb, qui renferme un grand intérêt dramatique. J'aurais beaucoup aimé à voyager, et mon imagination m'emportait souvent loin des bornes de notre solitude, mais c'était dans les pays illustrés par les grands souvenirs et les grands faits de l'histoire, Rome et l'Italie par exemple, après lesquelles j'ai soupiré toute ma vie, et où je n'ai pu aller que dans ma vieillesse.

Les descriptions de pays et de mœurs, où je ne retrouvais pas la trace vivante des actions des hommes, ne me disaient rien, tandis que l'histoire me transportait, comme je l'ai dit en commençant, ainsi que tout ce qui y avait rapport. Il en est de même de la peinture, où le paysage domine maintenant ; bien que, comme vous le verrez plus loin, j'admire profondément la belle nature, je préfère dans un tableau les scènes vivantes, où figure celui pour qui Dieu l'a créée, et sans lequel elle ne serait qu'un corps sans âme. L'école moderne, je le sais, professe une opinion contraire, que je ne chercherai point à critiquer, car chaque époque a ses goûts. Je rapporte seulement mes impressions, qui étaient plus conformes à celles du temps où je vivais, pour qui l'étude du cœur humain, qui se retrace dans l'histoire, paraissait plus intéressante que celle de la nature inanimée ou des mœurs de peuplades sauvages.

D'après la tournure de mon esprit, on juge si les romans de Walter Scott, les seuls à peu près que mes parents me permissent, durent me charmer ; ils répondaient à tout ce qui pouvait remuer mon cœur : grandes figures historiques, événements chevaleresques, actions nobles et héroïques, caractère d'une grandeur idéale et cependant vrais. Le moyen-âge, comme la Grèce dans *Anacharsis*, y apparaissait dans toute sa poésie, mais la fibre qu'ils firent le plus vibrer en moi fut l'enthousiasme royaliste, qu'il peint si admirablement dans les suaves figures d'Alice Lee, de Diana Vernon, de Flora Mac-Ivor. Ce sentiment, qui m'avait animée dès mon enfance, et qui, loin de s'éteindre, n'avait fait que prendre de nouveaux accroissements, était devenu ma passion dominante ; ma grand'mère disait en riant que j'avais un amoureux, qui était Henri V.

Ce genre de passion me préserva des imaginations romanesques et dangereuses qui hantent quelquefois le cerveau des jeunes filles livrées à une vie solitaire comme la mienne, sans compagnes de mon âge pour me distraire. Si je rêvais, c'était à des événements qui me permissent de me dévouer pour mon roi ; j'enviais le bonheur de mon oncle et de mes cousins, qui avaient pu aller le voir à Belgrave-Square. J'écoutais avec avidité les détails qu'ils donnaient sur lui ; j'aurais voulu qu'il me fût donné de le cacher à Chabret, de le défendre contre ceux qui l'auraient poursuivi. Nous nous partagions avec mon frère les rôles des héros et des héroïnes de Walter Scott ; nous lisions avec délices le journal *La Mode* et les écrits de MM. Walsh et Nettement, qui entretenaient notre foi et notre ardeur. Combien cette foi naïve eût été blessée et indignée, si nous avions connu ces romans modernes, qui s'attachent à déverser l'odieux et le ridicule sur les princes exilés et ceux qui leur restent fidèles !

Ils n'ont que trop réussi à tarir dans bien des cœurs la source des nobles et grandes actions qui seules relèvent les empires. On peut sourire des enthousiasmes d'enfant, mais, sous quelque gouvernement que ce soit, le froid calcul, l'égoïsme qui flétrit et dessèche le cœur n'amènent jamais que la ruine des nations.

Je vivais heureuse au milieu de ces rêveries charmantes, de ces études que j'aimais tant. Ce que j'ai dit tout à l'heure de ma préférence pour ce qui rappelle l'homme dans la lecture et la peinture, ne m'empêchait pas d'être sensible aux beautés de la nature et d'y trouver une source de vives jouissances. Elevée à la campagne, dans un pays des plus pittoresques, au sein des bois, des paysages alpestres couronnés par les cîmes neigeuses des grands glaciers, je m'étais formée de bonne heure, par les leçons de mes parents et les spectacles que j'avais sous les yeux, à l'admiration des œuvres du Créateur, et je ne me lassais pas de contempler ces sites grandioses et gracieux à la fois. Lorsque le temps était assez clair, je ne manquais jamais de gravir la colline en face de la maison, d'où l'on apercevait d'un côté la chaîne de montagnes, qui s'étend depuis le mont Ventoux et les Alpes dauphinoises, jusqu'au Mont Blanc et au Jura, avec la vallée du Rhône en dessous, et, du côté opposé, le Gerbier de Jonc, où se trouve la source de la Loire, le Mézenc et les principaux pics des Cévennes.

Dans les endroits où la vue était moins étendue, les

regards s'arrêtaient sur des montagnes couvertes de pins, de hêtres et de chênes, ce qui produisait une agréable variété de feuillage, parsemée de fermes et entrecoupée de prairies au fond desquelles coulaient des ruisseaux, peuplés de truites et d'écrevisses. Ces petits cours d'eau, dont quelques-uns deviennent plus tard de vraies rivières, prennent presque tous leur source sur notre plateau, qui est un des plus élevés des environs.

Assise à l'ombre de nos grands hêtres, appelés *fayards* dans le pays, dont les plus près de la maison sont deux ou

Ferme de la Celle.

trois fois séculaires, et d'une grosseur telle que mon frère et moi ne pouvions les embrasser à nous deux, j'aimais, comme les amoureux dont j'ai parlé en commençant, à graver mon nom, bien que *seul*, sur leur écorce (1). Nous donnions à nos bois et à nos promenades les noms les plus ambitieux. L'un de nos principaux bois de hêtres s'appelait le bois de Boulogne ; un rocher près de la maison, qui, par un bizarre caprice de la nature, avait la forme d'un fauteuil, et qui était situé au pied d'un chêne, était nommé par nous le fauteuil de Saint-Louis, en mémoire du chêne de Vincennes. D'autres noms tiraient leur origine des traditions his-

____

(1) Ces hêtres furent plantés en 1643, ainsi qu'il est rapporté dans le *livre de raison* d'un ancêtre de la famille.

toriques du pays, que mon père se plaisait à m'enseigner. Le passage des Romains était marqué non-seulement par plusieurs dénominations latines, mais par une ancienne voie romaine, appelée la voie Loubarès, et désignée dans les cartes *Vià Luparesca*, qui séparait autrefois les deux peuplades des Helviens et des Ségalauniens ; elle traversait notre propriété le long d'une crête de montagne, appelée Tracol (intra colles) ; sur le parcours, se trouvait aussi un rocher, où des lignes très anciennement tracées indiquaient les quatre points cardinaux. Nous avions baptisé ce rocher du nom de *pierre de César,* aimant à supposer que le grand capitaine lui-même avait fait graver ces lignes ; près de là, d'autres groupes de rochers, superposés d'une façon singulière, nous représentaient des dolmens et des autels druidiques, et je ne serais pas surprise que telle fût leur origine, car la disposition se rapporte bien à celle indiquée dans ces sortes de monuments.

Les invasions des Sarrasins ont aussi laissé leur empreinte dans certains mots patois ; mon père leur attribuait la syllabe *çon,* qui termine le nom de presque tous les cours d'eau, Duzon, Grauzon, Turzon, etc... Si cette supposition n'a pour elle qu'une probabilité, il y a un indice plus certain dans le mot *serre,* qui en patois signifie montagne, et qui est évidemment le même mot que *sierra,* en espagnol, qui doit être aussi d'origine orientale. Une montagne de notre voisinage, couverte de pins, arbres dont le feuillage est sombre, comme on le sait, s'appelle Serre de Moreno, ce qui offre une frappante analogie avec Sierra Morena (montagne noire).

Il reste également beaucoup de traces des guerres de religion. Le village de Boffres, notre paroisse, est surmonté d'une vieille tour, seul vestige d'un château appartenant au fameux duc de Rohan, chef des huguenots, dont l'église qui sert de paroisse était la chapelle ; ce château fut démoli par l'ordre de Richelieu. Une haute montagne vis-à-vis nous, appelée la Serre d'Issarley ou de la Roue (toujours la Serre), avait servi de camp retranché aux protestants dans la révolte des Cévennes ; elle est encore entourée d'un retranchement de pierres assez difficiles à gravir et qui fermaient le camp. Enfin, une croisière de chemins près de Vernoux porte le nom de Croix-de-Billard, parce que c'est là que fut exécuté le dernier chef de bande des protestants, dont c'était le nom.

Notre pays ne manque pas de souvenirs de toutes les époques ; celle des croisades y est représentée par une ferme, appelée le Temple, qui tire ce nom de ce qu'elle était autrefois une commanderie des Templiers, et plus tard des chevaliers de Malte.

Un de nos aïeux a apporté son contingent à ces traditions. Mon bisaïeul avait ramené avec lui de ses campagnes un soldat qui l'avait suivi, et qui, revenant avec lui dans son pays, s'établit dans une ferme à laquelle il donna le nom de Berg-op-Zoom, en souvenir du siège de cette ville, où il s'était trouvé. La ferme subsiste encore, et son nom, altéré par les paysans, est devenu Brégauzou.

Si j'avais à cœur d'étudier les antiquités et l'histoire de mon pays, celle de ma famille ne m'intéressait pas moins, non plus que les légendes et anecdotes qui s'y rapportent. Elle s'était fixée à Chabret vers le xviᵉ siècle, par suite du mariage d'un d'Indy avec une fille de Guillaume de France qui lui apporta l'habitation et plusieurs beaux domaines environnants.

Un autre domaine important, Praneuf, appartenait à deux sœurs orphelines, qui en portaient le nom ; l'une d'elles épousa un M. de Monteil, propriétaire de Charratier, la ferme voisine ; la seconde, Judith, n'ayant pas de parents, était venue demeurer avec sa sœur et son beau-frère. Celui-ci, soit dans l'espoir de s'attribuer la fortune entière, soit, dit une autre version, qu'il eût conçu une passion criminelle pour sa belle-sœur, s'opposait au mariage de cette dernière. Elle fut loin d'entrer dans ses vues, et voulant au contraire échapper à des projets qu'elle soupçonnait, elle annonça son intention d'épouser son autre voisin, M. d'Indy, un de nos ancêtres. Son beau-frère n'ayant pu la détourner par la persuasion, voulut la retenir par la violence, mais, pour se tirer de ses mains, elle se déguisa en homme, s'enfuit chez une tante, et son mariage avec M. d'Indy s'accomplit, ce qui rendit M. de Monteil tellement furieux qu'il se porta à une tentative de meurtre sur le père de son beau-frère, qui avait négocié le mariage, et à qui il en voulait plus qu'à son fils, tentative qui n'échoua que par un heureux hasard, M. d'Indy père ayant pris pour se rendre à Vernoux un chemin différent de celui où son ennemi s'était posté pour le tuer.

La tentative de meurtre ayant été prouvée, il y eut procès, jugement, et M. de Monteil fut forcé de s'expatrier, et de céder à M. d'Indy, comme dommages-intérêts, le domaine de Charratier avec celui de Praneuf.

Malheureusement cette Judith, qui avait résisté avec tant d'énergie aux criminels projets de son beau-frère, ne montra pas moins d'obstination dans le protestantisme qu'elle professait ainsi que son mari. Après la mort de celui-ci, ses deux fils étant revenus dans le giron de l'Eglise et ayant abjuré les doctrines calvinistes entre les mains de Mgr de Cosnac, évêque de Valence, leur mère se brouilla avec eux, ne voulut plus les revoir et abandonna la maison pour se retirer dans un lieu éloigné, où elle mourut sans qu'ils eussent pu savoir le lieu de sa résidence.

Nous rapportâmes à cette histoire une aventure singulière qui arriva, il y a une trentaine d'années, dans la ferme de Charratier.

Une nuit qu'il faisait un orage terrible, les fermiers, étant couchés, entendirent les chiens aboyer furieusement ; pendant longtemps, ils hésitèrent à se lever par le temps affreux qu'il faisait, et pensant que les aboiements des chiens n'avaient pas de cause grave, n'y firent pas autrement attention. Le lendemain matin, ils aperçurent, près de la maison, un trou qui avait été recouvert jusqu'alors par une grande pierre plate, et ils se rappelèrent avoir remarqué souvent que cet endroit sonnait creux, mais ils n'avaient jamais eu la curiosité de chercher à voir s'il y avait quelque chose dessous ; ils virent donc cette grande pierre descellée et relevée sur le côté du chemin, où je l'ai vue encore longtemps.

Dans le trou, se trouvait un autre petit creux, ayant conservé la forme d'un vase, et auprès, un mouchoir oublié
sans doute par les auteurs de cette expédition nocturne. Les
fermiers regrettèrent vivement alors de ne pas s'être levés,
car il était à présumer que le vase dont l'empreinte était restée contenait de l'argent ou des objets précieux qui devaient
avoir été enterrés là et dont le secret était probablement
arrivé à quelques individus qui avaient profité de la nuit
d'orage pour venir enlever le trésor sans être troublés.

Ferme de Charratier.

Nous n'avons jamais rien su de plus sur cette mystérieuse
affaire, seulement mon père se rappela avoir vu dans le
journal, quelque temps auparavant, la mort d'un M. de Monteil, dernier rejeton de cette famille ; il supposa que peut-
être celui qui avait été obligé de fuir à la suite de sa tentative de meurtre, avait enterré quelques valeurs dans la
propriété qu'il était forcé d'abandonner, qu'il n'avait pu
venir les chercher depuis et qu'étant mort sans révéler ce
secret, il l'avait peut-être consigné dans quelque écrit, que
les héritiers de son dernier rejeton auraient retrouvé dans
les papiers de famille. Telle est la conjecture la plus vrai-
semblable que nous pûmes former sur cette étrange circonstance, qui ne nous fut jamais expliquée.

Je reviens à ma vie champêtre et à mes plaisirs, dont un des principaux était la pêche aux truites et aux écrevisses de nos ruisseaux ; j'avais aussi un talent particulier pour élever et apprivoiser des oiseaux et des pigeons qui venaient manger dans ma main et voler autour de moi. Suivie d'un beau chien de Terre-Neuve, je ne craignais pas de m'enfoncer dans des sentiers plus ou moins frayés, que, du reste, je connaissais tous, jusqu'à quelque ferme, où la fermière, me reconnaissant, m'offrait du lait qu'elle venait de traire et que je trouvais encore meilleur, bu dans un vase rustique. J'accompagnais souvent aussi ma mère ou ma bonne grand'-mère chez les pauvres paysans, qu'elle savait si bien soulager et consoler dans leur langage patois, qu'elle parlait aussi bien qu'eux, et l'une et l'autre distribuaient aux malades des remèdes pour lesquels on avait dans la maison toutes sortes de recettes.

Ces simples et douces occupations ne laissaient point de place à l'ennui, et je ne m'apercevais pas de ma solitude, où nous recevions d'ailleurs quelquefois d'agréables visites. L'enthousiasme que j'avais pour nos chères montagnes me fit apprécier doublement celle d'un homme non moins aimable qu'écrivain distingué, M. du Boys, qui travaillait alors à son intéressant ouvrage de l'*Album du Vivarais*, ouvrage qui, célébrant notre pays, ne pouvait que nous inspirer une vive sympathie pour l'auteur. Celui-ci, venant explorer la contrée pour recueillir des renseignements, mon père le rencontra et lui offrit l'hospitalité. Nus fûmes assez heureux pour pouvoir lui fournir quelques indications et le guider sur les courses les plus remarquables à faire aux environs. Je l'ai retrouvé plus tard avec bien du plaisir dans la famille de mon mari et de mes oncles d'Agoult, dont il était un des meilleurs amis.

Outre ces bonnes aubaines, assez rares, notre existence était égayée non seulement par les vacances, où la redoutable tante permettait ordinairement à ma sœur de se réunir à nous, mais par les relations avec les voisins, chez qui on me menait souvent. Il y avait plusieurs jeunes filles dans le pays, mais toutes en général plus âgées que moi, qui étais encore une enfant lorsque je sortis du couvent. Je me rappelle la vieille Mme de Cachard, chantant de sa voix chevrotante pour faire danser la jeunesse, car on ne pouvait plus alors faire venir de musicien de régiment comme à l'époque du maréchal Victor. Le fils de la bonne vieille dame, M. Gaston de Cachard, mourut encore jeune d'un accès de fièvre pernicieuse, et son petit-fils, M. de la Lombardière, seul héritier, vendit le château à Mme de Saint-Jean, fille de M. du Bay.

Les voisins étaient les mêmes, sauf que les pères avaient vieilli ou étaient morts, et que leurs enfants leur avaient succédé. M. de Barjac était marié à l'une des plus jolies blondes que j'aie jamais vues ; il en eut douze enfants, de sorte que la pauvre femme était toujours grosse ou nourrice, lors de toutes les parties, ce qui ne l'empêchait pas de s'y prêter avec beaucoup de bonne grâce.

Ma grand'mère était l'âme de toutes ces réunions ; son entrain, son amabilité étaient un attrait pour tous ; elle savait allier l'amour de la campagne et des travaux des champs, la culture des jardins et des fleurs, dont elle était passionnée, avec le goût du monde et de la société, que la grâce et l'aménité de ses manières attiraient partout autour d'elle, et c'était à elle qu'on s'en remettait pour décider quel jour et dans quelle maison on devait se réunir.

On mangeait souvent les uns chez les autres, allant se demander à dîner sans cérémonie. On arrivait la plupart du temps à pied, à l'heure du repas, et je me rappelle avoir vu un de ces convives improvisés, précédant une société qu'il venait annoncer, apporter un pain au bout de sa canne, disant qu'il avait pensé que nous n'en aurions pas assez pour tout le monde. Lorsqu'il y avait invitation, les dîners, quoique simples, étaient homériques d'abondance ; il y avait une quantité de plats, que la maîtresse de la maison servait elle-même.

Les repas étaient gais et duraient assez longtemps ; la vue des belles pièces servies sur la table excitait l'appétit et la bonne humeur des convives.

Une des familles que nous aimions le plus, mais que nous pouvions voir moins souvent, à cause de l'éloignement et de la difficulté des chemins, était la famille de Fay, l'une des plus nobles et des plus anciennes de la province, qui habitait le château de Solignac, entre Lamastre et Tournon. J'aimais particulièrement à y aller, parce que c'était le seul château où je trouvasse des enfants de mon âge ; mais il fallait deux heures pour y arriver et les chemins étant impraticables pour toute voiture même la carriole, comme c'était trop loin pour y aller à pied, on ne pouvait y parvenir qu'à cheval. Je me rappelle ces voyages pittoresques, où l'on me faisait monter en croupe derrière ma mère ou ma grand'mère, toutes deux à califourchon, et où nous arrivions assez éreintées ; je m'en dédommageais par la journée passée à jouer avec les enfants de la famille, trois fils et une fille, tout à fait mes contemporains, car Mme de Fay s'était mariée en même temps que ma mère. Ainsi que dans bien des familles de ce temps-là, il y avait dans la maison un vieil oncle et une vieille tante célibataires, que tous aimaient comme père et mère. L'oncle avait un ton brusque et c'était cependant la bonté même ; aussi personne, et encore moins les enfants, ne s'effrayait de son air bourru ; il portait une queue, comme au siècle dernier, et prétendait qu'il n'avait point pris de femme, pour rester marié avec sa pipe, car il fumait jour et nuit, et à cette époque, la pipe n'était pas admise en bonne compagnie et devant des femmes.

J'avais une grande affection pour la jeune fille de la maison, Esther, jolie et charmante enfant de mon âge, mais hélas ! elle ne devait pas rester longtemps dans ce monde ; elle fut enlevée à sa famille par une fièvre pernicieuse à peine âgée de seize ans !

J'ai perdu aussi de bonne heure une autre amie, la petite-fille de M. de Gumpertz, dont j'ai parlé, Emma de Beaufort, une de mes seules compagnes d'enfance, qui est morte peu après mon mariage, et ces morts m'ont laissé une impression douloureuse ; c'étaient mes principales amies et contemporaines dans le pays.

Plusieurs parents et amis peu fortunés, entr'autres M. de Villeneuve, l'échappé de Quiberon, et sa femme, venaient passer à Chabret une partie de l'été et profiter de l'hospitalité que leur offraient mes parents. Ils aimaient beaucoup à jouer aux cartes et entreprirent de m'apprendre le whist pour faire leur partie ; comme ils jouaient dans le jour aussi bien que le soir, j'aurais souvent mieux aimé faire autre chose ; mais il entrait dans l'éducation des jeunes filles d'être attentives et complaisantes pour les gens âgés, aussi m'aimaient-ils beaucoup et me faisaient-ils de grands compliments sur mes dispositions. J'avais fini en effet par acquérir au whist une certaine habileté, de manière à pouvoir figurer dans une partie sérieuse, ainsi qu'au piquet, où je faisais tous les jours la partie de mon père et de ma grand'mère ; car les soirées à cette époque ne se passaient pas sans faire la partie, et cette coutume ne s'est perdue que depuis qu'on est devenu moins sociable et que le cercle a remplacé pour les hommes le foyer de famille.

Ce talent que j'avais acquis aux divers jeux me procura, au commencement de mon mariage, un petit triomphe qui amusa beaucoup mon mari. La première fois qu'il me mena à Pampelonne, un bon curé voisin, qui aimait beaucoup à faire son piquet, vint nous rendre visite. Mon beau-frère étant occupé en ce moment me proposa de faire la partie du curé. Celui-ci, croyant avoir affaire à quelqu'un de très novice, ne faisait pas d'abord grande attention à son jeu et comme, en outre, il n'était pas très fort, je le gagnai tant et si bien qu'il demeura tout confondu.

Nous avions aussi quelquefois la visite de mes cousins Wilfrid et Antonin d'Indy, qui habitaient avec leurs parents une partie de l'année Valence, et l'autre, une maison de campagne, appelée Laforêt, dans les environs de cette dernière ville. Ces visites n'étaient pas aussi fréquentes que nous aurions voulu, parce que ma tante, qui faisait élever ses fils chez elle, ne voulait pas interrompre leurs études. Lorsqu'on leur permettait de venir, c'était une grande joie. Dans notre enfance, leur père étant militaire, ils avaient une grande passion pour jouer aux soldats, ce qui ne nous amusait pas toujours, parce que, sous prétexte de commander la manœuvre, ils nous mettaient en sentinelle dans les greniers ou les endroits les moins fréquentés, avec la consigne de ne pas bouger tant qu'il ne passerait pas quelqu'un. Nous restions indéfiniment à nous ennuyer sans voir passer personne, tandis qu'eux, comme commandants, se mettaient au premier étage et arrêtaient tout le monde. Aussi avions-nous fini par nous révolter et par livrer des batailles dans tous les escaliers, au grand détriment des oreilles de nos parents, qui supportaient ce tapage avec indulgence.

Plus tard, après ma sortie du couvent, et pendant les vacances de mon frère, ils venaient avec leur précepteur, M. Rollinat, jeune homme très artiste et un peu excentrique, mais, je dois lui rendre cette justice, très complaisant pour nous. Il organisait nos jeux, nous faisait jouer des charades et y prenait lui-même des rôles, dans lesquels il était très bon acteur. Il lisait aussi à merveille et nous faisait des lectures amusantes.

On dit qu'il est devenu depuis journaliste et il est, je crois, le père ou l'oncle d'un jeune poète, appelé Maurice Rollinat, qui a fait des vers étranges, intitulés *Les Névroses*.

On était alors au plus fort de la querelle littéraire entre les classiques et les romantiques. Mes cousins, imbus par leur précepteur des idées modernes en fait de littérature, abondaient dans le romantisme, tandis que moi, instruite par mon père dans les traditions littéraires du grand siècle, j'admirais exclusivement nos grands écrivains et poètes classiques. Nous discutions ainsi à perte de vue sur les mérites de Shakspeare ou de Racine, de Corneille ou de Victor Hugo ; ce dernier surtout, objet de l'admiration de mes cousins, était ma bête noire, et nos discussions, où chacun apportait dans ses opinions l'exagération naturelle à la jeunesse, devaient paraître passablement comiques aux juges éclairés. J'étais néanmoins soutenue par mon père, qui m'encourageait à défendre la bonne cause, et mes cousins convenaient quelquefois que leurs plus grosses exagérations

dans l'autre sens avaient pour principal but de me taquiner.
Mon frère, moins passionné que moi pour la littérature,
gardait plus de neutralité, et nos disputes s'oubliaient dans
de joyeuses parties, où les livres étaient alors nos moindres
soucis.

Quelques parents et amis, habitant des pays plus éloignés,
bravaient quelquefois la distance et la difficulté des chemins
pour venir nous voir. Je me rappelle entr'autres le marquis
de Séguins-Pazzis, cousin germain de ma grand'mère, son
fils et sa fille, Mme de Marcy. Originaire du Midi, il s'était fixé
en Nivernais par son mariage avec Mlle de la Briffe. Son
changement de pays ne lui avait pas fait perdre le type du
sien et il possédait toute la vivacité méridionale, qu'il avait
même transmise à ses enfants. Ma grand'mère, qui les aimait beaucoup, s'arrêtait toujours quelque temps chez eux,
lorsqu'elle allait passer ses hivers à Paris.

CHAPITRE VI

Voyage à Nyons en 1840 ; ma sœur obtient de se joindre à nous. —
Visite au château de Grignan. — Séjour dans la famille d'Archimbaud. — L'inondation ; départ de Nyons. — Retour : accueil de la
tante.

Vers l'âge de dix-huit ans, j'eus une grande joie, ce fut de
refaire avec mes parents le voyage de Nyons, le cher
pays où j'étais née, et d'aller y revoir, après dix ans d'absence, les bons amis que nous y avions laissés. Par un accès
inattendu de bienveillance, la vieille tante Chorier permit à
ma sœur de se joindre à nous, ce qui la ravit et redoubla ma
joie. Cette faveur extraordinaire fut due probablement à ce
que mon père ne la lui avait pas demandée, sachant très bien
que sa réponse aurait été un refus, car il en était ainsi pour
tout ce qu'on lui demandait avant même de s'informer
quelle était la demande. Mon père s'amusait quelquefois,
lorsqu'il s'agissait d'une chose absolument indispensable, à
lui dire d'un air humble : « Madame, je viens vous demander... » et il s'arrêtait un moment.

« — Non, Monsieur, répondait-elle aussitôt.

« — Mais, Madame, vous ne savez pas de quoi il s'agit.

« -- C'est égal, Monsieur, je refuse. » Et elle se trouvait
alors un peu confuse lorsque l'explication lui prouvait que
la chose était d'une nécessité absolue. Pour tout le reste, les
sollicitations étaient inutiles. Ainsi elle avait toujours refusé
à ma sœur la promenade des ruines de Crussol, où il eût
été si facile de la mener, de sorte que nous étions à cent

lieues de penser qu'elle lui permît le voyage de Nyons, lorsque. tout à coup, mon père étant allé prendre congé d'elle
avant de partir, elle lui dit : « Pourquoi ne mèneriez-vous
pas Laurence ? » (c'était le nom de ma sœur).

« — Hé ! Madame. lui dit mon père, j'en serais très heureux, mais je ne pensais pas que vous eussiez consenti à
vous en séparer.

« — Si fait, Monsieur, je serai très aise qu'elle fasse ce petit voyage, pourvu qu'il ne soit pas trop long. » Et là-dessus,
mon père emmena immédiatement ma sœur, ne voulant
pas donner à la tante le temps de revenir sur cette décision
inespérée. Ma sœur n'en croyait pas ses oreilles, et ne crut
vraiment à son départ que lorsque nous fûmes dans la dili-
gence de Montélimar, car le chemin de fer était inconnu
alors. On allait de patache en patache, et nous n'en étions
pas moins joyeuses.

En passant à Grignan, mon père, jugeant que nous pouvions maintenant apprécier les souvenirs qu'il rappelle, s'arrêta pour nous faire voir en détail les ruines du château, le
tombeau de Mme de Sévigné, la chambre où elle est morte,
les meubles qui sont restés d'elle, et cette visite m'intéressa
vivement. non moins que l'admirable vue qu'on découvre
du haut de la terrasse qui domine le château.

Nous fûmes reçus à bras ouverts par nos bons amis de
Nyons, M. et Mme Deydier, l'excellent docteur de Brisis et sa
femme, les bonnes vieilles dames Romieu. Nous revîmes
les anciens serviteurs de la maison qui existaient encore et
qui pleurèrent de joie en nous voyant, les anciens employés
de mon père à la sous-préfecture, qui tous l'aimaient et le
vénéraient. Nous fûmes ensuite passer quelques jours au
château de Vérone, dans la famille d'Archimbaud, et je
pus contempler une fois de plus et apprécier, mieux que
je ne l'avais fait étant enfant, le spectacle d'une famille
vraiment chrétienne, où les plus aimables vertus se joi-
gnaient au charme de l'esprit le plus distingué. Mme de Ma-
lijay, seconde fille de M. d'Archimbaud, s'y trouvait avec
ses petits enfants, pleins de grâce et d'innocence, élevés

avec un mélange de tendresse et de fermeté qui les rendait exempts de tous les caprices des enfants gâtés. Je ne résiste pas au plaisir de citer un trait de l'un des petits garçons, âgé de quatre ans, à qui son père, pour punir je ne sais quelle faute, avait dit qu'il n'aurait pas de dessert à dîner. Or, les enfants étant à une petite table, et loin des regards de leurs parents, l'enfant aurait pu sans difficulté enfreindre la défense. Néanmoins, quand le dessert arriva, les domestiques qui ne connaissaient pas la prescription du père, l'ayant servi comme les autres, il prit les fruits et les douceurs qui étaient sur son assiette, et sans y avoir touché, vint les déposer devant son père. Toute la table, témoin de cet acte touchant de soumission, réclama la levée de la pénitence, mais le père, voulant laisser à son fils le mérite de son obéissance, ne lui rendit pas son dessert ; seulement, il le récompensa par de tendres embrassements, qui furent plus précieux à l'enfant que les friandises dont il était privé.

Le soir, Mlle Pulchérie d'Archimbaud, aimable et sainte fille qui avait renoncé au mariage pour mener au milieu des siens la vie des vierges chrétiennes, faisait la prière en famille ; nul ne s'en dispensait, ni les domestiques, ni les visiteurs du château. Quelques jeunes gens, amis du fils de la maison et venus d'Avignon pour le voir (parmi lesquels était souvent M. de Pontmartin, l'auteur de tant de charmants écrits), y assistaient comme les autres, quoique plusieurs ne fussent pas précisément des modèles de perfection et ma mère souriait quelquefois, en les regardant, de la longueur de l'*examen de conscience* qui accompagnait la prière ; sur quoi le père d'Archimbaud, avec sa gaieté et son amabilité ordinaires, disait un jour, en parlant d'une visite qu'il avait faite à Chabret, où je faisais aussi la prière du soir avec mes parents, mais où je ne prolongeais pas autant la pause pour l'*examen de conscience* : « Avec Mlle Bibiane (c'était mon nom), à la bonne heure, le compte est bientôt fait, mais, avec Pulchérie, on n'en est pas sitôt quitte ; il est à croire qu'elle en a plus long sur la conscience. » Et chacun de rire, tandis que la pauvre Pulchérie s'en tirait comme elle pouvait, mais toujours fort bien, car son esprit plein de saillies et d'à-propos ne le cédait en rien à celui de son père.

J'ouvre ici une parenthèse sur mon nom, que je viens de mentionner pour la première fois, et qui vous paraît sans doute, mes enfants, assez extraordinaire. Ce nom de Bibiane, qui est celui d'une sainte romaine, était fort usité dans le Comtat, pays de ma grand'mère, qui faisait partie des Etats du Pape ; il me fut donné en souvenir d'une sœur de celle-ci, qu'elle avait perdue, et qui était la mère du jeune d'Emery tué dans la campagne de Russie. Le nom de Laurence que portait ma sœur était celui de la vieille tante chez laquelle elle vivait, qui était sa marraine.

Pour finir le chapitre des noms, celui de mon frère était Joseph, mais nous ne le lui donnions jamais, car c'était la coutume à cette époque dans notre pays d'appeler l'aîné des fils du nom de la famille, et nous ne l'appelions jamais que d'Indy.

Notre séjour à Nyons fut forcément prolongé par une circonstance imprévue, l'inondation de 1840, qui nous ferma les chemins pendant quinze jours. La petite rivière d'Eygues était devenue furieuse, et on la voyait charrier des meubles, des débris de maisons. Ce spectacle était terrible ; les torrents étaient tous déchaînés, et le Rhône couvrait les terres sur un grand espace. Néanmoins, dès que nous pûmes partir, nous nous mîmes en route, ne voulant pas manquer à la promesse faite à la vieille tante de lui ramener bientôt ma sœur. Nous renonçâmes même pour cela à plusieurs stations et invitations agréables, l'une à Orange, où nous aurions visité les antiquités de la ville ; l'autre, chez Mme de la Paillonne, cousine de ma mère, qui habitait à Sérignan, petite ville aux environs d'Orange.

Notre retour ne se passa pas sans péripéties. L'inondation avait emporté tous les ponts et la voiture où nous étions s'étant engagée dans un torrent, nous nous trouvâmes tout à coup, par suite d'une crue subite, en danger de périr. La voiture allait être emportée par les eaux, quand un voisin charitable amena enfin un cheval qui nous aida à nous tirer d'affaire.

A mesure que nous avancions, nous voyions davantage les désastres de l'inondation, les maisons à demi écroulées, les champs encore couverts d'eau, les arbres qui en émergeaient. J'ai revu ce spectacle une autre fois, en 1856, mais l'impression n'en est pas restée moins forte.

Enfin, après avoir bravé toutes ces difficultés pour ne pas paraître abuser de la permission donnée à ma sœur, lorsqu'elle retourna auprès de sa vieille tante, celle-ci la reçut en lui disant : « Déjà ? je ne vous attendais pas sitôt », et lorsque ma sœur lui raconta nos aventures, et lui dit que nous avions refusé le voyage d'Orange pour la ramener plus vite, elle ajouta : « Vous avez eu grand tort ; Orange est une ville très curieuse, et vous auriez très bien fait d'y aller. » On avait beau la connaître, on y était toujours pris.

CHAPITRE VII

Etablissement à Valence pour l'hiver. - Anecdotes de l'ancien temps.
— Souvenirs du séjour de Napoléon ; la maison où il logeait. —
Souvenirs du pape Pie VI.

VERS cette époque, ma sœur étant sortie du couvent, la
tante demanda à mon père de venir passer les hivers
à Valence, au lieu de Marquet, où nous allions ordinairement, afin que ma sœur pût nous voir plus souvent. Comme
elle ne lui offrait nullement de venir dans sa grande maison
de Valence, qui était cependant vide et inhabitée, car elle
ne voulait pas la louer, mon père lui répondit qu'ayant deux
habitations de campagne, il ne voulait pas encore se charger d'un appartement en ville. Alors la tante lui dit : « Qu'à
cela ne tienne, je me charge des frais du logement » ; et elle
fit comme elle avait dit.

Elle nous avait fait établir à Valence soi-disant pour voir
ma sœur, ce qui ne l'empêchait pas de lui susciter, ainsi
qu'à nous, toutes sortes de taquineries à cet égard ; entr'autres, celle de ne jamais lui laisser passer une journée entière
avec nous, ni dîner, ni déjeuner.

En aucune circonstance, elle ne lui permit de s'asseoir à
notre table, ni de faire aucune course, ni aucune partie de
plaisir avec nous, disant qu'elle était comme la mère du jugement de Salomon, qu'il lui fallait l'enfant tout entier, ou pas.
Mon père avait seulement exigé que ma sœur vînt un mois à
Chabret dans les vacances, mais, à la ville, elle ne lui permettait que de simples visites dans le milieu de la journée, visites

que ma sœur et la bonne Mlle de Lavèze qui l'accompagnait, allongeaient en alléguant des commissions et des emplettes. Ma sœur disait plaisamment qu'elle avait été obligée de demander à son confesseur la permission de mentir à la tante, sans quoi elle ne pourrait jamais se tirer de ses tracasseries.

Elle savait cependant la prendre et la désarmer souvent par un bon mot. Ainsi un jour que la tante, pour réprimer un accès de gaieté, lui disait gravement qu'une jeune fille ne devait jamais ouvrir la bouche dans un salon : « Pas même pour bâiller ? » lui riposta ma sœur d'un air innocent, et la tante déconcertée finit par rire avec elle. Il est du moins juste de dire qu'elle nous recevait tant que nous voulions y aller ; nous y dînions souvent. Elle avait conservé l'ancienne coutume de dîner à deux heures de l'après-midi, heure peu commode pour les habitudes actuelles. Comme elle ne paraissait pas au salon avant le dîner, j'en profitais pour y aller dès le matin et passer ce temps avec ma sœur ; mais la tante avait eu soin de mettre à ces heures du matin toutes les leçons d'agrément, de telle sorte qu'au lieu de pouvoir nous promener au jardin, il me fallait assister aux leçons de dessin ou de musique, et ma présence nuisait certainement à l'attention que devait y prêter l'élève.

La tante aimait toujours beaucoup la société de mon père. Lorsqu'elle voulait l'inviter à dîner, elle employait ordinairement cette formule : « Monsieur, si vous voulez dîner demain avec les trois pécores les plus ennuyeuses de Valence (voulant désigner elle-même, Mlle de Lavèze et ma sœur), vous n'avez qu'à venir à deux heures ». Mon père riait et venait avec ma mère et moi. Lorsque la tante était de bonne humeur, sa conversation était spirituelle et intéressante, et le temps se passait agréablement. Notre gentille cousine, Caroline de Sigoyer, était souvent aussi invitée par la tante, et nous faisions toutes trois de bonnes parties. Aussi ce changement dans notre genre de vie ne m'avait pas déplu, et l'hiver me paraissait plus gai que dans la solitude absolue de la campagne, bien que je ne me souciasse pas d'aller dans le monde ni ma mère de m'y mener. Je n'ai-

mais pas la danse ni les plaisirs bruyants ; la piété dans
laquelle j'avais été élevée ne m'en éloignait pas moins que
mes goûts. Nous nous bornions à quelques réunions d'amis,
qui me paraissaient beaucoup plus agréables. C'étaient pour
la plupart des personnes âgées, mais j'avais appris à savoir
écouter, et leurs récits, entremêlés d'anecdotes sur les temps
orageux qu'ils avaient traversés, me faisaient recueillir une
moisson de souvenirs, que je ne puis tous consigner dans
ces pages, mais qui étaient souvent d'un grand intérêt.

Parmi les conteurs que j'ai le plus aimé à entendre, était
une vieille femme très aimable, Mme de Ravel, qui a vécu
jusqu'à 95 ans, et dont les souvenirs remontaient au-delà de
la Révolution. Ses petites-filles, qui étaient jolies et spirituel-
les comme elle, sont encore mes meilleures amies. Mme de
Ravel racontait entr'autres choses qu'elle avait été le principal organisateur d'une mystification où fut prise toute la
ville de Valence et les environs, et qui est citée dans les
Mémoires du temps.

Lors des dernières années du règne de Louis XVI, une
ambassade lui fut envoyée par le dernier souverain des
Indes, Tippoo-Saïb. Les ambassadeurs devaient passer à
Valence et la population était dans l'attente de leur passage.
Quelques jeunes gens de la ville, aidés, comme je l'ai dit, de
Mme de Ravel, qui leur confectionna des costumes, imaginè-
rent de donner le change aux curieux, en se déguisant et se
faisant passer eux-mêmes pour les ambassadeurs en question. Ils firent insérer dans un journal local l'annonce de
l'arrivée des Indiens pour un jour qui se trouvait précisément le 1er avril. Ce jour venu, ils se barbouillèrent, s'affu-
blèrent des costumes qui leur avaient été préparés, et, mon-
tés sur des chevaux qu'ils avaient ramassés un peu partout,
ils firent une entrée triomphante dans Valence, escortés
d'une foule énorme. Plusieurs des belles dames de la ville,
qui n'étaient pas dans le secret, se déguisèrent par curiosité
en servantes d'auberge pour les voir de plus près dans l'hôtel
où ils s'étaient mis à table, tellement qu'un des mystifica-
teurs, reconnaissant une de celles qui s'approchaient de lui,

et craignant à son tour d'être reconnu par elle, prit tout à coup un air furieux, et lui lâcha un « *Alcali volatil fluor !* » ou quelque mot ronflant du même genre, qui lui fit une telle frayeur qu'elle s'enfuit éperdue, et ne risqua plus de s'approcher.

Après avoir joui quelque temps de leur succès, les prétendus ambassadeurs parurent tout à coup sur le balcon de l'hôtel avec un énorme poisson, qu'ils firent sauter dans une poêle aux yeux des spectateurs ébahis, dont aucun le lendemain ne voulait convenir d'y avoir été pris. Les dames surtout se gardèrent bien de parler de leur équipée ; ce qui n'empêcha pas que tout le monde le sut. Napoléon, alors à Valence, fut un des mystifiés.

Lorsqu'on rapporta cette aventure au roi et à la reine, ils en rirent de bon cœur, et ce fut peut-être, hélas ! leurs derniers moments de gaîté ! En effet, de pareilles idées ne peuvent venir qu'à des époques tranquilles et heureuses. Quelques jours après, les véritables ambassadeurs passèrent, et ne produisirent que peu d'impression ; la population, encore sous le coup de son aventure, ne fut pas disposée à se déranger une seconde fois.

Mon père, ainsi que je l'ai dit, tenait le premier rang parmi les aimables causeurs. L'avantage qu'il avait eu, dans les années qu'il avait passées à Paris, au ministère, de connaître beaucoup de personnages marquants, et son excellente mémoire, non moins que son esprit, lui fournissaient une foule d'anecdotes, dont je prends ici l'occasion de raconter quelques-unes.

Il tenait entr'autres d'un ancien émigré, M. d'Hédouville, ami de ma grand'mère, une histoire assez amusante sur la célèbre Mme Tallien, devenue, comme on sait, par un divorce, princesse de Chimay. M. d'Hédouville, qui l'avait connue en Espagne, fut invité au mariage de sa fille, qui était aussi celle de Tallien (1). Celui-ci, qui vivait encore,

______

(1) On avait donné à cette fille le nom de Thermidor, en mémoire de la journée fameuse, œuvre de son père et encore plus de sa mère,

dut venir à la mairie pour donner son consentement comme père de la mariée. Les deux époux divorcés se trouvèrent ainsi en présence, et l'ex-Mme Tallien, embarrassée, demanda en espagnol à M. d'Hédouville s'il croyait convenable d'inviter son ci-devant mari au dîner de noce : « D'abord, Madame, lui répondit M. d'Hédouville, il est inutile de parler espagnol, car M. Tallien a été longtemps en Espagne et connaît cette langue aussi bien que vous et moi. Secondement, je m'abstiendrai de vous donner un conseil là-dessus, c'est de vous seule qu'il en faut prendre ». Sur cette réponse, Mme Tallien, autrement dit princesse de Chimay, se tourne vers Tallien et l'invite gracieusement à dîner. Elle espérait peut-être qu'il refuserait, mais il n'aurait eu garde de se priver de cette petite vengeance. Il accepta, dîna de bon appétit et les deux maris se trouvèrent ainsi en face l'un de l'autre (1).

M. d'Hédouville, dont je viens de parler, avait été, dans sa jeunesse, à l'école de Brienne avec Napoléon, et lié avec lui. Ce dernier, parvenu à la suprême puissance, se souvint de son ancien condisciple, et apprenant qu'il était émigré, le rappela en France, où il l'aurait volontiers comblé de faveurs, si M. d'Hédouville n'avait voulu rester fidèle à ses anciennes convictions. Néanmoins, à sa rentrée en France, il ne put se dispenser d'aller saluer et remercier son tout-puissant condisciple. L'audience fut très cordiale : « Bonjour, chevalier », lui dit Napoléon en lui tendant la main ; puis, à la fin de leur entretien, le Premier Consul le congédia par ces mots, qu'il lui dit en riant : « Adieu, citoyen ; car il faut bien que vous receviez le baptême ».

---

car c'était celle-ci qui l'avait déterminée, en reprochant à Tallien sa lâcheté de la laisser en prison et menacée de l'échafaud.

(1) Tallien tomba vers la fin de sa vie dans une misère profonde et dans un abandon général, juste punition de ses crimes. Il se résolut à faire une démarche auprès d'un des ministres de la Restauration, disant pour toute sollicitation : « Je suis Tallien, et je meurs de faim ». On eut pitié de lui et on lui fit une pension en tant qu'auteur de la chute de Robespierre.

Napoléon avait laissé beaucoup de souvenirs à Valence, à cause du temps qu'il y avait passé en garnison. J'ai connu sa première passion, Mlle Grégoire du Colombier, devenue Mme de Bressieux. J'ai été à Basseaux, maison de campagne où il allait manger des cerises avec elle, et aujourd'hui propriété de Mme Forcheron, petite-nièce de Mme de Bressieux.

Déjà à cette époque il devait avoir quelque chose de remarquable, car ma grand'mère m'a dit qu'on se montrait ce jeune officier, lorsqu'il passait dans les rues, tenant par la main son petit frère Louis, dont il s'était chargé pour soulager sa famille, qui, ainsi qu'on le sait, était très pauvre.

Un de ses amis de Valence, M. de Sucy, dont j'ai connu la sœur, Mme de Bressac, l'accompagna plus tard en Italie et en Egypte, et périt à son retour, assassiné par des brigands sur les côtes de Sicile. Pendant qu'il était en Italie, M. de Josselin (1), ancien officier qui les avait connus tous deux à Valence, écrivit à M. de Sucy pour lui demander ce qu'il pensait de son ami et patron, le général Bonaparte, dont on voyait la fortune grandir, et s'il croyait qu'il travaillât à ramener les Bourbons. M. de Sucy répondit : « Quant à l'homme dont vous me parlez, je ne lui connais pas de temps d'arrêt entre le trône et l'échafaud ». Et on n'en était encore qu'à la guerre d'Italie ! On voit qu'il avait bien jugé l'homme, et qu'il ne le voyait pas capable de travailler pour d'autres que pour lui-même, ni de mettre des bornes à son ambition.

La maison où Napoléon logeait à Valence est située dans la Grand'rue, tout près de la nôtre. Cette maison, pendant toute la durée du second Empire, fut marquée par une plaque de marbre blanc, et c'était, en effet, à quelque opinion que l'on appartînt, un souvenir à conserver pour la ville. Mais l'inepte république de 1870 s'empressa de le faire disparaître, et la maison même a été mise à l'alignement et reconstruite en entier, de sorte que tout vestige du séjour de Napoléon en a été détruit. Cet acte de mesquine ven-

____

(1) Grand-père de M. M. Lesage.

geance était du reste la peine du talion infligée par la Providence à l'empire de Napoléon III, pour avoir cherché à effacer la trace de la plus grande mémoire et du plus précieux souvenir dont Valence pût se glorifier, celui du pape Pie VI, mort dans ses murs, prisonnier de la Révolution, et dont le cœur repose dans la cathédrale, sous son buste sculpté par Canova. L'ancien palais du *Gouvernement*, qui lui servit de prison, et où l'on pouvait voir la chambre où il était mort, a été rasé par ordre du gouvernement impérial, pour en faire une caserne. C'est là que se trouve aujourd'hui la caserne de l'artillerie. Ce souvenir était sans doute importun à l'allié de Cavour, lorsqu'il l'aida à opprimer et dépouiller le saint pontife Pie IX, successeur de Pie VI, et ce tombeau était là pour lui montrer que si les papes meurent exilés et persécutés, la papauté n'en est pas moins immortelle.

Valence, par ce vandalisme des gouvernements successifs, se trouve ainsi dépouillée des souvenirs qui pouvaient l'illustrer. Plusieurs des principales familles de la ville, qui s'étaient empressées de fournir à l'auguste captif les meubles dont la barbarie révolutionnaire le laissait manquer, avaient conservé ces objets comme de précieuses reliques. J'ai vu et baisé une de ses mules chez Mme de Ravel, dont j'ai parlé plus haut. M. le comte de Murat, neveu de M. de Barjac, possédait le fauteuil sur lequel il s'asseyait, et qu'il a offert à Pie IX, par l'entremise de l'évêque.

On racontait avec fierté pour notre ville que, lorsque le saint vieillard fut amené devant le palais du *Gouvernement* (si palais il y a), qui était situé en face du Rhône, devant un magnifique panorama, frappé de cette admirable vue, il s'écria en italien : « O la bella veduta ! » Et en l'admirant nous-mêmes, nous nous souvenions de l'exclamation flatteuse du vénérable pontife.

Ses vertus et ses malheurs avaient ému jusqu'à ses geôliers. L'un de ses gardiens, dont le fils fut maire et député en 1848, se montra pour lui plein d'égards, c'est une justice à lui rendre. Lorsque, par un raffinement de cruauté, le Directoire infligeait à son captif de nouvelles vexations, le gardien cherchait à les adoucir. Ainsi en fut-il lorsque les autorités locales, pour priver le saint pontife de la seule consolation qui lui restât, ordonnèrent de fermer la chapelle du palais, dans laquelle il pouvait célébrer la messe. Le gardien fut le trouver : « Saint-Père, lui dit-il, on m'a ordonné de tirer la clef de la chapelle, je suis obligé de l'emporter, mais je vous préviens que la porte est ouverte », et, par cette ruse, il en conserva l'entrée au prisonnier. Comme toute bonne action est louable, j'ai dû rapporter celle-ci.

Un autre souvenir religieux qui a disparu de Valence par la manie des embellissements à outrance, était une tour située à une des portes de la ville, la porte Saint-Félix. Cette tour, légèrement penchée, à l'instar de celle de Pise, quoique d'une manière moins sensible, s'était inclinée, d'après une ancienne tradition, sur le passage des martyrs de Valence, les SS. Félix, Fortunat et Achillée, lorsqu'on les conduisait au supplice. La pieuse légende n'a pu sauver la vieille tour, qui a été détruite lors de la démolition des anciens remparts, avec une ou deux autres tours non moins pittoresques, bien que dépourvues de légende. Un seul monument du xvie siècle, appelé la *maison aux têtes*, qui reste encore dans notre ville, sera sans doute bientôt démoli à son tour, pour le mettre à l'alignement, comme on a fait de la maison vis-à vis, où avait logé Napoléon. Où s'arrêtera ce vandalisme d'embellissements au cordeau, qui enlève à nos villes tout cachet et toute originalité, et fera que dans toute la France le voyageur ne trouvera plus un seul monument qui puisse attirer l'intérêt ou la curiosité ?

CHAPITRE VIII

Mon oncle et ma tante vont se fixer à Paris. — Malheurs de famille :
  Mort de ma grand'mère et de mes deux frères. — Accablement de
  mon père : ma mère l'emmène en Suisse pour l'arracher à sa douleur. — Triste retour à Chabret ; anticipation sur l'avenir.

MALHEUREUSEMENT, lorsque nous vînmes habiter Valence,
ceux qui en auraient fait le plus grand charme pour
nous, mon oncle et ma tante, le Cte et la Ctesse d'Indy, n'y
étaient plus. Ma tante avait voulu aller se fixer à Paris pour
achever l'éducation de ses fils. Mon père qui aimait tendrement son frère, éprouva, ainsi que ma mère, une vive peine
de l'éloignement de tout ce qui restait de leur famille, et pour
moi, la séparation de mon oncle. de ma tante et de mes
cousins, que j'étais accoutumée depuis mon enfance à regarder comme des frères, me fut aussi très sensible.

Ce premier chagrin ne fut, hélas! que le prélude des
épreuves plus douloureuses qui ne tardèrent pas à nous
frapper ; car je n'ai parlé jusqu'à présent que de jours sereins,
mais ils ne durent jamais longtemps en ce monde, et la
croix y est dressée pour tous! Un événement heureux d'abord
ne tarda pas à se changer en une douleur bien amère pour
mes parents. Ma mère, lorsque j'avais déjà l'âge de seize
ans, mit au monde un petit garçon qu'elle voulut nourrir.
Ce dernier né devint pour elle l'objet d'une tendresse passionnée, et mon père fut également comblé de joie de la
naissance de ce second fils. Mais cette joie fut de courte durée ; le pauvre enfant succomba, à peine âgé d'un an. au

travail de la dentition, et ma mère vit son cher nourrisson
arraché de son sein et de ses bras. Sa douleur et celle de
mon père furent inexprimables ; je m'étais aussi attachée à
ce cher petit ange, et je ressentis vivement cette peine, que
j'étais impuissante à consoler. Ma bonne grand'mère, qui
était avec nous, fut pour nous une providence en cette triste
occasion, et employa pour adoucir le chagrin de mes parents, et pour chercher à me distraire aussi, toutes les ressources que put lui suggérer la tendresse la plus ingénieuse.
Hélas ! elle ne devait pas nous être laissée longtemps non
plus !

Un voyage entrepris par dévouement, comme tout ce
qu'elle faisait, lui fit contracter le germe du mal qui devait
nous l'enlever. Elle apprit que son cousin, M. de Bellescise,
pour lequel elle avait toujours eu une tendre affection, était
à son lit de mort et qu'il la demandait. Quelque temps auparavant, elle était déjà accourue auprès de Mme Mazuyer,
l'héroïque sœur de M. de Bellescice, dont j'ai si souvent parlé
et avait assisté à sa sainte mort. Elle s'embarqua encore cette
fois sur le Rhône, où le froid la saisit (il n'y avait pas alors
de chemins de fer), eut la douleur d'arriver trop tard, et
après avoir assisté à la triste cérémonie des funérailles, elle
revint sans s'être reposée, afin de ne pas manquer la visite
de son fils Théodore, qui venait de Paris la voir. Mais ses
forces avaient trahi son courage ; la fatigue, le froid, joints
aux émotions douloureuses qu'elle avait éprouvées, causèrent dans sa santé un ébranlement dont elle ne se remit jamais. Un an encore, nous pûmes nous faire illusion, mais
bientôt elle déclina rapidement et nous la perdîmes dans
l'hiver de 1842. Cette perte fut pour moi la plus grande
douleur que j'eusse encore jamais ressentie, car j'avais pour
ma grand'mère la tendresse la plus vive et la plus profonde ;
elle accabla de nouveau mon père, qui allait être frappé
bientôt d'un coup plus terrible, et qui ne devait plus avoir
sa mère pour le soutenir. Dieu avait sans doute rappelé à Lui
cette sainte âme pour lui épargner une douleur qui eût été
au-dessus de ses forces ; le plus cher de ses petits-enfants,

mon frère bien-aimé, allait nous être enlevé à son tour ! Je ne puis parler encore sans larmes de ce cruel malheur qui empoisonna le reste de l'existence de mes parents, et qui répandit tant d'amertume sur mes jeunes années et sur ma vie tout entière, car si tu m'étais resté, ô mon frère chéri, aujourd'hui que je ne suis plus qu'une veuve désolée, j'aurais encore un appui, et mes enfants un conseil et un guide ! Mais Dieu voulait le soustraire aux dangers de ce monde, et sa bonne grand'mère l'appelait peut-être du haut du ciel ! Quelques mois auparavant, nous étions dans la joie ; il revenait triomphant des épreuves du baccalauréat, et obtenait, en récompense de son travail, une excursion à la Grande-Chartreuse avec quelques amis.

Là, comme il arrive aux jeunes gens, il fit mille imprudences, but sans précaution, étant en nage, de l'eau glacée de la fontaine de Saint-Bruno, et revint de ce voyage souffrant, avec le germe d'une fluxion de poitrine, qui l'enleva peu après à notre tendresse. Il vit arriver la mort avec une piété et une résignation angéliques. Mais, pour nous, qui pourrait exprimer notre douleur ?

Au bout de tant d'années, le souvenir de ce jour funèbre est toujours vivant dans mon cœur. J'ai fait sans doute depuis des pertes encore plus amères, mais le brisement de cette première affection a fait une blessure qui ne s'est jamais fermée !

Le désespoir de mon malheureux père qui, après avoir eu à pleurer deux ans auparavant son dernier enfant, perdait encore ainsi en moins de trois mois sa mère et le fils qui lui restait, fut si violent, qu'il nous fit craindre pour sa raison. Plongé dans un accablement morne et sans larmes, il semblait insensible à tout ce qui se passait autour de lui. Les efforts de ses amis, leurs paroles de consolation, rien ne parvenait à le tirer de sa torpeur. Ce fut alors que ma mère, effrayée, toujours prête à oublier sa propre affliction pour s'occuper de celle de son mari, ne put imaginer d'autre moyen de faire cesser cet état de prostration que de l'éloigner momentanément des lieux et des personnes qui lui rappelaient des souvenirs si déchirants, et de lui faire voir des pays et des visages étrangers. Elle l'emmena avec moi à Genève, espérant que les grands spectacles de la nature, auxquels il avait toujours été si sensible, apporteraient quelque diversion à sa douleur. Il n'opposa pas de résistance, comme incapable de volonté et de sentiment.

Peu à peu cependant la vue de ce beau lac et de ces montagnes, chefs-d'œuvre de la création, parurent le ranimer un peu. Ce tendre père songea à ceux qui lui restaient, à ma mère dont il voyait l'abnégation et la tendresse, à moi, dont il voulut distraire aussi le cruel chagrin. Il s'intéressa à mes impressions en face de cette belle nature, et le désir de m'en faire éprouver le charme le décida à des excursions qui lui causèrent forcément quelque distraction. Souvent nous le voyions retomber dans sa morne tristesse, mais au moins y avait-il quelques intervalles.

L'exercice de la promenade, qu'il n'aurait jamais voulu prendre s'il n'avait pas changé de lieu, lui avait rendu un peu le sommeil, qui depuis son malheur n'avait pas fermé ses yeux.

Je ne m'étendrai point sur ce voyage qui, dans toute autre circonstance, eût été pour moi si ravissant, et qui même, malgré la douleur amère qui remplissait mon âme, ne put manquer de m'intéresser vivement. Afin de retarder le moment du retour, que ma mère craignait être celui d'une rechute pour mon père, elle le décida, faisant toujours valoir la raison de me distraire, à pousser jusqu'à Chamouny et au Mont-Blanc. Nous visitâmes la mer de glace, et ces merveilles de la nature ne purent nous laisser insensibles. Nous revînmes par Aix-les-Bains, et nous nous embarquâmes sur le lac du Bourget pour revenir par le Haut-Rhône (charmante navigation), à Lyon et à Valence, où nous retrouvâmes les tristes lieux témoins de notre malheur. Nous ne nous y arrêtâmes que pour voir ma sœur, et mon père voulut revenir de suite cacher sa douleur à Chabret.

Combien notre arrivée y fut mortellement triste ! combien cette maison chérie nous parut vide et désolée ! et pour mon père, quelles cruelles émotions ! au milieu de ses regrets paternels, les plus sombres pensées venaient l'assaillir ! Privé de ses deux fils, il voyait son nom éteint dans le manoir de famille, perdu peut-être à jamais pour le pays de ses pères, par l'éloignement de son frère et de ses neveux ; il ignorait à qui ses filles seraient unies, et se demandait si un gendre pourrait ou voudrait faire revivre la famille absente dans le manoir cher à son cœur. Confidente de ces préoccupations douloureuses, lisant dans l'âme de mon père ses angoisses et ses souffrances, je n'eus plus dès lors d'autre pen-

Ferme de Gauthier (Praneuf).

sée que de consacrer ma vie à consoler mes parents, de n'accepter pour époux que celui qui voudrait partager avec moi ce pieux office, ne jamais les quitter, et leur rendre autant que possible le fils qu'ils avaient perdu. Je demandais aussi à Dieu de ne pas permettre que le nom de mon père disparût pour toujours de ses montagnes natives, où il était connu et aimé depuis si longtemps. Dieu a daigné écouter ces vœux de l'amour filial ; il m'a donné le meilleur des époux, et pour mes parents le fils le plus tendre, le plus digne de leur succéder dans le manoir et la terre de famille où il les a si bien continués, où il s'est fait bénir comme eux, jusqu'au jour, hélas ! où il est allé les rejoindre au ciel, me laissant seule à pleurer sur la terre ceux que j'ai tant aimés !

Pardonnez, mes enfants, je ne suis pas seule, car vous me restez pour continuer aussi votre père. Pardonnez, mon Dieu ! car vous m'avez donné de douces consolations, celle entr'autres que j'avais tant désirée, d'avoir vu, par le mariage d'une de mes filles, refleurir le nom de mon père dans le pays des aïeux, près de la tombe de celui qui n'a pu voir ici-bas cet événement dont il eût été si heureux, mais qui l'aura préparé et béni du haut des cieux.

CHAPITRE IX

Mon premier voyage à Paris. — Les monuments, les églises, les palais.
— Mlle Rachel ; Lucrèce et Judith. — Lamartine et Chateaubriand.
— Mme de Bressieux et les souvenirs de l'Empire. — Versailles,
Saint-Denis, la tour du Temple. — Le P. de Ravignan.

LES souvenirs douloureux auxquels je me suis laissée
aller, m'ont amenée à parler de ce qui ne devait se
passer que bien plus tard. Je dois revenir à la triste époque
de nos chagrins. Une nouvelle épreuve ne tarda pas à frapper la famille par la perte de ma grand'mère maternelle, qui
avait suivi sa fille aînée à Paris. Ma mère eut du moins la
consolation de l'avoir revue une dernière fois. Comme par
un pressentiment, l'hiver qui suivit ses malheurs, elle se
décida avec mon père à aller à Paris voir sa mère qui
n'était pas revenue à Valence depuis le départ de ma tante
et dont le grand âge pouvait faire craindre une fin prochaine. Il semble que l'annonce d'un voyage à Paris, où je
n'étais jamais allée, eût dû me causer une grande joie. Il
n'en fut pas cependant ainsi. Les chagrins m'avaient rendue plus sérieuse ; le tourbillon de la grande ville m'attirait
moins que les beautés majestueuses de la nature, comme
celles de mon voyage en Suisse, et j'appréciais davantage
aussi les douceurs de famille et d'amitié dont je jouissais
à Valence, la société de ma sœur, de ma cousine, dont je
ne profitais qu'à ce moment de l'hiver, et qu'il me fallait
quitter.

Je partis donc sans beaucoup d'enthousiasme. Ma princi-

pale satisfaction était en réalité l'idée de revoir ma grand'-
mère, mon oncle et ma tante, que j'aimais beaucoup, ainsi
que mes cousins. Le voyage fut long, nous nous arrêtâmes
à Lyon et n'arrivâmes à Paris qu'au bout de huit jours environ.

Nous courûmes chez ma tante et ma grand'mère, que
nous trouvâmes infirme et souffrante ; sans maladie apparente, elle s'éteignait doucement, et ma mère s'applaudit de
n'avoir pas différé sa visite, bien qu'elle espérât encore alors
la conserver plus longtemps. Nous fûmes ensuite voir mon
bon vieil oncle, le général Pernéty et sa femme, qui vivaient
encore, ainsi que Mme du Pont, l'amie de ma grand'mère
d'Indy, et plusieurs autres parents et amis, qui nous firent
l'accueil le plus cordial et le plus empressé. Mon père, avec
sa bonté ordinaire, voulut me conduire dans tous les endroits qui pouvaient m'intéresser. C'était un grand charme
de les visiter avec lui ; son instruction si variée, sa manière
si attachante d'expliquer l'origine des divers monuments et
les souvenirs historiques qui s'y rattachaient, son goût
éclairé pour les beaux-arts, faisaient tirer de chaque excursion un plaisir et un profit nouveau. C'est ainsi que je visitai
les églises, les palais, les expositions de peinture.

Les sentiments de piété que mes chagrins avaient encore
fortifiés en moi, me donnaient de la répugnance pour le
théâtre. Je crus pouvoir seulement me permettre d'aller voir
une ou deux fois Mlle Rachel, la grande tragédienne, qui était
alors au début de son talent, et que mon goût pour les beaux
vers et les chefs-d'œuvre de nos grands poètes me fit vivement
apprécier. Malheureusement, je n'eus que rarement l'occasion de lui voir jouer Corneille et Racine, que j'eusse tant
aimé à entendre plus souvent. C'était le moment de la lutte
entre la *Lucrèce* de Ponsard, les *Burgraves* de Victor Hugo
et la *Judith* de Mme de Girardin. La *Lucrèce* de Ponsard,
ouvrage d'un auteur encore inconnu, excitait un grand en-
gouement et avait supplanté complètement les *Burgraves*
de Victor Hugo, au grand dépit du poète. Mme de Girardin,
qui venait de faire paraître sa *Judith*, piquée au jeu à son

tour, accapara pour sa pièce Mlle Rachel, qui ne joua que celle-là pendant presque tout le temps de notre séjour, pour contrebalancer la vogue de *Lucrèce* à l'Odéon ; de sorte que ces trois pièces, aussi médiocres les unes que les autres, et que nous n'avions nulle envie de voir, nous privèrent d'entendre beaucoup de belles tragédies que la grande actrice savait si bien interpréter. Ce contre-temps n'augmenta pas peu notre mauvaise humeur contre la littérature moderne et romantique.

Nous ne négligeâmes pas d'aller voir, aux environs de Paris, les deux plus grands souvenirs de la monarchie, Versailles et Saint-Denis, les palais des rois vivants et morts. Ce furent ceux dont la majesté me frappa davantage, et mes parents disaient en riant que ce qui m'avait le plus charmée *à Paris*, c'était Versailles et Saint-Denis.

Le palais de Versailles, bien que transformé en musée, ce qui nuisait à la grandeur des souvenirs, paraissait néanmoins tout imprégné encore de la majesté du grand roi, et faisait faire de tristes réflexions sur la déchéance où les révolutions avaient fait tomber la France. Qu'auraient-elles été, grand Dieu ! quelques années plus tard, où le palais de Louis XIV servait de quartier général à un ennemi vainqueur, à un roi de Prusse, que le grand roi aurait à peine compté au nombre des souverains ? O mon Dieu ! quels terribles châtiments la France s'est-elle attirés en s'éloignant de vous ! quand méritera-t-elle, par son repentir, que vous la releviez de tant d'humiliations ?

Après avoir contemplé les monuments de la grandeur de la royauté, nous voulûmes faire un pèlerinage au sanctuaire, dirai-je, de ses infortunes. Les bâtiments de la tour du Temple, qui ont disparu depuis, existaient encore en partie et étaient transformés en un couvent, fondé par la princesse Louise de Condé, seule destination qu'on pût leur donner, et qu'on aurait dû respecter. Mais la Révolution avait hâte de détruire ce témoignage de ses crimes, et s'est empressée de le faire disparaître. Alors on ne pouvait visiter l'intérieur, la tour n'existait plus, mais nous vîmes encore la porte même par où étaient sorties les royales victimes pour aller à l'échafaud, et je n'ai pas besoin de dire l'émotion que nous éprouvâmes à ce souvenir.

Ce que je désirais le plus voir à Paris, n'était pas tant les monuments que les hommes célèbres encore vivants ; j'avais un grand espoir de rencontrer M. de Lamartine chez ma tante Pernéty, qui était sa cousine, et comme on nous avait dit qu'il y venait le dimanche, mes parents, avec leur complaisance ordinaire pour mes désirs, avaient soin de me mener chez elle tous les dimanches, pensant l'y trouver. Je jouai de malheur, car il n'y vint aucune des fois où je m'y rendis. Un dimanche, mes parents ayant voulu aller aux courses du Champ-de-Mars, ce jour-là précisément, M. de Lamartine passa l'après-midi chez ma tante, de sorte que ce contre-temps acheva de me donner l'aversion des courses et des divertissements hippiques, que je n'aimais déjà point. Il ne nous restait plus qu'une ressource, c'était de le voir à la Chambre des députés. Nous assistâmes à une séance où l'on nous avait dit qu'il devait parler, et au lieu de l'entendre (car il ne parla pas), il me fallut essuyer trois discours sur la question des sucres ; vous jugez de la déception. On me fit voir à leur banc, MM. de Lamartine, Berryer, Guizot, Thiers et autres personnages connus ; mais mon père, pour mieux me dédommager, trouva moyen d'aborder M. de Lamartine qu'il connaissait, dans la salle des Pas-Perdus, et de le faire causer, ce qui satisfit un peu ma curiosité et mon admiration pour le grand poète. M. de Lamartine, qui n'avait que cinquante ans alors, était remarquablement beau, grand de taille, de la figure la plus distinguée, et de l'abord le plus gracieux. Il n'avait pas encore fait l'*Histoire des Girondins*, mauvaise action qui m'aurait indisposée contre lui.

J'avais grande envie aussi d'apercevoir au moins M. de Chateaubriand, qui vivait encore, quoique très vieux. Mon père, qui savait son habitude d'aller tous les jours à l'Abbaye-au-Bois, chez Mme Récamier, me proposa de nous poster rue de Sèvres, à l'heure où il devait rentrer chez lui.

Nous le vîmes sortir de l'Abbaye-au-Bois ; il était petit de taille, mais ses traits étaient encore beaux, malgré son grand âge. Nous nous rangeâmes pour le voir ; je crois qu'il s'en aperçut, car il leva la tête pour nous regarder, et cela ne dut point lui être désagréable, car chacun sait qu'il n'était pas dépourvu d'amour-propre.

Un des souvenirs intéressants de mon voyage de Paris fut aussi nos visites à Mme de Bressieux, autrefois Mlle Grégoire du Colombier, la première passion de Napoléon, qui vivait encore, bien que très âgée. Mon père, qui la connaissait particulièrement, nous mena chez elle. Elle nous reçut à merveille, nous témoigna un vrai plaisir de revoir des compatriotes, et me fit beaucoup de caresses. C'était une petite vieille toute proprette, toujours soignée dans sa mise, au point qu'on disait en riant qu'elle mourrait certainement sans quitter ses gants ni son chapeau, et l'une des plus aimables que j'aie connues. Il était curieux, lorsqu'elle causait sur Valence, de l'entendre parler comme de contemporains de gens qui n'existaient plus depuis longtemps et dont les petits-enfants me faisaient l'effet d'être vieux. Les récits des gens âgés les font souvent paraître aux yeux de la jeunesse comme des revenants d'un autre âge ; mais cette impression était encore plus forte pour Mme de Bressieux, parce que, n'étant jamais revenue au pays qu'elle avait quitté dans sa jeunesse, le temps qui s'était écoulé depuis était comme non avenu pour elle, et les choses lui semblaient restées telles qu'elle les avait laissées.

Il y avait dans sa chambre un portrait d'elle étant jeune, dont la grâce et la beauté justifiaient l'admiration qu'elle avait inspirée au futur maître de l'Europe. Elle aimait à réunir chez elle les débris qui restaient de l'ancienne cour impériale. Nous fûmes invités à plusieurs de ces réunions, où, bien que nos sympathies ne fussent pas pour l'Empire, nous trouvions amusant de rencontrer des personnes portant des noms connus de cette époque. Ainsi je vis chez elle une dame qu'on me dit être la fille de Mme de Lavalette, celle qui, en 1815, avait fait sortir son mari de prison en changeant de vêtements avec lui. Ensuite, Mme de Beauharnais, veuve en secondes noces du sénateur de Beauharnais, père de la grande-duchesse Stéphanie de Bade. Il avait eu de cette seconde femme une fille que je vis là avec sa mère, et qui était par conséquent demi-sœur de la grande-duchesse. Elle était mariée à un gentilhomme du Midi que mes parents connaissaient beaucoup, M. de Quiquerand. Celui-ci, malgré ses attaches avec la famille impériale, était resté royaliste, et refusa sous le second Empire la dignité de sénateur que lui offrait Louis-Napoléon, duquel il se trouvait proche parent par sa femme.

Ces réunions m'intéressèrent beaucoup, comme curiosité et souvenir d'un passé célèbre. A ce sujet, on racontait sur Mme de Bressieux une anecdote assez amusante. Un des théâtres de Paris, ne s'imaginant pas qu'elle pût vivre encore (elle faisait peu de bruit et vivait renfermée dans la société de ses anciens amis), avait monté une pièce où elle était représentée mangeant des cerises à Basseaux avec Napoléon. Elle s'y rendit, trouvant fort drôle d'aller se voir jouer. Si elle se fût découverte, elle eût probablement excité plus de curiosité que le spectacle. C'était son fils qui avait épousé la demi-veuve de M. du Pont, ce fils de l'amie de ma grand'-mère, mort subitement le jour de son mariage. C'était ce fils aussi qui, se trouvant à Rome où il avait suivi sa fiancée en 1832, eut l'occasion de sauver Louis-Napoléon, depuis empereur, des poursuites qu'il avait encourues par sa participation à la révolte des Romagnes, et de lui fournir les moyens de rejoindre sa mère, la reine Hortense. Malgré ce service important, il ne rechercha pas non plus les faveurs du second Empire et préféra son indépendance aux honneurs qu'il aurait pu attendre.

Je n'oublierai pas, dans notre séjour à Paris, les cérémonies pieuses dont notre arrivée à la fin du Carême nous permit de profiter. Je fus frappée de la différence des *tombeaux* du jeudi-saint avec les reposoirs de nos autels, resplendissants ce jour-là, chez nous, de lumières et de fleurs, et appelés *paradis*, tandis que ceux de Paris étaient de vrais *tombeaux*, éclairés par des cierges d'une clarté lugubre et couverts d'un drap rouge pour tout ornement. La dévotion du Nord, plus sombre, veut rappeler plutôt le souvenir de la sépulture de N.-S. Celle du Midi, plus riante, célèbre l'institution de la divine Eucharistie par des manifestations de joie.

Nous eûmes la satisfaction d'entendre à Notre-Dame le P. de Ravignan, et de pouvoir admirer en lui la perfection de l'éloquence sacrée, jointe à l'onction de sainteté répandue sur toute sa personne, et qui pénétrait non moins que ses paroles. La dévotion de Notre-Dame des Victoires n'était pas encore fondée, mais nous visitâmes plusieurs églises remarquables, entr'autres la Sainte Chapelle, cette merveille créée par S. Louis.

Nous vénérâmes les reliques de sainte Geneviève à Saint-Étienne-du-Mont, car la Révolution de 1830, comme l'a fait plus tard la République, avait chassé de son temple la sainte patronne de Paris, pour y mettre à sa place les ignobles émeutiers de juillet, qualifiés du nom de héros ; *héros* dont le premier exploit, comme je l'ai déjà dit, avait été le brisement des croix, le sac de l'archevêché et mille abominables impiétés. On voit que les deux régimes se valent, et que nous n'aurions pas grand'chose à gagner à voir remplacer l'un par l'autre. Cette qualification de *héros de juillet* me fait souvenir de la spirituelle remarque de Georges Duval, auteur très amusant de mémoires sur la Révolution : « Depuis quatre-vingts ans, il est passé en chose jugée que tous les bandits qui périssent dans une insurrection sont des *héros* morts pour la liberté ». Mais Louis-Philippe, qui avait su si bien profiter d'une émeute pour escamoter la couronne, devait tomber à son tour sous une autre émeute, justes représailles de la justice divine. A cette époque, il avait déjà perdu son fils, tombé sur le chemin de la *Révolte* et le châtiment commençait pour lui, bien qu'il ne dût éclater que quelques années après, car nous n'étions qu'en 1843.

Avant de quitter Paris, mon père voulut me faire faire une excursion dans une de ces anciennes voitures appelées *cou-*

cous, que les chemins de fer devaient bientôt faire disparaître. Nous allâmes à Saint-Denis dans une voiture de ce genre, qui était loin d'être commode, mais que je suis bien aise d'avoir encore pratiquée, parce qu'elles ne figurent plus que dans les vieux récits et les vieilles gravures ; c'est comme un souvenir des mœurs d'un autre âge dont on peut encore témoigner. Nous avons à Chabret une estampe de Carle Vernet, qui les représente très bien.

CHAPITRE X

Mort de ma grand'mère maternelle. — Mariage de ma sœur. — Réception à Boulbon. — Le vieux comte de Raousset. — Ses bizarreries. — Son fils aîné, Gaston de Raousset. — Ma vie après le mariage de ma sœur.

Au bout de quelques semaines passées à Paris, nous revînmes toujours inquiets de la santé de ma grand'mère, qui allait en déclinant. En effet, peu de temps après notre retour, nous apprîmes sa mort, qui, malgré son grand âge (elle avait 87 ans), fut un coup bien sensible pour ma mère, déjà si éprouvée. Les deuils se succédaient sans relâche pour nous ; mes parents avaient grand besoin qu'un événement heureux vînt leur apporter quelque soulagement, et Dieu, toujours miséricordieux, même quand il frappe, le leur ménagea l'année suivante, par le mariage de ma sœur avec le jeune comte de Raousset-Boulbon, frère de celui qui s'illustra plus tard au Mexique, par son expédition aventureuse et sa fin tragique.

Celui qui devint mon beau-frère était un charmant jeune homme, âgé alors seulement de vingt-quatre ans. Ma sœur en avait vingt. Ils paraissaient destinés l'un à l'autre par la similitude de circonstances dans lesquelles ils se trouvaient. Tous deux avaient été obligés de vivre avec des originaux qui semblaient créés pour exercer la patience de ceux qui les entouraient : ma sœur avec sa vieille tante, des mains de laquelle mes parents avaient hâte de la tirer ; lui, avec un vieux père, type connu dans Avignon par ses excentricités. Celui-ci avait eu successivement trois femmes, qu'il avait rendues fort malheureuses. Le comte Gaston de Raousset, le héros de la Sonora, était le fils de la seconde, et mon beau-frère celui de la troisième. Cette dernière, jeune et belle encore, aimable et gracieuse personne, désirait vivement aussi marier son fils et lui assurer ainsi une existence indépendante. Elle l'avait fait entrer pour ce motif dans l'administration des Haras. C'est ce qui décida mes parents, qui tenaient absolument à ce qu'il eût une résidence autre que celle de son père, afin que leur fille ne fût pas exposée à tomber de Charybde en Scylla. Il était pour lors au haras de Cluny, dans les beaux pays arrosés par la Saône. C'était dans ce nid poétique que ma sœur devait commencer sa vie conjugale.

Le mariage eut lieu dans l'automne de 1844 ; la tante n'en était pas moins enchantée que mes parents, car une de ses originalités, depuis que ma sœur eut quinze ans, était l'idée fixe de la marier, et mes parents, bien qu'ils le désirassent aussi, avaient été souvent obligés de lutter avec elle pour attendre une demande qui puisse présenter toutes les chances de bonheur.

Le mariage se fit chez mes parents et non point chez la tante. Elle refusa aussi d'y assister, ce qui vexa beaucoup tous les curieux qui étaient accourus en foule, bien plus pour la voir, que pour voir la mariée ; ne sortant jamais, elle était devenue un objet de curiosité pour toute la ville, et ce fut probablement son motif pour s'y dérober.

Ma sœur sortit pour la première fois de chez sa vieille tante pour passer deux jours avec nous avant de suivre son mari, car les nouveaux mariés n'avaient pas la coutume alors de s'enfuir comme des criminels aussitôt après le mariage : les premiers jours se passaient pour la jeune femme auprès de ses parents, qui l'accompagnaient ensuite dans la famille de son mari, avec laquelle ils faisaient connaissance, et où leur fille, ainsi escortée des siens, se trouvait moins étrangère. C'est ce que nous fîmes ; ma sœur partit la première avec son mari et sa belle-mère pour Avignon, afin d'être présentée à son vieux beau-père que son âge avait em-

pêché de venir, et qui l'accueillit à merveille. Nous la suivî-
mes le jour d'après, et nous prîmes part aux fêtes joyeuses
du retour de noces, non seulement à Avignon, mais à leur
terre de Boulbon, près de Tarascon, où les paysans, que
l'esprit révolutionnaire n'avait pas encore envahis, et qui
étaient restés très attachés à leurs anciens seigneurs, firent
aux mariés une réception digne du moyen âge, réception où
rien ne manqua, ni les bouquets, ni les arcs de triomphe, ni
les compliments récités par les notables du pays et les jeunes
filles revêtues de ce joli costume arlésien qui fait si bien ressortir la beauté des femmes de ces contrées. M. et Mme de
Raousset (ou de Boulbon, comme on les appelle dans leur
pays', pour n'être pas en reste avec les paysans, leur donnèrent un grand dîner sous les arbres du parc, où force toasts
furent portés, et ensuite un bal à toutes les jeunes filles, qui
y vinrent dans leurs plus riches atours. Nous pûmes juger
que la réputation de beauté des femmes d'Arles et des environs est loin d'être usurpée.

La culture de la garance, qui enrichissait alors ce pays, y
mettait une telle aisance, que le curé, à qui la famille remit
une forte somme pour les pauvres, demanda la permission
de l'employer en d'autres bonnes œuvres, car pour des pauvres, il n'en connaissait point dans la paroisse ! Aussi les
jeunes filles avaient-elles presque toutes des diamants, qui
se conservaient dans les familles, et qui brillaient à leur cou
et leurs oreilles dans les grandes occasions. Le patois provençal si expressif donnait à ces fêtes un caractère encore
plus particulier.

On nous fit faire beaucoup de belles courses dans ce pays
de Provence, si curieux par ses antiquités et ses beautés pittoresques. Avignon d'abord, entouré de sa ceinture de remparts crénelés et dominé par son château des Papes, d'une
architecture si imposante ; en face, les tours de Villeneuve,
faisant pendant à ce beau palais des Papes et au rocher des
Doms, sur lequel est bâtie la cathédrale et la tour de la Gla-
cière, aux sinistres souvenirs ; entre les deux, l'île de la Bar-
thelasse, étalant sa riante verdure et partageant le cours du

Rhône, au milieu duquel s'avance le vieux pont de Saint-Bénézet, avec ses arches à demi rompues. Cet ensemble est d'un aspect si ravissant, surtout en arrivant par le bateau à vapeur, à l'heure où le soleil couchant illumine le paysage, que les plus insensibles même en sont frappés.

Un jour que je faisais ce voyage, je rencontrai dans le bateau une famille d'Anglais, auxquels je pus donner quelques indications, le long de la route, grâce au peu d'anglais que je sais. Lorsqu'ils se trouvèrent en face de ce spectacle, malgré leur froideur naturelle, ils ne purent retenir un cri d'admiration et restèrent comme en extase, contemplant ce magnifique panorama, tandis que je jouissais de leur enthousiasme ; l'arrivée en chemin de fer est beaucoup moins belle.

Nous visitâmes aussi les lieux les plus intéressants des environs ; la fontaine de Vaucluse, non moins remarquable par son site d'une beauté sauvage que par ses souvenirs poétiques ; le pont du Gard, ce monument merveilleux du génie romain ; Orange, Nîmes, Arles, avec leurs arènes, leurs théâtres, leurs arcs de triomphe, temples et tombeaux antiques qui font de cette partie de la Provence et du Languedoc un péristyle de l'Italie ; le cloître Saint-Trophime, l'abbaye de Montmajour, Beaucaire et les ruines de son château, Tarascon avec son église de Sainte-Marthe et son palais du roi René, qui mêlent les souvenirs du moyen âge à ceux de l'antiquité romaine.

Nous vîmes dans la montagne avoisinant Boulbon la vieille chapelle de Saint-Michel de Frigolet et les ruines de l'ancien couvent, sur lesquelles ont été bâties depuis la superbe église et l'abbaye des Prémontrés, d'où notre odieuse république est venue chasser les saints religieux qui faisaient retentir ce désert des louanges de Dieu et y attiraient des foules immenses pour contempler les magnificences du culte catholique. Aujourd'hui, l'abbaye est redevenue déserte et en deuil. Les pèlerins n'y viennent plus entendre les chants sacrés ; quelques religieux, gardiens de cette église désolée, y prient seuls pour que le Seigneur vienne délivrer son peuple ; puissent leurs gémissements et les nôtres attendrir le ciel et hâter le jour du salut !

Toutes ces excursions m'intéressèrent vivement, et je me dis qu'on allait souvent chercher à l'étranger des beautés de l'art et de la nature qu'on trouverait encore mieux dans notre beau pays de France. N'avons-nous pas dans notre Ardèche, sans aller plus loin, des phénomènes volcaniques comparables à ceux de la grotte du Chien à Naples, et les basaltes de Thueyts, de Rochemaure, de Villeneuve-de-Berg, le pont d'Arc, creusé par la rivière à travers une montagne, les grottes de Vallon, de Saint-Marcel et tant d'autres merveilles, que je ne connais pas pour la plupart, par la bonne raison, toujours la même, que les curiosités de son pays sont celles qu'on visite le moins ?

Boulbon

Les habitants de Boulbon ont conservé plusieurs des coutumes naïves de leurs pères. Il y a au-dessus du village une vieille chapelle dédiée à saint Marcellin, patron du pays. Chaque année, à l'époque de sa fête, les hommes s'y rendent en procession, portant chacun une bouteille de vin qu'ils font bénir, après en avoir fait goûter au maire et au curé, et qu'ils conservent comme un topique pour leurs maladies. Cette procession des bouteilles, dont nous avons été témoins plusieurs fois, produit un effet très original et qui prêterait à rire, si la foi sincère qui en est le mobile n'ôtait toute envie de s'en amuser.

L'ancien château de Boulbon, situé en haut du village,

dans une position ravissante, avait été pillé et dévasté pendant la Révolution ; le vieux comte, bien que n'étant pas de
nature très tendre, racontait qu'il n'avait pu s'empêcher de
verser des larmes lorsqu'au retour de l'émigration il revit en
cet état le château où il avait passé sa jeunesse ; il n'en reste
plus que des ruines, si belles et si pittoresques qu'elles semblaient placées exprès pour le plaisir des yeux.

M. de Raousset s'était fait reconstruire une grande habitation dans la plaine, mais qui n'avait pas, comme l'ancien
château, l'avantage d'une vue magnifique, et qui avait en
outre l'inconvénient d'être sujette aux inondations du
Rhône. Elle contient un musée de tableaux de grand prix,
reste de l'ancienne splendeur de la famille, une des plus
nobles et des plus considérées de Provence. Ces tableaux
sont ceux qu'on a pu sauver du pillage révolutionnaire, pour
la plupart des tableaux flamands, parmi lesquels des Téniers,
des Terburg et autres maîtres de premier ordre. On avait pu
les cacher à cause de leur petite dimension ; les grandes
toiles avaient été volées, devinera-t-on pourquoi ? pour les
mettre à la lessive, et en faire des sacs de toile ! La stupidité
du vandalisme peut-elle être poussée plus loin ? Les tableaux
sauvés sont restés dans le château nouveau et dans la famille,
et appartiennent encore à mon neveu, devenu mon gendre,
le comte Emile de Raousset.

Les fêtes du mariage furent attristées pour nous par une
maladie qui survint à mon père, et qui le tint au lit ou dans
sa chambre pendant presque tout notre séjour. Dès qu'il fut
en état de voyager, il eut hâte de venir se remettre chez lui.
M. de Raousset avait entrepris de lui persuader qu'il
n'avait pour se guérir qu'à bien manger et bien boire, tandis que le mal de mon père étant un embarras d'estomac
qui lui avait donné la fièvre, il lui eût été difficile de suivre
ce traitement. Il redescendait de la chambre de mon père
en nous assurant que si M. d'Indy était malade, c'est qu'il
ne voulait pas faire son remède de manger un bifteck et
boire un bon verre de vin, ce qui l'aurait bientôt mis sur
pied.

Dans les livres qui ont été écrits sur la vie de l'infortuné comte Gaston de Raousset, on a fait de son père un portrait d'imagination absolument faux. On l'a représenté comme un vieillard sombre et taciturne, ainsi que M. de Châteaubriand dépeint son père dans ses Mémoires. Il y a entre ce type et le sien la différence radicale de l'homme du Nord et de celui du Midi. M. de Raousset était au contraire un vrai Provençal, criard, tapageur, exubérant, dont les colères ne duraient pas à la vérité, mais se renouvelaient si souvent qu'elles paraissaient être son état naturel.

Il renvoyait ordinairement un domestique par semaine, ce qui, malgré l'esprit pacificateur de Mme de Raousset, ne laissait pas que d'apporter souvent des difficultés dans le service de la maison, surtout en temps de noces. Ainsi il avait profité de l'absence de deux jours que sa femme avait faite lorsqu'elle était venue assister au mariage, pour mettre à la porte tout son personnel, et lorsqu'elle revint, ramenant sa nouvelle belle-fille, les amis de son fils devant venir le surlendemain ainsi que nous, elle trouva la maison vide de tous les serviteurs. Mme de Raousset, accoutumée à ces incartades, rappela les renvoyés, ce qu'elle faisait sans cesse en pareil cas, et dîners de noces et réceptions n'en furent pas moins brillants.

Si mon beau-frère, d'un caractère doux et élevé à l'école de sa mère, supportait assez patiemment les boutades de son père et se bornait à ne pas trop se montrer lorsqu'il voyait le temps à l'orage, il n'en était pas de même de son frère Gaston. Intelligence des plus distinguées, mais caractère bouillant et indocile au joug, celui-ci ne put s'accommoder longtemps d'un régime où il lui fallait se résoudre à un mutisme complet et se soumettre à tous les caprices d'un vieillard irritable et fantasque, qui le chassait de sa présence, une fois parce qu'il portait des moustaches, une autre fois pour quelque motif non moins futile. Une carrière aurait pu le préserver en l'éloignant, comme son frère, mais son esprit aventureux et ennemi de la discipline et de l'assujettissement, l'y rendait peu propre.

A sa majorité, il entra en possession de la fortune considérable de sa mère, qu'il alla dissiper à Paris, en folles dépenses.

La nouvelle de ses prodigalités acheva d'irriter son père, incapable de se dire qu'il en était la première cause par son absurde conduite à son égard. Il ne voulut plus le revoir et défendit qu'on en parlât devant lui. Cet arrêt fut très pénible à son frère, qui avait pour lui une tendre affection, et à sa belle-mère, qui aimait aussi ce jeune homme, qu'elle avait élevé.

La disgrâce où il était tombé auprès de son père l'empêcha d'assister au mariage de son frère ; mais nous le vîmes quelque temps plus tard à Valence. Il y passait pour se rendre en Algérie, où il allait essayer de coloniser et de refaire une fortune, la seule chose dont il ne fût pas capable ; son frère et ma sœur étaient venus pour le rencontrer, et il passa cette journée avec eux à la maison. C'est la seule fois que je l'ai vu, mais on ne pouvait le voir sans être frappé des avantages qu'il réunissait. Sa figure, ses manières, sa conversation étaient également remarquables, et les amis

Laurence.

que mes parents avaient invités à cette occasion en étaient tout impressionnés. Je ne m'étonne pas que plus tard il ait rassemblé des troupes d'hommes autour de lui pour en faire les compagnons de ses expéditions aventureuses. Il est dommage qu'une si riche nature fût tombée entre les mains d'un père incapable de la diriger d'une manière plus utile à lui-même et à son pays.

Le mariage de ma sœur fut fécond, car elle eut huit enfants, trois fils et cinq filles. Elle eut la douleur de perdre le premier huit jours après sa naissance ; le second, mon neveu Emile, ou plutôt mon fils, puisqu'il est le mari de ma chère fille, venait de naître lorsque son grand-père mourut à quatre-vingt-quatre ans, d'une attaque d'apoplexie, qui lui laissa néanmoins le temps de recevoir les secours de la religion, et sa mort, il faut l'espérer, valut mieux que sa vie ; on juge cependant qu'il n'était pas de ceux qui peuvent laisser de bien vifs regrets. Mon beau-frère quitta pendant un temps l'administration des haras, où il rentra toutefois plus tard, afin de revenir près de sa mère et de s'occuper de ses affaires et de ses propriétés.

Je n'étais pas encore mariée alors ; résolue à ne pas me séparer de mes parents, je voulais un mari qui consentît à habiter Chabret avec eux. J'avais une entière confiance dans leur choix et aucune de mes pensées ne leur restait cachée. Mon plus grand désir était, comme je l'ai dit, de faire la consolation de mes parents et de trouver un mari qui m'y aidât. J'avais sans doute la vocation du mariage, et cette vie de douces affections et de tendresse mutuelle me paraissait pleine de charmes ; mais j'étais persuadée que mes parents, avec leur expérience et leur sollicitude, sauraient choisir mieux que moi celui qui devrait réaliser cet idéal. J'aurais été bien ingrate d'ailleurs si j'avais pensé autrement, car ils étaient préoccupés presque plus que moi de trouver les qualités qui pouvaient me rendre heureuse, et l'indignation de ma mère était amusante lorsqu'on lui proposait quelqu'un qui lui paraissait ne pas devoir me convenir. Je ne leur avais demandé que deux conditions, sur lesquelles du reste ils étaient parfaitement d'accord avec moi, c'était de ne me donner qu'un bon chrétien et un bon royaliste comme nous. Je sentais que je ne pourrais être heureuse si je me trouvais en contradiction avec celui qui devrait être le compagnon de ma vie, sur les sentiments qui m'étaient les plus chers et les plus sacrés, et que l'affection, dans ce cas, ne pourrait être complète entre nous.

Je venais d'être occupée dans ces dernières années de la chute terrible qui avait failli nous enlever notre cher prince et qui nous avait donné tant d'inquiétude. C'est à cette occasion que j'entendis parler des droits des Bourbons d'Espagne. Don Carlos était alors prisonnier à Bourges, victime des machinations de Louis-Philippe et de la trahison de Maroto. Nous nous étions vivement intéressés à sa cause, et le dénouement avait redoublé notre indignation contre cette famille d'Orléans, artisan de la ruine de toute la maison royale. Je me rappelle que lorsque notre Henri était couché sur son lit de douleur, je disais à ma mère dans mon angoisse : « Mais si notre prince venait à mourir, serait-il possible que ces odieux d'Orléans fussent ses héritiers ? » — « Point du tout, me répondit ma mère; les Bourbons d'Espagne, petits-fils de Louis XIV, passent bien avant eux et tous les royalistes s'y rallieraient. » Je cite cette circonstance pour prouver que c'était alors l'opinion générale des royalistes. Je la vis reproduite également dans tous nos journaux ; pourquoi faut-il qu'elle ait changé depuis ?

La guérison de notre prince, pour laquelle j'avais prié de toute la ferveur de mon âme, nous combla de joie, et son mariage, quelques années après, fut pour nous un bonheur qui devait, hélas ! se changer en amertume, lorsqu'on le vit demeurer stérile. O vanité des prévisions humaines ! l'événement qui semblait devoir assurer l'avenir de la dynastie si chère à notre cœur était destiné à l'éteindre pour jamais !

Pendant ce temps, les intrigues de Louis-Philippe avaient réussi en Espagne ; et par le mariage de son fils, il croyait pouvoir mettre sa race sur le trône d'Espagne, comme il l'avait fait en France, à la place de celle du grand roi ; mais, au sein d'une prospérité apparente, l'orage s'amoncelait autour de ce trône usurpé. Les scandales se multipliaient dans sa propre cour. Le duc de Praslin, qui en faisait partie, devenait l'assassin de sa femme. Deux anciens ministres, Teste et Cubières, dans un procès célèbre, étaient convaincus de concussion ; sa honteuse politique achevait de le rendre impopulaire. L'apparition de la sainte Vierge à deux jeunes bergers, sur la montagne de la Salette, parlant du mépris de la loi de Dieu, fruit de ce règne funeste, en prédisait le châtiment. La tempête était près d'éclater, et c'est au bruit de ses roulements que l'heure du bonheur domestique allait sonner pour moi.

Troisième Partie

MA VIE DEPUIS MON MARIAGE

CHAPITRE PREMIER

Préliminaires de mon mariage. — Entrevue à Chabret. — Mon mariage à Valence en février 1848. — Visite à ma belle-sœur, sa grâce, sa bonté, son aimable caractère. — Famille de mon mari; détails et anecdotes.

ES parents, comme je l'ai dit, étaient très liés avec Mme la comtesse d'Andigné, et mon père allait souvent la voir lorsqu'elle venait à son château de Condillac, situé près de Montélimar.

Un jour, il y rencontra un neveu de cette dernière, M. de Pampelonne, officier de marine. Il fut frappé des agréments et de l'esprit de ce jeune homme. S'étant informé de lui à sa tante, il apprit qu'il était orphelin de père et de mère et n'avait qu'un frère aîné, propriétaire du château de famille, qui portait leur nom de Pampelonne, situé en Vivarais, presque vis-à-vis Montélimar, au-dessus du village de Rochemaure, ainsi nommé pour ses deux grands rochers basaltiques.

C'était donc un compatriote, qui n'avait pas d'habitation à lui, et pouvait se plaire dans notre pays, puisqu'il était le sien. Cette idée germa dans la tête de mon père, et lorsqu'il revit Mme d'Andigné, ils reparlèrent ensemble de ce neveu qu'elle aimait beaucoup, et qui réunissait toutes les qualités et les principes que mon père pouvait désirer dans un gendre. A cette époque, le jeune officier était parti pour la Chine avec l'ambassade de M. de Lagrenée et ne devait pas

Mon mari, jeune.

de sitôt revenir ; même on avait appris dans l'intervalle qu'il avait changé de vaisseau, et que celui sur lequel il avait été embarqué d'abord, *la Victorieuse*, avait fait naufrage dans les mers de Chine. Toutes ces circonstances semblaient devoir retarder encore son retour. Néanmoins, cette idée plaisait à mon père, et il ne se découragea pas. Ma mère me dit un mot de ce projet, et je me rappelle que mon premier mouvement fut de partir d'un éclat de rire, quand on me parla d'un futur qui se trouvait en Chine. Mon cher mari éprouva la même impression lorsque son frère, à qui ce projet avait été agréable, lui en écrivit pour la première fois. J'ai vu plus tard, et j'en ai bien ri, la lettre qu'il lui répondit, où il lui disait sur un ton de plaisanterie : « Mon cher ami, tu me parles d'une jeune fille qui me paraîtrait, en effet, me convenir fort bien ; mais comment veux-tu que je puisse compter qu'elle m'attende, lorsqu'elle ne m'a rien promis, puisque celles même qui ont promis n'attendent souvent pas ? »

La négociation en resta là pendant plus d'un an. Dans l'intervalle, le comte d'Agoult, ancien ambassadeur sous la Restauration, oncle de M. de Pampelonne, écrivit à mon père pour lui témoigner combien il désirait ce mariage, ce qui acheva d'y porter mes parents, voyant que toute la famille l'accueillait favorablement. Enfin, vers la fin de 1847, on apprit le retour de la frégate *la Cléopâtre*, commandée par l'amiral Cécille, sur laquelle se trouvait le jeune officier. Mon père et ma mère l'apprirent par Mme d'Andigné, qui le vit à Paris à son arrivée, et elle leur annonça que, tout en étant bien disposé pour ce projet, son neveu ne voulait pas se décider sans me voir et me connaître auparavant, prétention qui nous parut d'autant plus juste que j'étais tout à fait de même, et ne voulais pas m'engager sans connaître celui auquel je devais unir ma destinée. Il fut donc convenu qu'il viendrait nous voir à Chabret avant notre départ pour Valence, afin que, dans notre solitude, sa visite fût moins remarquée.

La saison n'était pas favorable, car nous étions aux approches de Noël, et, à cette époque, nos montagnes ont revêtu leur manteau d'hiver. Heureusement, il n'y avait cette année pas encore de neige, ce qui est rare, et un jour, me promenant avec ma mère, mon cœur battit en apercevant une voiture qui s'avançait dans l'allée. Ma mère, très timide, comme je l'ai dit, était encore plus troublée que moi. Nous rentrâmes précipitamment, et un instant après, la voiture arriva et le jeune officier fut introduit.

Comment pourrai-je, aujourd'hui que je t'ai perdu, ô mon bien-aimé, retracer cette première entrevue, aurore de mon bonheur, où nos cœurs se sentirent si promptement attirés l'un vers l'autre ? Pourrai-je dire combien ces traits distingués, cette figure franche et ouverte, cet esprit si aimable et si fin, me parurent au-dessus de ceux de tous les jeunes gens que j'avais pu connaître jusqu'alors, et combien les sentiments qu'il exprima répondaient à tout ce que j'avais désiré dans celui qui devait être le compagnon de ma vie! et ces sentiments n'étaient pas joués, car ils furent la règle de toute son existence.

Il a bien voulu me dire aussi, lorsque nous étions déjà de vieux mariés, et que je ne pouvais prendre cette phrase pour un compliment, que je lui avais produit une impression également sympathique, et qu'entre plusieurs mariages qu'on lui proposait, il n'avait plus hésité après m'avoir vue. Dussiez-vous rire de mon amour-propre, mes enfants, ces paroles ont été trop douces à mon cœur pour ne pas les rapporter, car son amour a été mon seul orgueil.

Il passa avec nous une journée qui nous parut bien courte, quoique, dans la première entrevue, il règne toujours un peu de contrainte; mais son abord ouvert et gracieux, bien que n'ayant ni fatuité, ni hardiesse de mauvais goût, était fait pour mettre à l'aise. Il nous raconta d'une manière intéressante sa dernière campagne, où il avait fait la guerre aux pirates malais, et secouru un missionnaire, devenu depuis Mgr Forcade, archevêque d'Aix, le premier qui avait rouvert la mission du Japon, et que les insulaires avaient tenu enfermé dans un espace entouré de barrières, sans qu'il eût pu pendant deux ans communiquer avec personne, jusqu'à ce que le vaisseau français vînt le délivrer. Le bon missionnaire, devenu évêque, avait toujours conservé à mon mari une profonde et sainte affection. Il a pleuré avec moi sa perte et il est allé le rejoindre au ciel, victime de son zèle apostolique, car il est mort du choléra en allant visiter les malades pendant l'épidémie.

Après ces récits intéressants, mon père proposa à M. de Pampelonne une partie de whist, où ma mère, qui était son partenaire, se plaignit en riant de ses distractions. Le lendemain, il nous quitta, mais pendant la nuit, la neige avait fait son apparition, et il eut un peu de peine à reconnaître son chemin. J'étais contrariée qu'il vît Chabret pour la première fois sous cet aspect; mais ses regards m'avaient dit qu'il n'en serait pas rebuté.

En effet, il écrivit bientôt à mon père pour lui faire la
demande de ma main, qui fut accordée, et peu, de jours après.
nous partîmes pour Valence. Pendant ce temps, il résidait à
Montélimar chez son frère, qui y passait les hivers, et il
venait me faire des visites fréquentes, qui donnèrent lieu
plusieurs fois à des scènes comiques pour déguiser sa présence, mes parents n'ayant pas voulu encore ébruiter le mariage. Il y avait quelquefois dans nos intimes des indiscrets,
qui entraient sans se faire annoncer, et étaient fort intrigués
de savoir quel était cet étranger, qu'ils n'avaient jamais vu
à la maison. Une fois qu'il était venu à bout de s'évader,
une de ces personnes curieuses remarqua qu'il y avait à table
un couvert de plus, et tourna ses questions dans tous les
sens pour découvrir quel était ce convive inconnu, tandis
que nous nous amusions à la dérouter.

Une autre fois, c'était mon futur beau-frère, le baron
Joseph de Pampelonne, qui vint à la place de son frère, pour
faire connaissance avec moi. On vint nous chercher dans
une maison où nous nous trouvions, et lorsque j'aperçus un
autre visage que celui qui me tenait déjà si fort au cœur, ma
surprise et mon désappointement se peignirent malgré moi
sur ma physionomie, de telle sorte que mon beau-frère me
fit plus tard force plaisanteries sur l'air déconfit avec lequel
je l'avais reçu.

Sa charmante femme, ange du ciel qui nous a été ravie si
jeune, et que je n'ai connue que pour la regretter, se trouvant près d'accoucher, n'avait pu venir, et me fit promettre
d'aller la voir aussitôt après le mariage, qui fut fixé d'abord
vers le milieu de février. C'était le fameux mois de février 1848. Nous ne pensions guère être si près de graves
événements. Mes parents, s'étant décidés à faire part de mon
mariage, chacun venait admirer les belles choses que mon
futur mari avait rapportées de Chine : laques, porcelaines,
étoffes étrangères, écrans et éventails de toutes sortes, c'était
une seconde corbeille de noces ajoutée à celle, déjà fort belle,
qu'il m'offrit, et je n'ai pas besoin de dire que ces cadeaux,
tout beaux qu'ils fussent, n'étaient pas ce que j'appréciais,

mais bien celui qui les donnait, et pour lequel mon affection n'avait fait que croître, à mesure que je le connaissais davantage. Je voyais arriver avec joie l'époque qui devait nous unir et aucune tristesse ne se mêlait à cette joie, puisque je ne devais pas quitter mes parents.

Un retard, dans quelque envoi ou formalité, fit renvoyer le mariage de huit jours, jusqu'au 28 février ; et, c'est pendant cette semaine de retard qu'éclata la révolution de février 1848 !

Les invités, parents et amis, étaient déjà rassemblés pour la noce, lorsque la nouvelle des événements de Paris tomba comme une bombe au milieu de la réunion. Il fut curieux de voir les impressions de chacun en ce moment. Pour moi, je n'éprouvais qu'une vive satisfaction de la chute de l'usurpateur si justement puni de ses odieuses trahisons de 1830, et je disais comme M. Nettement, dans son bel article publié à cette époque dans *la Mode* : « Laissez passer la justice de Dieu ! » Mes parents, mon futur mari et son oncle, le comte d'Agoult, qui était venu au mariage, partageaient les mêmes sentiments, et la sympathie parut dès lors plus vive entre nous. Plusieurs des autres témoignaient plus d'inquiétude, ce qu'on ne saurait leur reprocher, car on ne savait où on pouvait aller. Le mot de république effrayait surtout les gens âgés, qui avaient vécu plus près de la première et tous paraissaient assez désireux de s'en retourner chez eux. Quelques-uns, qui ne croyaient plus aux révolutions, et qui. peu de jours avant, lorsqu'on parlait de l'émotion occasionnée par les fameux banquets, riaient des craintes de certaines personnes à ce sujet, disant qu'il n'y avait plus que des fous qui songeaient à des révolutions, faisaient maintenant une mine absolument stupéfaite, et n'étaient pas les moins alarmés Aucun cependant de ceux qu'un devoir impérieux ne réclamait pas, ne voulut nous quitter avant l'accomplissement de la cérémonie, que nous fîmes en plein jour et avec toutes les voitures commandées, témoignant bien que nous n'avions pas peur, ce qui nous attira plutôt les sympathies de la population, et nous n'eûmes à essuyer aucune insulte, ni signe de malveillance.

Le maire, républicain nouvellement élu, fils ou petit-fils d'un geôlier du Pape Pie VI (lequel geôlier, comme je l'ai dit à sa louange, avait été plein d'humanité pour l'auguste captif), ce maire, dis-je, fut aussi convenable qu'on pouvait le désirer. Il nous épargna les allocutions civiques et l'appellation de citoyen et citoyenne, dont fut gratifiée à Lyon, à la même époque, une jeune fille qui s'était mariée en même temps que moi. Nous pûmes donc lui savoir gré de ne nous avoir pas rendu trop fatigante l'ennuyeuse formalité du mariage civil.

Enfin, souvenir doux et amer à la fois ! à l'église et devant Dieu, je reçus la foi du meilleur des hommes, et je prononçai le serment si cher qui devait assurer le bonheur de ma vie ! Je rentrai chez mes parents le cœur plein de douces émotions ; nous fûmes laissés à nous-mêmes le reste de la journée ; et cette journée solennelle et précieuse ne fut point troublée, comme elle l'est aujourd'hui, par des préparatifs de voyage et des départs précipités qui mettent les larmes et le désarroi dans la maison. Le soir, on réunit à dîner quelques parents et amis peu nombreux, et les jours suivants se passèrent sans visites du dehors, dans l'intimité de la famille, où mes parents purent connaître et apprécier encore davantage celui qu'ils s'accoutumèrent bientôt à regarder comme un fils, et qui l'a été en effet pour eux, le plus tendre et le plus respectueux, jusqu'à la fin de leur vie.

Mon mari, lorsqu'il vit plus tard s'établir la coutume des voyages de noce, m'a avoué qu'il se félicitait que cette mode n'eût pas existé de son temps, vu qu'ayant passé sa vie à faire des voyages au loin, et revenant d'une campagne de cinq ans, il ne demandait qu'à se reposer, et eût été fort marri d'être obligé de se remettre en route. La Révolution, d'ailleurs, y avait mis bon ordre, et ce qu'il y avait de plus prudent à cette époque troublée était de rester chez soi.

Il désira néanmoins, et je le désirais autant que lui, me mener à Montélimar, faire connaissance avec ma belle-sœur, la baronne de Pampelonne, Mlle d'Agoult, dont l'éloge me revenait de tous côtés, et, quand je la vis, combien elle

me parut encore au-dessus de tout ce qu'on m'en avait dit !
La figure et le caractère d'un ange, la grâce, l'esprit, la bonté,
tout était réuni dans cette créature trop parfaite, hélas ! pour
rester longtemps sur la terre ; une aimable vivacité, une
franchise pleine de charme donnaient encore plus d'attrait
aux témoignages d'affection dont elle me combla, et je sentis dès lors que j'avais une sœur de plus.

Combien elle était charmante dans ses ronctions mater-

Ma belle-sœur.

nelles, nourrissant sa dernière née ! elle ressemblait aux
madones de Raphaël, dont ses traits avaient la pureté. Quoique petite et un peu forte, tous ses mouvements étaient
pleins de grâce, et ces dons extérieurs n'étaient rien encore
en comparaison de ceux de son âme angélique.

On me pardonnera de m'étendre ainsi sur les perfections
d'une sœur si tendrement chérie et si amèrement pleurée.
Puissent ses filles, sur qui j'ai reporté mon affection, trouver ici le gage du souvenir que j'ai gardé à leur mère et qui
sera toujours vivant dans mon cœur.

Tout semblait nous rapprocher ; nous étions du même
âge, nées la même année et le même mois. Nous étions l'une
et l'autre élèves du Sacré-Cœur, il n'y avait pas jusqu'à nos

noms, assez bizarres l'un et l'autre, comme elle le remarquait en riant, qui ne nous donnassent un trait de ressemblance de plus. Elle s'appelait Mabile, nom qui lui venait de
famille, comme le mien, et elle me disait : « On doit vraiment dire que ces deux dames de Pampelonne ont l'une et
l'autre des noms bien extraordinaires ! »

Elle était, comme je l'ai dit, Mlle d'Agoult, cousine ger-

Mon beau-frère.

maine de son mari, et par conséquent du mien, ce qui mettait encore plus d'intimité dans les rapports de famille ; aussi
mon mari la chérissait-il tendrement, et elle l'aimait également comme un frère ; d'ailleurs, qui ne l'eût pas aimée ?
Mon beau-frère adorait sa femme, et ne s'est jamais consolé
de sa perte ; il l'a pleurée toute sa vie, et n'a jamais quitté
son deuil, bien qu'il l'eût perdue étant encore jeune. C'était
un bon et excellent homme, auquel je m'attachai tout de suite.
L'affection qui régnait entre lui et son frère était si vive et si
profonde, qu'ils n'ont pu, hélas ! se survivre longtemps.
Orphelins dès l'enfance, ils s'étaient tenu l'un à l'autre la
place des parents qu'ils n'avaient pas connus.

C'est ici le lieu de parler de la famille de mon mari, comme je l'ai fait de celle de mon père et de ma mère.

Son père était d'une vieille noblesse de province demeurée toujours dans ses terres et son pays. Sa mère, Mlle d'Agoult, était cousine germaine de la vicomtesse d'Agoult, dame d'honneur de Mme la duchesse d'Angoulême, et avait deux frères, dont l'un, le comte Hector d'Agoult, avait été ambassadeur sous la Restauration. Il était en cette qualité à Berlin lorsqu'éclata la Révolution de 1830, et il n'hésita pas à quitter sa carrière pour rester fidèle à son roi légitime. Le second des deux frères, le comte Alphonse d'Agoult, officier des gardes du corps, avait aussi donné sa démission en 1830. Ce dernier, marié à Montluçon avec Mlle de la Varenne, était le père de ma charmante belle-sœur, qu'il avait mariée à son cousin, renouvelant ainsi l'alliance entre les familles d'Agoult et de Pampelonne.

Le grand-père paternel de mon mari, le baron de Pampelonne, avait été député suppléant de la noblesse du Vivarais aux Etats-Généraux de 1789, et mourut peu après sa nomination. Il était marié à Mlle de Vidaud, d'une famille de noblesse de robe du Dauphiné, et avait pour neveu le marquis de la Tour Vidaud, connu par ses vertus et sa sainteté, et qu'on n'appelait que M. de Vidaud le Saint; ce fut lui qui fut chargé de la tutelle de mon mari et de son frère lorsqu'ils perdirent leurs parents, et on juge qu'il ne négligea pas d'en faire de bons chrétiens.

Ce saint marquis de Vidaud avait eu son père et sa grand'-mère (notre arrière-grand'mère) guillotinés à Orange ; cette dernière était âgée de plus de quatre-vingts ans et tombée en enfance; dans la charrette qui la conduisait à l'échafaud, n'ayant pas le sentiment de sa situation, elle demandait à son fils : « Mon fils, où nous mène-t-on ? » — « Au ciel, ma mère ! » lui répondait le martyr résigné, et la tête de la mère octogénaire tombait à côté de celle du fils.... O mes enfants, si jamais on a l'audace de vanter devant vous cette affreuse époque, souvenez-vous de ces horreurs !

Notre grand-père de Pampelonne avait huit ou dix frères

ou sœurs ; mon mari racontait en riant que dans le livre de famille du bisaïeul on trouvait inscrit chaque année : « Aujourd'hui Dieu m'a fait la grâce de me donner un garçon » ; l'année suivante : « Aujourd'hui Dieu m'a fait la grâce de me donner une fille » ; et ainsi de suite, pendant une douzaine de fois. Néanmoins, de tous ces enfants, il n'est pas resté beaucoup de postérité ; plusieurs filles furent religieuses dans l'abbaye de Soyons, dont une, chassée de son couvent par la Révolution, vint se fixer à Valence, comme je l'ai dit dans le courant de ces Souvenirs. Un des fils passa aux colonies et a laissé des descendants, car deux jeunes Pampelonne, venant des Antilles faire leur éducation en France, se sont présentés à mon beau-frère et à nous comme ses petits-fils. Un autre, entré dans les ordres sans assez de vocation et grand-vicaire de M. de Savines, évêque de Viviers, fut entraîné, malheureusement, dans la défection de ce prélat, un des seuls de France qui donnèrent le triste exemple de renoncer à leur caractère sacré. Son grand-vicaire eut la faiblesse de l'imiter, mais, bien que député, comme son frère, aux Etats-Généraux, il ne trempa néanmoins dans aucun des crimes de la Révolution et profita de sa liaison avec Talleyrand pour l'accompagner à l'ambassade de Constantinople pendant la Terreur ; il est mort directeur de la Monnaie.

Il n'osa jamais reparaître dans son pays ni devant sa famille, et une de ses sœurs disait sur un ton de chagrin comique : « Il est bien malheureux que mon pauvre frère aîné fût mort, car il l'aurait assommé avant qu'il eût pu faire cet affront à la famille ! » Deux des nombreux frères et sœurs restèrent dans le pays, une des filles, mariée aussi à un M. de Vidaud, cousin de sa belle-sœur, mais qui n'a pas laissé d'enfants, (elle habitait le village de Meysse, situé en-dessous du château de Pampelonne), et un des frères, célibataire, le chevalier de Pampelonne, qui resta fixé aussi près du château, dans une petite maison appelée Bagatelle qui appartient encore à la famille. Il a vécu très vieux, et sa mémoire est restée très populaire dans le pays.

De toute cette nombreuse génération, il n'existait, en France du moins, que deux rejetons, mon beau-père et son frère ; ce dernier, enveloppé dans une des réquisitions de conscrits de la fin de la République, périt dans les guerres de cette triste époque. Un seul des deux fils resta, et fut marié quelques années après, comme je l'ai dit, à Mlle d'Agoult, fille du comte Antoine d'Agoult, qui habitait le château de Beauplan près de Voreppe en Dauphiné, et de Mlle de Blacons. Cette dernière, notre grand'mère, était sœur du marquis de Blacons, père de Mme d'Andigné, et son autre sœur avait épousé le comte de Vallier, dauphinois également, dont une partie des enfants est fixée aussi à Voreppe, dans le château de leur aïeule, Mme de Blacons. Telle est votre parenté, mes enfants, avec toutes ces familles, avec lesquelles vous savez que les bonnes relations d'amitié n'ont jamais discontinué.

Les unes et les autres, étant très aimées dans leur pays de Voreppe, n'avaient pas eu trop à souffrir de la Révolution, le Dauphiné, quoique très républicain, ne s'étant pas montré trop méchant. Notre grand-père d'Agoult avait émigré en Suisse avec son fils aîné, notre oncle Hector. Etant près de la frontière, il venait de temps en temps voir sa femme, qui était restée en France pour sauver les biens de la famille, et les gens du pays, non-seulement ne le dénonçaient pas, mais l'avertissaient de fuir quand il y avait quelque danger à courir. Sa dernière fille étant née à la suite d'une de ces visites, et sa femme n'osant avouer la présence clandestine de son mari, qui d'ailleurs, aux yeux de la loi, était mort civilement, elle fut fort embarrassée pour donner un état civil à sa fille. On rit ensuite de la singularité de la position, mais dans le moment elle dut avoir à éprouver bien des angoisses.

Plus tard, en 1814, notre oncle Hector rendit à son village de Voreppe le même service que Mme Mazuyer à celui de Chasselay, en empêchant les Autrichiens de le piller, ce qui lui attira encore plus le respect et l'affection des habitants.

Ses deux cousins de Vallier n'avaient pas émigré, pour ne pas abandonner leur mère, qui était veuve ; mais, outre l'aménité de leurs manières qui les faisaient aimer, ils étaient doués d'une taille et d'une force herculéennes, de sorte que les mauvais drôles du pays n'aimaient pas à avoir affaire à eux. La vieille marquise de Blacons, leur aïeule et la nôtre, qui vivait encore alors, était aussi, quoique boîteuse, une femme d'énergie. Un jour qu'elle se faisait porter en chaise, selon la coutume d'alors, dans les rues de Grenoble, elle fut assaillie par un parti de populace qui cria à l'aristocrate ; la vieille dame, mettant la tête à la portière, leur dit d'un grand sang-froid : « Eh bien, mes amis, puisque vous ne voulez pas qu'on me porte, comme vous voyez que je suis boîteuse et que je ne puis marcher, vous allez donc me porter vous-mêmes ? » Alors, par un revirement comme il en arrive dans le populaire, la bande qui l'insultait applaudit et l'accompagne en l'acclamant.

Mon mari m'a cité aussi, à propos d'elle, un trait qui prouve combien le respect de l'autorité paternelle et maternelle était encore enraciné dans les mœurs, même à cette époque de relâchement. Son fils, le marquis de Blacons, joueur et dissipateur, ayant mécontenté sa mère, elle refusa longtemps de le recevoir chez elle ; ses filles ayant néanmoins intercédé pour leur frère, elle consentit à le recevoir d'abord au château de Bouvesse, près Morestel en Dauphiné, où habitait M{\me} de Vallier, sa fille ; le fils, en arrivant au château (bien qu'il fût homme fait et assez émancipé) pendant que sa mère l'attendait au haut de l'escalier, monta les marches à genoux pour implorer son pardon, et sa mère, sans l'embrasser, lui donna sa main à baiser en signe de réconciliation.

Tel était alors le respect filial, que les mœurs d'aujourd'hui auront peine à comprendre. Si les manières actuelles sont plus familières, plût à Dieu que le respect n'en eût pas souffert !

CHAPITRE II

Première éducation de mon mari et de son frère. — Entrée de mon
mari dans la marine. — Récits intéressants. — Aventure de revenant.

Comme je l'ai dit, mon mari et son frère avaient perdu
leurs parents dans leur première enfance. Leur père,
atteint, au retour d'un voyage, de la rougeole ou de la petite
vérole, ne put avoir les secours d'un bon médecin, les torrents
qui coulent dans la vallée, en-dessous de Pampelonne, débor-
dés en ce moment, n'ayant pas permis d'en aller chercher à
Montélimar. Un praticien de village, appelé faute d'autre,
prit l'éruption qui se produisait pour un échauffement causé
par la fatigue, et le fit mettre au bain, ce qui eut pour effet
de tuer le malade. Sa jeune femme, qui était enceinte, reçut
de ce malheur un coup si terrible, qu'elle fit une fausse couche et mourut bientôt après. Les deux orphelins furent
recueillis d'abord par leurs vieux parents, le chevalier de
Pampelonne et sa sœur Mme de Vidaud, dont mon mari se
rappelait les soins avec attendrissement. Une personne du
pays m'a cité de lui un joli mot enfantin, qui peint bien son
cœur aimant. On parlait devant lui, tout petit encore, d'un
enfant qui avait perdu ses parents et qui restait bien abandonné ; il répondit à l'instant dans son langage enfantin, en
regardant sa tante : « Celui-là n'avait donc pas de tatan ? »
On juge si ces témoignages d'affection allaient au cœur de
la bonne vieille tante, qui gâtait de telle façon son petit Vic-

tor (1) que le grand-père et la grand'mère d'Agoult, qui habitaient Grenoble, jugèrent à propos de le prendre auprès d'eux comme ils avaient pris déjà son frère Joseph, afin de lui faire commencer son éducation, qui était restée jusque-là très rudimentaire dans le village de Meysse où demeurait sa tante, et consistait surtout à accompagner son oncle le chevalier, qui le faisait monter en croupe derrière lui, lorsqu'il allait à cheval dîner chez ses amis. (C'était, comme je l'ai dit, la mode d'alors : mon père, à plus de soixante-dix ans, allait encore à cheval, et M. du Bay, son voisin, à quatre-vingts passés). Ce genre d'existence paraissait beaucoup plus agréable à Victor que la vie plus réglée à laquelle il fut soumis chez ses grands-parents et l'école à laquelle il fallait aller. Aussi, me racontait-il qu'il passa les premiers jours à crier toute la journée : « Je veux retourner chez ma tatan de Vidaud ! » Il trouva néanmoins une seconde mère dans une jeune tante, Mlle Olympe d'Agoult, sœur cadette de sa mère, qui, ayant refusé de se marier pour mener dans sa famille une vie de sœur de charité, se dévoua à ses neveux qu'elle entoura de soins maternels jusqu'à sa mort prématurée, car elle mourut ayant à peine dépassé trente ans, et déjà vénérée dans tout le pays. Les jeunes gens avaient conservé aussi pour elle et pour sa mémoire la plus tendre vénération, ainsi que pour leur grand-père et leur grand'mère, dont la tendresse ferme et éclairée avait su si bien les guider et leur tenir lieu des parents qu'ils n'avaient plus.

Ils furent mis tous deux au collége de Belley, tenu par des prêtres, et plus tard, au collége Stanislas à Paris, dirigé par l'abbé Liautard, et patronné par Louis XVIII ; les élèves profitaient de cette protection royale pour se trouver souvent sur le passage de la voiture du roi, et l'assourdir de leurs cris de : Vive le roi ! jusqu'à ce que, de guerre lasse, il eût fait arrêter sa voiture pour leur donner un congé.

---

(1) C'était le nom de mon mari, et par une coïncidence singulière, celui aussi de mon beau-frère de Raousset ; mon père s'en plaignit en riant, disant qu'il était exposé à confondre ses gendres, ne pouvant les distinguer par leur petit nom.

On ne se piquait pas néanmoins, même pour faire honneur au patronage du roi, de prendre un grand soin de la tenue des élèves, comme toilette. Mon mari m'a raconté, en riant, que son oncle Hector étant venu le voir, au retour d'une de ses ambassades, le trouva tellement ébouriffé, tellement dépourvu de toute espèce de chapeau et d'habit présentable, qu'il renonça à le faire sortir, disant qu'il ne pourrait présenter comme son neveu un garçon aussi déguenillé.

Les jeunes gens, au sortir du collége, travaillèrent pendant quelque temps chez leurs grands-parents, sous la direction d'un précepteur, pour se préparer aux examens spéciaux, et entrèrent, l'aîné, Joseph, à Saint-Cyr, et son frère Victor, à l'école de marine. Mon mari, qui n'avait alors que quinze ans, fut reçu en même temps à l'école militaire et à l'école navale. Il choisit la marine, selon les conseils qui lui furent donnés.

Il était aussi aimable et spirituel qu'instruit, et ses récits sur tous ses voyages étaient également curieux et intéressants.

Il racontait que, pendant l'expédition qu'il avait faite avec l'amiral Cécille, contre les sauvages Malais, ceux-ci, obligés de se soumettre et de demander la paix à l'amiral, lui envoyèrent des députés avec des présents pour le mieux disposer. Parmi ces présents, était une sorte de comestible ayant la forme d'un gigot, qui inspira quelque défiance à l'amiral. Il fit venir un médecin pour l'examiner, lequel lui déclara que c'était une jambe de jeune fille qu'on lui offrait à manger ; l'amiral furieux apostropha les députés sauvages de mille injures, leur demandant s'ils le prenaient pour un misérable barbare comme eux. Ceux-ci parurent fort étonnés, disant qu'ils lui avaient offert le meilleur de leurs mets, et qu'ils sauraient bien s'en faire honneur eux-mêmes, s'il ne le voulait pas.

En fait de cuisine, mon mari disait en avoir mangé en Chine, non du même genre, mais peu agréable aussi pour des Européens. Un jour, voyant un plat assaisonné de petits ronds noirs qui ressemblaient à des truffes, il demanda ce que c'était ; on lui répondit que c'était des sangsues de mer, mets très estimé, dont on lui faisait les honneurs ! Pour les fameux nids d'hirondelles, il dit que cela ressemblait à du vermicelle un peu gluant ou à du tapioca.

Un autre récit de mon mari était sur un secrétaire de l'ambassade de Chine, qui, ainsi que notre cocher, dont j'ai parlé au commencement de mes Mémoires, avait la manie ou le don de charmer les serpents ; seulement, au lieu d'être les serpents relativement inoffensifs de nos pays, c'était des serpents à sonnettes, ou d'autres d'une espèce non moins dangereuse. Il se faisait descendre à terre par plaisir, dans les endroits les plus infestés de ces odieux reptiles, et en rapportait triomphalement une douzaine des plus venimeux, qu'il avait tués sans être atteint lui-même.

Une fois, cependant, ce dangereux passe-temps faillit lui coûter la vie. Il était en possession d'un boa vivant, qu'il avait mis dans sa chambre à bord, renfermé dans un coffre ; pendant la nuit, le boa, ranimé par la chaleur, brisa le coffre et sortit dans la batterie, où il se glissa sous un canon. Grande rumeur ; le secrétaire d'ambassade se précipita à sa recherche, et l'ayant aperçu, le saisit intrépidement par la tête. Malheureusement, le monstre, trouvant un point d'appui dans l'affût du canon, vint à bout d'enserrer l'imprudent dans un de ses replis et allait l'étouffer. Un des amis de l'infortuné secrétaire, affolé par cette vue, voulut abattre avec une hache la tête du reptile, et ne réussit qu'à trancher à moitié la main de son ami qui la tenait, et qui eut le courage, malgré la douleur, de ne pas lâcher prise ; mais il était à moitié mort, lorsqu'un matelot eut l'heureuse idée de couper avec son coutelas un des anneaux du serpent ; alors les autres, perdant leur force, se détendirent et le malheureux jeune homme fut sauvé ; mais il eut la main estropiée, et la marque des anneaux du boa resta imprimée sur son corps pendant plus de six mois.

La troisième histoire est dans l'ordre surnaturel et fantastique. Je commence par dire que mon mari est d'autant moins suspect sur ce point que la tournure de son esprit était plutôt positive et ennemie du merveilleux. Sauf les mystères de la foi, sur lesquels il était ferme croyant, il était en général sceptique sur tout ce qui paraissait sortir de l'ordre naturel. Lors de la vogue des tables tournantes, il prétendait qu'il n'avait jamais rien vu dans ce genre, parce que la présence seule d'un incrédule comme lui les empêchait de tourner. Il avait détruit dans mon esprit maintes croyances merveilleuses. accréditées par les récits de voyages que j'avais lus, et dont il ne faisait que rire, les traitant de fables ; ainsi les facultés meurtrières du mancenillier et d'autres arbres qu'il prétendait être tout simplement une grande humidité, qui causait des refroidissements dangereux à ceux qui s'asseyaient ou s'endormaient imprudemment sous leur ombre, mais de poison nullement. Il en était de même de la faculté attribuée au serpent boa, de fasciner les hommes au point de les forcer à se précipiter eux-mêmes dans sa gueule béante ; il jugeait ce récit absolument fabuleux, m'assurant qu'il n'en avait jamais entendu parler dans les pays où les boas abondent. Outre l'histoire du secrétaire d'ambassade, il me citait à ce sujet l'aventure d'un de ses camarades qui, au Sénégal, s'étant senti saisi pendant une chasse d'un accès de fièvre, s'était couché au pied d'un arbre, lorsque tout à coup, dans un buisson voisin, il voit se dresser la tête d'un monstrueux boa ; bien loin d'être pris de vertige et attiré dans sa gueule, il lui lâche ses deux coups de fusil et se sauve à toutes jambes, oubliant sa fièvre, qui fut coupée immédiatement et ne revint plus. Le remède fut meilleur que la quinine, mais qui aurait voulu en essayer ? Mon mari était si connu par son mépris pour toute crainte puérile que dans sa famille il contribua plus d'une fois à rassurer les domestiques en leur prouvant, dans certaines circonstances, qu'ils s'étaient effrayés à tort. Un jour, entr'autres, il me racontait que pendant une maladie de sa tante, Mme Hector d'Agoult, on entendit tout à coup la sonnette de sa chambre s'agiter et sonner sans que personne eût tiré le cordon. La même chose s'étant répétée plusieurs fois de suite, les femmes de chambre tremblaient de frayeur et n'osaient plus monter l'escalier, disant que c'était sans doute la cloche des morts pour leur maîtresse ; mon mari, craignant que cette frayeur des domestiques ne finît par impressionner sa tante elle-même, plus susceptible dans son état de maladie, se fit apporter une échelle pour monter à la sonnette ; il remarquait qu'elle était silencieuse tant que l'escalier était obscur (c'était le soir) et que, dès que la lumière paraissait, on la voyait s'agiter et sonner. C'est le contraire de la manière d'agir des habitants de l'autre monde, qui choisissent ordinairement les ténèbres pour se manifester. Enfin, étant monté à la sonnette, il découvrit dans l'intérieur un gros papillon de nuit, qui, s'étant fourvoyé derrière le battant, ne bougeait pas tant que la nuit régnait, mais dès qu'il voyait la lumière, agitait ses ailes et faisait sonner la sonnette. Il fallut que mon mari apportât le papillon et le présentât lui-même aux domestiques, pour leur persuader que la sonnerie n'avait rien de surnaturel; et il eut bien de la peine à le leur faire croire.

Il avait cependant lui-même été exposé, dans son enfance, à devenir poltron et visionnaire, par l'imprudence coupable d'un jardinier, dont le plaisir était d'inventer des niches pour faire peur aux enfants et aux autres domestiques. Notre ancien cocher Pierre, dont j'ai parlé, avait cette manie vis-à-vis des servantes, mais il n'essaya jamais de nous faire peur à nous, tandis que le jardinier de Beauplan (c'était, comme je l'ai dit, le nom du château habité par le comte et la comtesse d'Agoult), s'attaquait de préférence aux enfants, pour lesquels ces frayeurs peuvent avoir les suites les plus funestes. Aussi, dès que nos grands-parents s'en aperçurent, ils le congédièrent, et s'appliquèrent avec prudence et fermeté à réparer les fâcheuses impressions que pouvaient avoir reçues leurs petits-fils, les amenant peu à peu à rougir d'être soupçonnés de poltronnerie et à surmonter leurs craintes par amour-propre, jusqu'à ce qu'ils en fussent corrigés. La grand'mère avait coutume de laisser souvent son mouchoir ou son ouvrage sur un banc au fond d'une allée sombre, et en rentrant, elle disait à son petit-fils : « Victor, j'ai oublié mon ouvrage au fond de l'allée ; va me le chercher, » n'ayant l'air d'y mettre aucune intention, et d'un ton tout naturel. Victor n'osait pas refuser la commission et avouer qu'il avait peur ; il partait, tremblant d'abord à chaque feuille qu'il entendait remuer. Il arrivait cependant au but, et dès qu'il avait saisi l'objet demandé, il repartait à toutes jambes, sans regarder derrière lui. Son frère était soumis aux mêmes épreuves, et, peu à peu, ils s'aguerrirent si bien, qu'ils en vinrent, comme je l'ai dit, à mépriser toute frayeur de ce genre et à y devenir tout à fait inaccessibles.

Ce n'est pas une des moindres obligations qu'ils reconnaissaient avoir à leurs grands-parents. Rien n'est plus dangereux, en effet, pour l'imagination et la santé des enfants que de leur causer ces sortes de frayeurs.

Ma tante, la comtesse d'Indy, eut le chagrin de perdre son plus jeune fils, un charmant enfant de sept ans, par suite, à ce qu'on a toujours cru, d'une frayeur que lui avait faite une bonne, qu'on renvoya malheureusement trop tard.

J'éprouvai moi-même, dans mon enfance, une impression de ce genre, encore par l'imprudence d'une servante. On avait coutume, à cette époque, d'enterrer les prêtres à visage découvert. Ma bonne me menant à la promenade, et voyant passer un de ces enterrements, s'en approcha par curiosité, sans songer à l'impression que pourrait faire la vue de ce mort sur une enfant de quatre à cinq ans, que j'étais alors. Effrayée de mes cris de terreur, elle me calma comme elle put et me rapporta à la maison, sans vouloir avouer sa sottise ; mais, comme je prenais des espèces de crises nerveuses chaque fois qu'on voulait me faire sortir, ma mère, alarmée, finit par en découvrir la cause et employa tous ses soins à me guérir. Il y fallut très longtemps, et je me rappelle encore que jusqu'à l'âge de sept ou huit ans, j'éprouvais des frayeurs insensées pour les moindres choses. Les sages leçons de mes parents et la honte de paraître si poltronne me firent enfin passer cette disposition plutôt nerveuse, et je puis dire que j'ai été depuis, au con-

traire, très peu susceptible de frayeurs pusillanimes. J'étais,
toutefois, moins sceptique que mon mari sur les événements surnaturels, et il est curieux que ce soit de lui, incrédule par excellence à cet égard, que je tienne l'histoire de
revenant la plus complète et la plus appuyée sur des témoignages authentiques. Je vais la raconter, après avoir fait
toutes ces digressions pour vous prouver combien votre
père était peu suspect de crédulité à cet égard, et combien,
par conséquent, son récit peut être jugé digne de foi.

Dans un de ses voyages, m'a-t-il donc raconté, il se trouvait aux Antilles avec un de ses camarades, nommé M. de
la Baume Pluvinel, officier de marine comme lui. Ce dernier venait d'avoir la terrible maladie de la fièvre jaune et
entrait en convalescence. Les médecins, pour achever de le
remettre, lui ordonnèrent l'air de la campagne, et il s'occupa, aidé de mon mari, à chercher un logement chez une
mulâtresse qui louait des chambres, dans une maison qu'elle
avait à cette intention sur le bord de la mer, dans un site
agréable et salubre.

Les deux amis visitèrent plusieurs chambres qu'elle leur
offrait, et qu'ils ne trouvèrent pas à leur convenance. Ils en
avisèrent une, plus grande et plus commode que les autres,
et demandèrent à la mulâtresse si elle n'était pas à louer :
« Oh ! pour celle-là, répondit-elle, je ne puis vous la proposer, parce qu'il y revient des esprits ».

A cette singulière annonce, mon mari, tel que je l'ai dépeint, et son ami, non moins incrédule que lui sur ce sujet,
se mirent à rire, et déclarèrent à la propriétaire qu'ils ne
craignaient point les esprits, et que le malade prendrait
cette chambre, qu'il trouvait la seule commode. La femme
s'en alla en secouant la tête et ayant l'air de dire : « Ils le
veulent ; ils verront ! » Le jeune officier prit en effet la
chambre et s'en trouva bien les premiers jours. Sa convalescence marchait rapidement, lorsqu'un matin, en entrant
dans sa chambre, on le trouva hors de son lit, évanoui sur
le plancher. On le recoucha, mais il avait une fièvre ardente
qui mit de nouveau sa vie en danger. La femme qui avait

loué le logement ne cessait de répéter : « Je vous l'avais bien dit, ce sont les esprits ; vous n'aviez pas voulu .me croire. »

Enfin, au bout de quelques jours, une amélioration s'étant produite, le médecin le déclara sauvé. Lorsqu'on voulut savoir ce qui avait occasionné sa rechûte, il garda un silence obstiné et refusa absolument de s'expliquer là-dessus. Tous les efforts de mon mari pour l'amener à s'en ouvrir avec lui furent vains. Lorsqu'il fut suffisamment remis pour être transporté, il témoigna assez d'impatience de quitter cette maison, et tous les gens qui l'habitaient, malgré leur curiosité, ne purent rien savoir de plus.

Enfin, plusieurs années après, mon mari se trouvant naviguer avec lui sur le même vaisseau, lui demanda un jour, dans une causerie intime, s'il ne voudrait pas lui raconter ce qui lui était arrivé dans cette chambre. L'officier prit un air sérieux et lui dit : « Je vous le raconterai, mais à une condition, c'est que vous ajoutiez foi à mon récit. Vous savez que j'étais aussi incrédule que vous, mais je suis si persuadé de la vérité de ce que j'ai vu, que je ne voudrais pas en faire le récit, si c'est pour l'exposer à des moqueries ». Mon mari l'assura qu'il avait trop de confiance en sa véracité, pour se moquer de ce qu'il lui dirait et qu'il pouvait être tranquille là-dessus. Alors, M. de la Baume commença son histoire : « J'étais depuis quelques jours dans cette chambre, sans qu'il me fût rien arrivé, dit-il, et je dormais sans la moindre inquiétude, lorsqu'une nuit, je fus réveillé en sursaut, et j'aperçus devant moi une figure que je reconnus parfaitement pour celle d'un capitaine du port, mort deux ans auparavant. Saisi d'une certaine émotion, je me levai sur mon séant et demandai à l'apparition : « Que me voulez-vous ? » La figure, sans répondre, étendit le bras vers une partie de la muraille qu'elle sembla me désigner. Voulant savoir si je n'avais pas affaire à quelque mauvais farceur, je m'élançai hors de mon lit et j'essayai de saisir le fantôme. Mais, je n'embrassai que le vide, l'apparition avait disparu, et je tombai évanoui sur le plancher, où on me trouva le lendemain ». Ici, mon mari voulut interrompre son camarade, pour lui dire qu'il avait sans doute rêvé et que cette apparition était l'effet d'un cauchemar. « Attendez, reprit son ami, je l'ai d'abord cru comme vous ; mais j'étais intrigué par le geste que m'avait fait le fantôme, indiquant un certain endroit de la muraille ; dès que je fus en état de me lever, je tâtai avec la pointe de mon sabre tout autour de la chambre ; à l'endroit précis qui m'avait été désigné par l'apparition, le sabre s'enfonça dans le mur, découvrant une cachette masquée par la tapisserie. Dans cette cachette, se trouvaient un paquet de cheveux et des lettres adressées à une femme, en France. Je pris le tout, je l'emballai et l'envoyai à l'adresse indiquée ; peu de temps après, je reçus une réponse me remerciant avec effusion du service que j'avais rendu à une famille, en leur renvoyant des papiers qui auraient pu compromettre gravement plusieurs personnes.

« Ce dénouement de l'aventure me fit acquérir la conviction que cette apparition mystérieuse n'était point l'effet d'un rêve ou d'une hallucination, mais un de ces faits étranges qu'on ne saurait expliquer naturellement, et dont l'Eglise admet la possibilité dans certaines circonstances, où la volonté de Dieu permet à une âme du Purgatoire de revenir sur la terre pour empêcher le mal qui pourrait résulter des suites de certaines fautes. »

Tel fut le récit de mon mari, et il me semble, en effet, difficile d'y trouver une autre explication. Lui-même, malgré son peu de disposition à ajouter foi aux faits extraordires, convenait qu'il n'avait pu en trouver d'autre.

CHAPITRE III

Premier voyage à Pampelonne. — Description du château et des environs. — Charme de la vie de famille. — Les voisins du château. — Retour à Valence; mort de la tante Chorier. — Evénements politiques; anecdotes sur la Révolution de 1848 — Nos promenades dans les environs de Valence. — Les Maïès de Cray. — Visites dans les châteaux des environs. — Montélier et la fée Mélusine.

JE reviens au commencement de mon mariage et à notre visite à mon beau-frère et à ma belle-sœur. Après les

Pampelonne.

avoir vus à Montélimar, mon mari voulut me montrer le château de Pampelonne et nous y allâmes lorsqu'ils y furent revenus.

Les chemins pour y arriver étaient difficiles et le sont

encore restés, bien qu'il y ait eu quelques améliorations (1). Il fallait traverser plusieurs fois des torrents dépourvus de pont, qu'on était obligé de passer à gué, sur un âne ou un mulet, car il était difficile d'y faire passer une voiture, non plus qu'à la montée trop raide qui suivait, le château étant bâti sur un pic dominant la vallée. Malgré ces inconvénients, je fus ravie de ce voyage, enthousiasmée de ce vieux nid d'aigle, qui répondait si bien à mes idées d'un manoir féodal, tel que mon imagination, portée, comme je l'ai dit, à évoquer les souvenirs chevaleresques, aimait à se les représenter ; de même que la gracieuse figure de ma belle-sœur réalisait à mes yeux les images les plus charmantes et les plus poétiques des châtelaines du moyen-âge.

Le château n'était pas bien grand, mais commode, et l'intérieur avait été restauré par mon beau-frère. Une partie, qui avait été brûlée par les protestants, pendant les guerres de religion, n'avait pas été reconstruite, mais ce qui restait suffisait à en faire une habitation assez grande pour la famille et les amis qu'on y recevait. Mon mari et son frère aimaient à montrer cette preuve que leurs aïeux avaient toujours été bons catholiques et rappelaient en riant que c'était un Blacons, chef de protestants (dont la famille, devenue catholique, s'était alliée plus tard à la leur), qui avait fait brûler le château par les bandes qu'il commandait, tandis que le baron de Pampelonne défendait contre lui le village de Chomérac, situé dans le voisinage. Mme d'Andigné, dernière des Blacons, et notre tante, comme je l'ai dit, a fait peindre cette scène dans une des salles de son château de Condilhac.

L'époque révolutionnaire avait laissé aussi sa trace, en rabattant au niveau du toit les tours qui, autrefois, s'élevaient au-dessus. Le château était entouré de grands rochers basaltiques, noirs comme d'énormes blocs de charbon, surplombant une vallée, au fond de laquelle coulaient des torrents

(1) Une belle route a été faite depuis, par les soins du comte de Grille.

alimentés par les eaux qui, les jours de pluie, tombaient en cascades des montagnes environnantes, et, au milieu, s'élevait le clocher de l'église rustique de Saint-Martin (c'était le nom du village où il fallait descendre le dimanche pour entendre la messe).

De la terrasse du château, on apercevait une échappée assez étendue sur la plaine de Montélimar, et à droite, au-dessus des ruines de Rochemaure, le cratère en cône du volcan de Chenavari d'où venaient les grands rochers noirs qui couvraient le pays. Une allée de vieux et beaux chênes servait de principale avenue, le terrain rocailleux et accidenté fournissait peu de promenades faciles. En un mot, on ne pouvait dire que le pays fût beau. mais dans ceux que recherchent les artistes, il en est peu certainement qui puissent leur offrir un cachet plus étrange et plus pittoresque dans son originalité.

Les jours que j'y passai comptent parmi les plus heureux de ma vie. Ce ménage si uni, si aimable. ces gentils enfants, la gaîté et la sérénité qui régnaient dans cet intérieur faisaient dire en le voyant de près : « Si le bonheur peut habiter un coin de la terre, c'est celui-là ». (Hélas ! il devait être bientôt remplacé par un deuil cruel !) On sentait que ce bonheur était dû particulièrement à l'atmosphère chrétienne de la famille. Les habitudes de piété y régnaient, la prière du soir s'y faisait aussi avec tous les domestiques. Je compris alors l'espèce d'étonnement, dont l'expression me fit tant de plaisir chez mon mari, la première fois que je lui demandai, timidement d'abord, si cela ne l'ennuierait pas de prendre part à la prière que nous faisions en commun avec mes parents. Il me regarda en me disant d'un ton d'indignation comique : « Me prenez-vous donc pour un Turc ? » J'éclatai de rire en l'embrassant de bon cœur et toute glace fut désormais rompue entre nous.

Il fut toujours si fidèle à cette pieuse pratique que, dans le cours des années, il ne souffrit jamais qu'on l'abandonnât. Lorsque des amis venaient passer quelques jours avec nous, et que, le soir, je n'osais quelquefois proposer la prière, ne sachant si c'était dans leurs habitudes, mon mari m'en reprenait en me disant à haute voix : « Eh bien, Bibiane, tu oublies donc la prière ? » C'est ainsi qu'il savait être chrétien aux yeux de tous.

La piété à Pampelonne était du reste loin d'être morose, et la gaîté n'y perdait rien, pas plus que chez M. d'Archimbaud, dont j'ai parlé à un autre endroit.

Lors de ma visite, ma belle-sœur, pour me faire les honneurs, me chargea de faire la prière à sa place. J'avais l'habitude de dire les litanies de la Sainte-Vierge en latin, et ayant remarqué qu'elle les disait en français, je voulus faire comme elle ; mais, n'ayant pas de livre, la mémoire m'échappa, et je m'embrouillai tout à fait ; je fus obligée de suspendre un moment et de rattraper le fil comme je pus, jusqu'à la fin ; mais en voyant la mine comique dont mon mari me regardait, le fou-rire m'avait gagnée, et en retournant au salon, hors de la vue des domestiques, que nous n'aurions pas voulu scandaliser, j'y donnai carrière, excitée encore par les plaisanteries de mon mari sur ma déconvenue et la gaîté de ma belle-sœur. Heureux temps, où la moindre bagatelle suffisait pour faire éclater la surabondance de joie qui remplissait nos cœurs ! Pourquoi faut-il que ces heures si douces soient de trop courte durée ? Ma maladresse à monter à âne, ce que l'état des chemins obligeait souvent de faire, était un autre sujet de rire.

Ma partie de piquet avec le bon curé, dont j'ai parlé ailleurs, et son air stupéfait lorsque je le gagnais, amusèrent aussi beaucoup mon mari et mon beau-frère. Les deux curés de la vallée, qui sont restés chacun plus de trente ans dans leur paroisse, étaient les amis de la maison et y venaient souvent. Ma belle-sœur, de son côté, apprenait à chanter aux jeunes filles, et faisait son possible pour embellir les cérémonies de la petite paroisse, dont elle était la bienfaitrice et le modèle.

Les principaux voisins de Pampelonne étaient d'abord le marquis de Jovyac, parent et ami de la famille. Sa femme, amie de ma belle-sœur, a aimé les filles de celle-ci d'une

affection toute maternelle et elle avait aussi elle-même deux
filles, qui ont été des sœurs pour mes nièces. D'un caractère
fort gai, elle se plaisait à amuser la jeunesse en inventant
sans cesse de nouvelles parties, jusqu'à ce qu'une maladie
cruelle l'ait clouée pendant des années sur son fauteuil !

Au village de Meysse, en-dessous de Pampelonne, habitait la famille de Miraval, dont j'ai déjà parlé, et qui avait
toujours eu des relations avec les deux nôtres. La bonne
Mlle Clarisse et sa sœur, Mme de Valous, avaient partagé les jeux
de mon mari et de son frère. Le chef actuel de la famille, le
baron de Miraval, avait huit enfants et peu de fortune, ce
qui ne lui laissait guère de loisir. Néanmoins, mon beau-
frère et ma belle-sœur y étaient toujours reçus avec cordialité, et ma belle-sœur, qui avait souvent des accidents de
grossesse, recourait à l'expérience de Mme de Miraval. Je fus
charmée de pouvoir faire connaissance avec tous les voisins,
et nous nous quittâmes en faisant promettre à mon beau-
frère et à ma belle-sœur de nous rendre notre visite à Chabret.

Nous nous retrouvâmes en rentrant à Valence, au milieu
des agitations politiques, car chacun sait que le temps du gouvernement provisoire de 1848 jusqu'aux élections fut un
temps de troubles, renouvelés sans cesse par les bulletins
incendiaires de Ledru-Rollin ; mais Valence était conserva-
teur à ce moment, plus qu'il ne se l'est montré depuis ;
l'impôt des 45 centimes, et surtout les 25 fr. par jour promis
aux députés, qui n'avaient jamais été payés jusqu'alors, cau-
saient un violent mécontentement ; on ne se souciait pas en
outre de passer sous la férule des Louis Blanc, Ledru-Rollin et consorts, et de leur fournir, ainsi qu'à leurs subordon-
nés, comme on le racontait alors, de la purée d'ananas et
des raisins de primeur à un louis la graine. On riait de l'ou-
trecuidance de certains petits marchands de Valence qui,
faisant les républicains à outrance, déclaraient qu'ils n'ac-
cepteraient rien de la République pour prix de leur dévouement, si ce n'était une ambassade, seul emploi digne d'eux,
ce qui avait valu au marchand qui avait tenu ce propos le
nom de M. l'ambassadeur.

Enfin, le gouvernement ayant imaginé d'imposer à la ville trois commissaires extraordinaires à 40 fr. par jour, la population fut tellement exaspérée qu'elle se porta à la préfecture et aurait fait un mauvais parti aux commissaires, si ceux-ci n'eussent pris la précaution de s'enfuir prudemment par les portes de derrière.

Ledru-Rollin crut alors mettre les Valentinois à la raison, en leur envoyant un mauvais garnement nommé Chancel, qui avait déjà fait dans la ville plusieurs mois de prison pour quelque méfait, et qui s'était vanté de réduire les habitants à marcher comme il l'entendrait. Cette suffisance acheva d'irriter la population, et à peine eut-on appris l'arrivée du nouveau commissaire, qu'avant même qu'il eût pu se rendre à la préfecture et quitter ses habits de voyage, le café où il était descendu fut cerné. On l'arrêta, et comme il refusait de marcher, des gendarmes l'emportèrent sur une civière jusqu'à la prison, où on l'enferma. Devant une résistance aussi accentuée, Ledru-Rollin fut obligé de céder et d'envoyer un autre commissaire, dont le caractère plus conciliant finit par se faire accepter.

Ces émeutes, faites pour le bon motif, amusèrent beaucoup mon mari, et il était si près parmi les curieux, qu'il faillit être chargé par les gendarmes, ce qui nous fit beaucoup rire.

La tourmente passa donc à Valence sans donner sujet à de grandes inquiétudes, et n'occasionna que des scènes plus risibles que dangereuses. Néanmoins, le contre-coup produisit un effet fatal sur la santé de la vieille tante Chorier, qui avait vécu assez pour la voir, et qui en fut d'autant plus impressionnée qu'elle cacha ses émotions avec le plus grand soin.

Son médecin vint un jour maladroitement, quoique avec une bonne intention, lui dire tout effaré qu'elle ferait bien de quitter sa maison de campagne, parce qu'il avait entendu dire qu'on devait venir la piller la nuit suivante.

La tante, conservant son sang-froid et sans témoigner de crainte, répondit d'un ton calme qu'elle ne se dérangerait pas et ne quitterait point sa maison ; que les pillards pouvaient venir s'ils voulaient, qu'il leur serait sans doute facile de tuer une vieille femme, mais qu'elle ne s'abaisserait pas à s'enfuir devant eux. Elle eut raison, car il n'y eut aucun essai de pillage, et c'étaient de vains propos accueillis par la frayeur du médecin et rapportés sans assez de précaution contre l'impression qu'ils pouvaient faire sur l'esprit d'une femme affaiblie par l'âge. En effet, malgré la fermeté de sa réponse, elle éprouva une commotion intérieure, qui ne tarda pas à la rendre malade cette fois sérieusement, et elle ne s'en rétablit plus. Elle languit pendant quelque temps, et mourut deux ou trois mois après la Révolution. Grâce aux soins de Mlle de Lavèze, sa fin fut chrétienne et édifiante ; elle reçut les sacrements et mourut dans les meilleurs sentiments ; cette conversion nous causa une vive joie, car, ainsi que je l'ai dit, elle avait abandonné longtemps la pratique de la religion.

Sa mort laissa à ma sœur, à mon oncle et à ma tante d'Indy et à mes parents un héritage considérable, dont faisait partie son hôtel de Valence, inhabité depuis longtemps, et où nous nous sommes fixés depuis pour y passer l'hiver.

Ma sœur qui, peu après mon mariage, était accouchée de son second fils, n'avait pu venir au commencement de la maladie de sa vieille tante ; mais elle put arriver, néanmoins, pour passer avec elle les derniers temps de sa vie et l'assister à la mort. Nous étions tous également restés à Valence pour ne pas la quitter.

A Avignon, pendant les couches de ma sœur, on avait craint aussi les mouvements populaires. Son fils avait été inscrit à la mairie comme fils du citoyen Raousset et de la femme Indy. Ce ridicule acte de naissance donna ensuite beaucoup de peine à mon beau-frère, par les formalités qui furent nécessaires lorsqu'il voulut, dans un temps plus raisonnable, le faire rectifier.

M. Gaston de Raousset, revenu d'Afrique à la nouvelle de la Révolution, se mêla au mouvement politique, et sa parole brillante attirait les foules autour de lui dans les réunions populaires. Quelques inimitiés se produisirent aussi, mais sa force et son adresse à tous les exercices du corps le faisaient respecter, non moins que l'ascendant exercé par son éloquence. Il ne réussit pas néanmoins à se faire nommer député, et ce fut regrettable, car les luttes de la tribune eussent donné à son activité un aliment plus utile, et faisant ressortir ses remarquables facultés, l'auraient peut-être conduit à une haute situation ou du moins à une destinée moins tragique ; tandis que, découragé de la politique, il retourna à Paris, où il acheva de dissiper ce qui lui restait de la succession de son père, et partit ensuite pour le Mexique, où l'attendaient un sort funeste et une mort violente et prématurée.

Les élections ayant donné une Assemblée composée en majorité de conservateurs, les démagogues baissèrent pavillon, et leur déconvenue donna lieu à des épisodes comiques. Un des chefs du parti rouge à Avignon était un portefaix nommé Caritous ; pendant les deux mois du gouvernement provisoire, il avait fait bombance avec ses amis, se pavanant au théâtre dans la loge de la préfecture, et buvant aux frais du public d'innombrables bocks de bière. Après les élections, voyant que la politique ne rapportait plus rien, il fut obligé de retourner à son ancien métier, et un jour la Ctesse de Raousset, le rencontrant sur le pont avec une malle sur le dos : « Eh bien ! M. Caritous, lui dit-elle d'un air calme et sans rire, vous vous êtes donc retiré des affaires ? »

Plusieurs Lyonnais s'étaient réfugiés à Valence, dans la crainte des *Voraces*, ainsi que s'étaient intitulés les ouvriers tapageurs de Lyon ; mais on leur envoya le maréchal de Castellane, qui sut les tenir en respect, et les Lyonnais avaient pris pour lui une affection qu'ils ont conservée à sa mémoire, malgré les excentricités de son caractère, en reconnaissance de la fermeté qu'il a su déployer contre les révolutionnaires et de la tranquillité dont il a fait jouir la ville.

Nous quittâmes Valence assez tard, soit à cause de la mort de la tante, soit parce que mon père et mon mari trouvaient qu'on était mieux défendu à la ville contre les bandes qui couraient, que dans les campagnes isolées ; le printemps était cependant d'une beauté exceptionnelle et semblait faire contraste avec les événements. Il me semblait, dans le premier enivrement de mon bonheur, que je n'avais jamais aussi bien apprécié les beautés de notre vallée du Rhône, qui, tout en n'étant pas verte et ombragée comme nos montagnes de l'Ardèche, avait bien aussi son charme pittoresque. Ainsi les œuvres de Dieu restent immuables au milieu des bouleversements causés par les passions des hommes.

Valence, située sur une hauteur dominant le Rhône, jouit d'une vue ravissante, qui s'étend sur les deux rives, depuis les fameux coteaux de l'Ermitage, au-dessus de la petite ville de Tain, jusqu'à la vieille tour qui domine le village de Soyons, siège de l'ancienne abbaye, et où sont maintenant des usines où l'on exploite le minerai de fer que fournissent ces montagnes. Les villages qui semblent baigner dans le Rhône s'étendent le long des rives, surmontés de vieux châteaux, la plupart en ruines, parmi lesquels, vis-à-vis de Valence, et au-dessus du bourg de Saint-Péray, connu par ses bons vins, s'élève celui de Crussol, surplombant à pic un rocher exploité pour la qualité de ses pierres, qui sont une espèce de marbre, remarquable par le poli et la dureté. Cette exploitation a été cause de la destruction d'une partie des ruines, chères aux habitants de Valence. Les deux cheminées d'une des vastes salles du vieux château, dont les murs étaient encore debout, formaient aux deux bouts deux grandes aiguilles qu'on appelait les Cornes de Crussol. Ces deux cornes donnaient au site de Valence une physionomie particulière qui le faisait reconnaître de loin, et les Valentinois n'auraient voulu pour rien au monde les voir détruire. Néanmoins, malgré leurs réclamations et celles du duc d'Uzès, auquel appartenaient les ruines, une mine pratiquée dans le rocher au-dessous du château, pour bénéficier de l'exploitation des pierres (nouveau trait de vandalisme des industriels utilitaires de nos jours), cette mine, dis-je, fit sauter une des cornes, et défigura l'aspect des ruines. Il en reste néanmoins encore assez pour tenter la curiosité des touristes, et si l'on peut surmonter le vertige que cause l'abîme sur lequel elles sont suspendues, on y jouit d'une vue incomparable : d'un côté, l'embouchure de l'Isère, de l'autre, celle de la Drôme. Valence, au milieu, et autour, non des ruines et des montagnes abruptes plongeant dans le Rhône, comme sur la rive du Vivarais, mais un genre de beauté différent, une plaine fertile, parsemée de bourgs et de villages, et couronnée plus loin par les cîmes neigeuses des Alpes.

J'éprouvais un plaisir que je n'avais jamais ressenti jusqu'alors à ce point, en faisant admirer à mon mari, et les admirant avec lui, ces aspects grandioses, qui ne lui paraissaient pas indignes d'être contemplés, même après les merveilles de la nature qu'il avait pu voir dans tous ses voyages ; combien il me tardait de lui montrer aussi les beautés champêtres de nos montagnes bien aimées, dont il était lui-même un peu citoyen, bien que le Bas-Vivarais, où est situé Pampelonne, ne soit pas le même genre de pays que la partie que nous habitons.

Il existait alors à Valence et aux environs une coutume singulière, qui a cessé maintenant ; c'était un vieil usage local, dont je n'ai jamais su l'origine. A l'ouverture du mois de mai, lorsqu'on allait dans la campagne, on rencontrait à tous les carrefours une sorte de table ressemblant à un autel, ornée de fleurs et de bougies aux quatre coins, sur laquelle était montée une petite fille parée d'une robe blanche ou rose, d'un voile et d'une couronne, qui se tenait debout et immobile, pendant que ses compagnes qui l'entouraient faisaient une quête aux passants, avec le montant de laquelle elles allaient ensuite faire ensemble un petit repas ; on appelait la petite fille sur la table une *maïe de cray* ou *crès* (je n'ai jamais su l'orthographe du nom) ; on aurait pu croire que c'était une représentation de la Sainte Vierge, si cette coutume n'eût été beaucoup plus ancienne que la dévotion du mois de Marie ; je crains plutôt que ce ne fût un reste des cérémonies païennes, en l'honneur de la déesse Maïa, à laquelle était consacré le mois de mai, et que le nom de *maïe* semble indiquer. Quant au mot de *cray* ou *crès*, mon père prétendait que l'étymologie devait être *croître* ou *croissance*, le printemps étant l'époque où tout croît dans la nature. Voilà tout ce que mon érudition peut fournir sur cette coutume, que j'aurais regrettée comme une physionomie des temps passés, si ce n'eût été peut-être une réminiscence du paganisme, qu'a fait disparaître le culte de la Vierge immaculée, remplaçant celui des fausses divinités de l'Olympe. Je suis persuadée du moins que les pauvres petites filles qui se livraient à ce divertissement ne se doutaient pas qu'elles pussent accomplir un rite païen. Les petits garçons venaient à leur tour dans les maisons de campagne, la veille du 1ᵉʳ mai, chanter le soir et célébrer le joli mois, en l'honneur duquel on leur donnait ordinairement des œufs.

Nous profitâmes aussi du commencement de la belle saison pour faire nos visites de noce dans les châteaux voisins, entr'autres à celui du Valentin, bâti par l'évêque Daniel de Cosnac, et ancienne résidence des évêques de Valence ; il appartenait pour lors et appartient encore au marquis de Sieyes, un de nos amis ; le parc était un des plus beaux des environs ; puis au château d'Allex, près de Crest, charmante habitation appartenant à la marquise de La Tour-du-Pin, qui épousa plus tard en secondes noces M. de Sieyes, frère cadet du marquis ; elle était pour lors veuve, et était sœur du marquis de Jovyac, parent et ami de la famille, dont j'ai déjà parlé.

Une des plus belles résidences du voisinage était aussi le château de Montélier, à 10 kilomètres de Valence, habité par une excellente parente de mon mari, qui était également veuve, Mᵐᵉ la comtesse de Chaponay, née d'Agoult, qui avait été l'amie de sa mère et lui portait une affection toute maternelle. Ce fut naturellement une des premières visites que nous fîmes ; Mᵐᵉ de Chaponay connaissait aussi mon père et avait pour lui beaucoup d'amitié. Son château était une habitation aussi charmante qu'originale ; il était bâti dans l'eau sur pilotis, et paraissait ainsi situé au milieu d'une île ; on n'y arrivait que par un pont ; cette singularité était encore relevée par une légende merveilleuse. Le château, qui avait appartenu à la maison de Bérenger, avait été bâti, dit la tradition, par la fée Mélusine, protectrice de cette maison, dont elle avait épousé le représentant.

Or cette fée, moitié femme et moitié poisson, avait la faculté d'être femme pendant six jours de la semaine et n'était obligée de reprendre sa figure de poisson que pendant le septième jour. Elle devait conserver cette faculté tant que son secret serait gardé ; mais une indiscrétion la condamnait à reprendre la forme de poisson alors pour toujours. Ne pouvant révéler son secret à son mari, elle lui avait fait promettre qu'il n'entrerait pas dans son appartement pendant le seul jour fatal ; mais le mari, non moins curieux que la femme de Barbe-Bleue (on voit que les hommes ne sont pas plus exempts de ce défaut que les femmes), regarda par le trou de la serrure ce que faisait sa femme, et découvrit ainsi la métamorphose ; dès lors l'infortunée se voyant trahie, se précipita dans les fossés du château, et on ne la revit plus ; la légende dit seulement qu'elle se montrait sur le haut de la tour lorsqu'un danger menaçait la famille, ainsi qu'il est raconté de toutes les dames blanches et les esprits familiers.

Le château, de forme ronde, est en effet une grosse tour, flanquée de plusieurs petites ; un grand vestibule, éclairé par le haut, et qui a toute la hauteur du château, distribue les appartements, dont une partie sont rangés autour ; cette somptueuse demeure était habitée, outre Mme de Chaponay, par sa fille unique et son gendre, le comte et la comtesse de Monteynard, et leurs jeunes enfants. Mais le deuil devait bientôt entrer dans cet intérieur si paisible ; Mme de Monteynard, jeune femme de mon âge, d'une charmante figure, mais d'une santé délicate, épuisée par des couches fréquentes, mourut quelques années après, laissant cinq petits orphelins, aux soins d'une mère qui lui avait survécu pour la pleurer, et que sa douleur inconsolable conduisit bientôt elle-même au tombeau !

Ainsi, nulle situation, quelque brillante qu'elle soit, ne met à l'abri des atteintes du malheur ; une seule chose reste, la piété qui régnait au plus haut point chez les membres de cette famille et qui les a soutenus dans de si cruelles épreuves.

CHAPITRE IV

Retour à Chabret. — Visite de mon beau-frère et de ma belle-sœur. —
Naissance de mes premiers enfants. — Visite à Beauplan ; mon oncle, ma tante et mes cousines d'Agoult. — Joyeuses parties. — Mon
oncle Alphonse d'Agoult et sa famille. — Mort de ma belle-sœur ;
profond chagrin. — Mariage de mes cousins ; naissance de Vincent
d'Indy ; mort prématurée de sa mère. — Retour de mon oncle Théodore et de ma tante à Valence, et mort de mon oncle.

Chabret.

Enfin, le moment arriva de retourner à Chabret ; quel
bonheur je me faisais de faire parcourir à mon mari
tous les recoins de notre chère solitude !

Tout était alors, à Chabret, comme encore à présent, de
la plus grande simplicité et les meubles brodés par ma
mère et ma grand'mère étaient moins rembourrés qu'ils ne
le sont aujourd'hui à notre époque d'amollissement. La
jeunesse des deux sexes n'aurait pas osé s'asseoir sur les
rares fauteuils, et je me rappelle ma bonne grand'mère me

disant lorsqu'on me faisait tenir droite sur ma chaise : « Va, ma petite, n'envie pas les fauteuils qui sont pour les vieux ; tu regretteras bien un jour, quand tu seras comme eux, le temps où tu étais sur des chaises ! » Maintenant ce jour est venu, et je vois les jeunes, encore plus souvent que moi, sur des fauteuils, les chaises ayant été presque entièrement bannies des ameublements actuels

Mon père avait voulu conserver la chambre qu'il occupait avec son frère pendant son enfance. Il aimait à montrer, entre les poutres du plafond, la place où une hirondelle, entrant par la fenêtre ouverte, y était venue faire son nid ; et le matin, trouvant la fenêtre refermée, elle venait voleter au-dessus de leurs lits pour se faire ouvrir, afin d'aller chercher la becquée pour ses petits. Mon père ajoutait que son frère, plus paresseux, la laissait crier, et que c'était toujours lui qui, prenant pitié du pauvre oiseau, se levait pour lui donner la liberté.

Nous fûmes accueillis et fêtés par tous nos bons voisins, qui reconnurent bientôt les aimables qualités de mon mari et lui vouèrent la même affection qu'ils portaient à notre famille ; ceux qui lui ont survécu la lui ont conservée jusqu'à sa mort, car sa perte n'a pas fait verser moins de larmes que celle de mes parents, dans le pays qu'il s'était si bien identifié, et auquel, tant qu'il a vécu, il a cherché à se rendre utile.

Mon beau-frère et ma belle-sœur, qui, selon leur promesse, vinrent nous voir dans le courant de l'été, furent également appréciés par tous ceux qui les virent, et ma belle-sœur en particulier gagna tous les cœurs par sa grâce et son amabilité. Ils vinrent à Chabret sans passer par Valence, par une route de montagne assez ardue, ce qui fit dire en riant à ma belle-sœur, qu'il lui avait semblé imiter la sainte Vierge, lorsqu'elle s'en alla, par le chemin des montagnes, visiter sa cousine Elisabeth. La montagne qu'ils avaient traversée s'appelle la Serre de la Mure, on y rencontre les ruines du château de Pierregourde, résidence d'un fameux chet de protestants, Barjac de Pierregourde, aïeul de la famille de Barjac, le des Adrets de cette partie du Languedoc ; il fut

du reste le dernier protestant de sa race, et ses filles épousèrent de bons catholiques, dont un de nos ancêtres de Pampelonne.

A cette époque, je n'avais pas encore l'espoir d'être mère,
et je commençais déjà à m'en désoler ; j'étais cependant destinée à mettre au monde une nombreuse postérité ; au bout
de peu de mois, en effet, j'eus lieu de me rassurer, et en
deux ans j'eus deux fils, ce qui faisait l'envie de ma belle-sœur
qui était grosse presque tous les ans, faisait continuellement
des fausses-couches et n'avait pu amener à bien et conserver
que deux filles. Nous aimions à faire des projets pour l'avenir, et nous disions entre nous que, pour conserver dans la
famille l'antique manoir, nous marierions un de mes garçons avec une de ses filles ; nous nous plaisions dans ces
rêves, mais que sont les projets des hommes, sinon une
paille que le vent emporte ?

Les carrières militaires et maritimes étaient alors beaucoup moins exigeantes qu'elles ne le sont devenues. Mon
mari, en faisant prolonger ses congés, parvint à rester près
de moi pendant les deux premières années de notre mariage ; il fut néanmoins obligé de partir au moment où j'allais accoucher de mon second fils. La douleur de son départ
influa sur ma santé, et je fus prise après mes couches d'une
fièvre puerpérale, qui mit ma vie en grand danger.

Mon mari, qui était à Toulon, et pas encore embarqué,
revint en toute hâte ; il ne savait s'il me trouverait encore
vivante. La joie de le revoir produisit une réaction salutaire,
et il ne me quitta de nouveau que lorsque je fus tout à fait
hors de danger. Il fit une campagne d'un an, sur les côtes
d'Italie et d'Algérie, sans s'éloigner beaucoup par conséquent, et depuis cette campagne jusqu'à sa retraite, il n'a été
obligé de s'embarquer que quelques mois.

Après la naissance de mon premier enfant, il me conduisit au château de Beauplan, près de Voreppe, résidence du
comte Hector d'Agoult, son oncle, et où il avait lui-même
été élevé. J'y fus accueillie avec toute sorte d'amitiés par notre
oncle, notre tante et leur aimable et nombreuse famille,

composée de neuf enfants, deux fils et sept filles. Ces charmantes cousines, dont aucune n'était encore mariée, et dont les aînées se rapprochaient de mon âge, me témoignèrent une affection dont je fus profondément touchée ; elles sont toujours demeurées pour moi de bien bonnes amies, surtout l'aînée, Marie, qui est restée, sans se marier, l'ange gardien de la famille. Pour les autres, trois se sont consacrées à Dieu dans divers ordres religieux et trois se sont mariées (1).

Le fils aîné, Foulques (2), était alors un jeune homme et son frère, Henri, un enfant. Toute cette jeunesse, gaie et rieuse, inventait tous les jours des parties pour distraire leur nouvelle cousine, qui, je n'ai pas besoin de le dire, n'était pas moins en train qu'eux-mêmes. Les parents se prêtaient avec une bonté parfaite à cette perturbation dans leur vie ordinairement calme et sérieuse. Après plusieurs excursions dans ces belles vallées des Alpes, où l'on trouve toujours de nouveaux sujets d'admiration, une entr'autres à la Chartreuse de Chalais, habitée longtemps par le Père Lacordaire (je ne fis que plus tard le voyage de la Grande-Chartreuse), nous imaginâmes, pour nous reposer de nos courses, de jouer la comédie. Nous choisîmes l'Ours et le Pacha, une des farces les plus gaies du théâtre de Scribe et en même temps très convenable à jouer pour des jeunes filles. Nous eûmes, on le pense bien, un succès qui nous encouragea à recommencer dans d'autres occasions et les voyages à Beauplan, comme ceux à Pampelonne, ont toujours compté dans mes souvenirs les plus heureux. Hélas ! cette aimable famille devait connaître aussi plus tard bien des afflictions. Les amis de Dieu, ainsi que je l'ai dit pour Mme de Chaponay leur cousine et pour le ménage si chrétien de mon beau-frère, ont souvent le plus de part à sa croix ; et la piété la plus exemplaire était également un des traits caractéristiques de la maison de Beauplan et de ses habitants ; ma tante était une sainte ; trois de ses filles sur

---

(1) Mmes de Faverges, de Villenoisy et d'Anselme.
(2) Il épousa plus tard Mlle O'Connor, veuve de M. de Lubersac.

sept embrassèrent la vie religieuse, et celles qui sont restées dans le monde y vivent comme des anges au milieu des tribulations qui ne leur ont pas été épargnées.

Je fis aussi vers cette époque, à Pampelonne, la connaissance de mon oncle Alphonse d'Agoult, père de ma belle-sœur, bon et excellent homme, qui n'avait pu venir à mon mariage, bien qu'il aimât tendrement son neveu, parce qu'il se trouvait alors à Rome, où la santé de sa femme l'obligeait de passer les hivers et c'était à Rome que ma belle-sœur s'était mariée. Cette obligation, si elle eût eu une cause moins fâcheuse, m'aurait paru devoir être fort agréable ; mais ma pauvre tante ne pouvait en jouir et elle succomba, peu de temps après mon mariage, à une goutte dont elle souffrait depuis de longues années : leur fils Raymond, sortant de Saint-Cyr à ce moment, débuta brillamment dans l'armée par la campagne de Rome, sous le général Oudinot, campagne bien selon leur cœur, puisqu'elle était entreprise pour délivrer le Pape. Ils avaient encore deux filles, Olympe,

Mon cousin Paul de Chabrillan.

gracieuse jeune fille, devenue depuis comtesse de Cabrières (1), morte toute jeune comme sa sœur, et Alix, toute petite fille alors, qui semblait la plus délicate et qui est néanmoins la seule survivante des trois ; elle est femme de M. le comte Paul de Chabrillan, dont son frère Raymond a épousé la sœur, et elle habite pendant l'été le beau château de Saint-Vallier, dans la Drôme. Toute cette branche de la famille m'accueillit avec autant d'amitié que l'autre et je n'eus pas de peine à les aimer.

---

(1) Son mari est le frère de l'évêque de Montpellier, et un troisième frère a épousé une autre de nos cousines, Mlle de Vallier.

Le retour de mon mari après sa campagne d'Algérie, retour qui devait nous réunir pour longtemps après cette première et si pénible séparation, me combla de joie, mais
hélas ! pendant que nous jouissions du bonheur de cette réunion, une cruelle amertume vint bientôt nous éprouver par
la mort de ma chère belle-sœur, événement funeste qui,
comme la perte de mon pauvre frère, a assombri tout le reste
de ma vie ! Elle succomba à une dernière fausse-couche,
causée par une hydropisie qui lui était survenue pendant sa
grossesse, accident qu'elle avait déjà éprouvé d'autres fois,
mais dont elle avait pu guérir et qui résista cette fois à tous
les remèdes. Elle mourut comme un ange, ainsi qu'elle avait
vécu, mais quel vide impossible à combler elle laissa dans
le cœur de son mari et dans tous les nôtres ! et quelle perte
pour ses deux petites filles, incapables encore de sentir leur
malheur ! Dès lors, je les regardai comme les miennes et les
ai toujours aimées comme telles. Pourrai-je dire ce que
j'éprouvai en retournant à Pampelonne, si gai pendant
qu'elle y était, et combien je sentis la vérité de ce beau vers
de Lamartine :

> Un seul être vous manque, et tout est dépeuplé !

Néanmoins, son souvenir me l'a rendu plus cher et les
douces joies que j'y ai goûtées seront toujours présentes à
mon cœur (1).

---

(1) J'insère ici, après avoir parlé de la mort de ma belle-sœur,
et comme un hommage à cette chère mémoire, quelques vers qui sorti-
rent de mon cœur, plutôt que de mon esprit, en expression de mes
regrets :

> Etre céleste que ce monde
> Hélas ! ne posséda qu'un jour,
> D'une sœur la douleur profonde
> T'offre un dernier tribut d'amour.
>
> Qui pourrait dépeindre tes grâces ?
> Qui pourrait dire tes vertus ?
> Le bonheur qui suivait tes traces,
> Et qui sans toi n'existe plus ?

Deux ans auparavant, mes deux cousins d'Indy s'étaient mariés le même jour à deux sœurs, Mlles de Chabrol-Crousol, petites-filles du dernier ministre de la marine sous la Restauration : ces mariages, charmants de toutes manières, avaient causé dans la famille une vive satisfaction et semblaient devoir assurer à jamais le bonheur de ces deux jeunes ménages unis par des liens si étroits.

Mais que sont, encore une fois, les prévisions humaines ? Un malheur semblable au nôtre vint les frapper et la mort

> Ta présence, ton doux sourire,
> Savaient le fixer ici-bas,
> Et ton regard semblait suffire
> Pour le répandre sur tes pas.
>
> Nulle mortelle créature
> Ne reçut des cieux tant d'attraits ;
> Un reflet de ton âme pure
> Semblait rayonner sur tes traits.
>
> Pleine d'amour et d'innocence,
> Tu passais en faisant le bien,
> Et la plainte de l'indigence
> Ne t'implora jamais en vain.
>
> Mère tendre, épouse adorée,
> Tous en toi croyaient posséder
> Du vieux château l'aimable fée,
> L'ange visible du foyer.
>
> Mais le ciel, jaloux de la terre,
> Vint trop tôt cueillir cette fleur :
> Près d'eux les anges de lumière
> Voulurent rappeler leur sœur.
>
> On vit un jour, jour plein d'alarmes !
> Le manoir se voiler de deuil ;
> Un époux, des enfants en larmes
> Agenouillés près d'un cercueil.
>
> Dans le printemps de ses années,
> O regret pour nous éternel !
> Loin de nos terrestres vallées,
> Elle avait volé vers le ciel.

brisa comme pour nous de si belles espérances. Une des jeunes femmes succomba l'année suivante à ses premières couches et mourut en donnant le jour à un fils, qui est devenu le mien, par son mariage avec ma chère fille ; ce fils fut élevé par sa grand'mère, la comtesse d'Indy, ma tante, qui se consacra entièrement à lui et en fit son unique souci Dès lors, dégoûtée de la vie de Paris, dont la santé de son mari se trouvait fort mal, elle résolut de ramener cet enfant dans son pays et de revenir se fixer à Valence avec mon oncle. Mon père et ma mère, ainsi que nous, furent comblés de joie de cette résolution. dont nous ne pûmes, hélas ! nous réjouir longtemps. L'air natal, dont nous espérions de bons résultats pour la santé affaiblie de mon oncle, ne put parvenir à le rétablir et nous le perdîmes peu de mois après son retour. Je pleurai amèrement ce bon oncle, que j'aimais tendrement et la perte de ce frère chéri causa à mon père la plus vive douleur qu'il eût éprouvée depuis la mort de son fils.

Nous perdîmes en même temps le reste de la famille, car ma tante ne voulant pas vivre seule loin de ses enfants, retourna à Paris pour se réunir à eux et vendit bientôt après leur maison de campagne de Laforêt, où nous avions espéré les voir fixés de nouveau. Elle continua néanmoins à nous revenir de temps en temps avec son petit-fils et ces rapports affectueux formèrent de nouveaux liens qui devaient aboutir à un mariage entre nos enfants.

Dans une amertume cruelle,
Nos cœurs sont plongés désormais :
De ces lieux embellis par elle,
Toute joie a fui pour jamais !

Sur nous, de ta sainte patrie,
Ah ! jette un regard protecteur ;
De ceux dont tu fus si chérie,
Souviens-toi devant le Seigneur.

Puisse ta chaste et douce image,
Sans cesse présente à nos yeux,
Dans ce triste pèlerinage,
Nous montrer le chemin des cieux !

CHAPITRE V

Débuts de l'Empire. — Emeutes lors du Coup d'Etat. — Voyage à Paris avec mon mari. — Nous refusons d'assister aux fêtes qui inaugurent l'Empire. — Vie de famille à Chabret. — La nourrice Claire. Le père Courthial. — M. Chamarand.

LES douloureux événements dont je viens de parler couvrirent d'un voile de tristesse les premières années si heureuses de mon mariage ; ainsi en est-il dans le monde où le bonheur n'est jamais sans mélange.

Pendant que notre famille était ainsi éprouvée, les événements politiques avaient marché. Louis Bonaparte, nommé président, s'acheminait rapidement à l'Empire ; bien que le suffrage universel, honnête lorsqu'il est livré à lui-même, ce qui malheureusement n'arrive presque jamais, nous eût donné en 1848 et 1849 des Assemblées plus chrétiennes que le gouvernement de Louis-Philippe, et auxquelles nous dûmes l'expédition de Rome pour délivrer le Pape, et la loi de liberté d'enseignement, bien qu'incomplète, qui avait été vainement réclamée sous le régime de Juillet ; néanmoins, les journées de juin, l'horreur inspirée par l'assassinat de l'archevêque de Paris, avaient achevé de démonétiser la République, et le nom de Napoléon fit le reste.

Le Coup d'Etat du 2 décembre nous causa un vif chagrin, en trompant l'espoir que nous avions eu de voir la royauté d'Henri V succéder à la ridicule République de 1848, et ajournant à une époque indéfinie, qui, hélas ! ne devait jamais arriver, la restauration de la monarchie des Bourbons. Nous fûmes témoins en cette circonstance de la comédie jouée

par les autorités de Louis Bonaparte, pour faire mousser les
quelques échauffourées républicaines qui eurent lieu à l'occasion du Coup d'Etat, et représenter ainsi le président comme le sauveur de la société. Il y eut une de ces échauffourées à Crest, aux environs de Valence. Nous nous trouvions alors de passage à Valence, mon mari et moi, sur le
point de partir pour Voreppe, où nous allions voir mon oncle d'Agoult, lorsque, sur le soir, une panique se répand ; on
fait courir le bruit que les insurgés de Crest avaient vaincu
les troupes envoyées contre eux et qu'ils arrivaient pour
mettre Valence à feu et à sang ; tous les bons citoyens étaient
convoqués à la mairie où on devait leur donner des armes
pour combattre l'insurrection. Mon mari, bien que peu par-
tisan du Coup d'Etat, s'y rend comme les autres, afin de
défendre la ville contre les dangers qu'elle pouvait courir,
me laissant dans une grande inquiétude.

Au bout d'une heure ou deux, je le vois revenir fort gai et
me disant qu'il avait été témoin d'une véritable comédie. Il
avait trouvé le préfet, le maire, toutes les autorités, gesti-
culant, déclamant, qu'ils ne laisseraient pas périr la société,
que c'était le moment de mourir sur la brèche, de s'immo-
ler au salut de la patrie, etc..., etc.... Pendant qu'ils faisaient ces belles démonstrations, ils avaient reçu une dépêche disant que la bande qui avait essayé de s'approcher de
Crest avait été dispersée par un seul coup de canon et avait
disparu dans toutes les directions ; quant à la route de Valence, les insurgés qui la couvraient, assurait-on, n'existaient qu'en imagination, et toutes les lunettes braquées n'en
purent découvrir un seul. Après les avoir vainement atten-
dus, les citoyens convoqués prirent le parti de revenir chez
eux, et mon mari vint me rassurer et me dire que nous pouvions tranquillement partir pour Grenoble ; mais la réclame
n'en était pas moins lancée, et la population resta persuadée que le Coup d'Etat les avait préservés du pillage et du
massacre.

Il y eut sans doute dans d'autres endroits des révoltes
plus sérieuses, mais elles n'en furent pas moins beaucoup

exagérées afin de faire réussir le plébiscite, escamoté d'avance, qui allait frayer à Louis-Napoléon le chemin de l'Empire.

Lors du jugement des insurgés par les fameuses commissions mixtes, le président de celle de Valence étant un magistrat de Grenoble que mon mari connaissait, il intercéda ainsi que mon père pour quelques écervelés, en général assez inoffensifs, qui servaient de boucs émissaires à la place des vrais meneurs, ceux-ci étant toujours assez adroits pour se mettre à l'abri du danger.

Ainsi étaient mon père et mon mari, non moins inflexibles sur les principes, que pleins d'indulgence pour les égarés. Ils n'usaient de raideur qu'envers les hypocrites et les ambitieux, qui, s'étant servis des révolutions pour arriver aux honneurs et à la fortune, se montraient ensuite implacables pour ceux qu'ils avaient contribué à pervertir mais qui, ne se souciant plus de leur servir d'instruments, risquaient de les troubler dans leurs positions mal acquises. Aussi mon mari avait-il toujours dédaigné de rechercher de l'avancement en se rapprochant d'anciennes relations de sa famille, qui, après avoir partagé les faveurs de la Restauration, s'étaient ensuite ralliées au gouvernement de Juillet pour en obtenir de grandes situations, et qu'il regardait comme des transfuges. Il avait toujours évité également de naviguer avec le prince de Joinville et d'être remarqué de lui, car les d'Orléans lui inspiraient la même répulsion qu'à moi ; il aima mieux renoncer à toute faveur dans sa carrière, malgré son incontestable supériorité. Ne voulant pas davantage faire la cour à l'Empire, il résista avec la même grandeur d'âme à la tentation, qui en eût séduit bien d'autres, de profiter d'une certaine circonstance qui lui eût assuré probablement un avenir brillant.

Dans sa jeunesse, se trouvant sur les côtes d'Italie, près de Florence, sous le gouvernement de Juillet avec lequel, par conséquent, il n'avait aucune attache, il entendit parler des beaux bals donnés par Jérôme Bonaparte ; il eut la curiosité d'y aller. Avec l'étourderie de son âge, il s'y rendit en uniforme, sans réfléchir aux conséquences qui en pouvaient résulter pour lui ; grande rumeur, rapport à l'ambassade, et l'officier coupable de cette imprudence reçut de mauvaises notes, qui retardèrent son avancement. Si, lors de l'avènement des Bonaparte, il eût fait valoir cette circonstance, nul doute qu'il n'eût obtenu des faveurs ; mais, fidèle à ses convictions, il ne voulut pas se poser en bonapartiste, qu'il n'avait jamais été du reste. Il avait pu aller au bal d'un Bonaparte exilé ; mais, nous trouvant à Paris au début de l'Empire, nous refusâmes d'aller à celui des Tuileries, où mon mari avait reçu une invitation comme officier de marine, et nous continuâmes à faire partie des *pointus*, ainsi qu'on appelait ceux qui refusaient de se rallier au nouveau régime ; on a appelé depuis les mêmes : *intransigeants*. Nous n'allâmes pas non plus à des fêtes somptueuses qui furent données au Sénat et au ministère de la guerre, et qui signalèrent le commencement de cette époque de luxe et de plaisir qui contribua si puissamment à la désorganisation de la France. J'acceptai néanmoins, par curiosité, un billet pour assister du haut des tribunes de Notre-Dame au mariage du nouvel empereur avec Eugénie de Montijo, et je vis ainsi défiler tout le cortège de cette nouvelle cour dans ses costumes les plus brillants.

Non content de ces pompes, le second Napoléon, désireux d'imiter son oncle, voulut rehausser son règne par le prestige de la gloire des armes et, en dépit des belles promesses qui avaient annoncé à son de trompe que l'Empire était la paix, il ne tarda pas à se lancer dans une série de guerres, où les intérêts de la France étaient le plus souvent sacrifiés, et qui devaient finir d'une manière si lamentable. Le début, néanmoins, qui fut la guerre de Crimée, décorée par de beaux prétextes, ne déplut pas trop à la nation, écœurée par les hontes de la paix *à tout prix* de Louis-Philippe et avide de retrouver un peu de gloire.

Pendant cette période, j'avais encore vu ma famille s'augmenter. Après mes deux premiers garçons, il m'était né deux filles, dont l'aînée devait me donner la joie de continuer par son mariage le nom de mon père ; d'autres garçons vinrent à leur tour compléter le nombre sept. Je n'avais pu nourrir moi-même aucun d'eux, mais j'eus la bonne chance de trouver une de nos fermières, excellente nourrice, qui a nourri mes deux filles, mes deux plus jeunes fils et, dans l'intervalle, une de mes nièces de Raousset, qui devint ma belle-fille ; de sorte que cette femme a été la seconde mère de mes enfants, et elle a gâté les leurs qui n'avaient pas de plus grand bonheur que d'aller goûter à Duzon le lait et les

Ferme de Duzon.

châtaignes de *maman Claire*, comme ils l'appelaient ; lorsqu'elle est morte dernièrement, il y a eu autant de douleur dans ma famille que pour la perte d'une parente, et, en mémoire d'elle, mon fils aîné a donné son nom à la fille qui lui est née à cette époque. Ainsi se perpétuent dans nos campagnes, par des services mutuels, les liens de cordialité et de fraternité chrétienne entre les diverses classes de la société, et qui, ainsi que je l'ai fait remarquer plus haut, ne ressemblent pas à la fraternité révolutionnaire. Cette bonne nourrice avait, d'ailleurs, toutes sortes de titres à un attachement particulier de notre part, car elle était la nièce du brave père Chambaud, dont j'ai parlé au commencement de

mes Mémoires, et dont vous vous souvenez sans doute ;
son mari était un ancien domestique qui était resté longtemps à la maison, et que mes parents, en récompense de
ses services, avaient pris comme fermier. Je dis en récompense, car mon père était si bon pour ses fermiers et leur
faisait des conditions si favorables, qu'une de ses fermes,
lui disait en riant un de ses voisins, équivalait pour les paysans à un héritage, et dès qu'il y en avait une de libre, c'était
à qui se la disputerait. J'ajouterai que mon cher mari a di-
gnement continué ces traditions ; et comme nos fermes sont
petites, suivant la coutume du pays, il y en a assez pour en
contenter beaucoup.

Je ne veux pas oublier de mentionner, en parlant de nos
paysans et de nos campagnards, un vieux soldat qui avait fait
toutes les guerres de l'Empire, et qui venait souvent quand
il y avait quelque travail pour construire ou réparer, son
métier étant de servir les maçons.

Le père Courthial, c'était son nom, était un vieil ivrogne,
dont les ouvriers et les domestiques s'amusaient beaucoup ;
ils le faisaient causer sur ses campagnes, qu'il racontait
d'une manière assez drôle ; il se vantait d'avoir mangé la
soupe dans toutes les capitales de l'Europe et lorsqu'il parlait
des défaites qui avaient succédé à tant de victoires, il disait :
« Cette fois, ils nous en trempèrent une (soupe) qui était
chaude ! »

Mon mari avait gagné l'amitié du père Courthial en lui
faisant cadeau de ses bouts de cigare et lui faisant conter ses
aventures. Le vieux soldat voyait en lui un militaire, un
officier, ce qui lui attirait son respect et il l'appelait toujours
mon capitaine. Il s'était adressé à lui pour le prier de lui
obtenir une pension du gouvernement impérial, qui en
donnait aux vieux soldats. Mon mari lui ayant demandé ses
états de service pour les faire valoir, il se trouva qu'en fait
de blessures, il n'en avait qu'une au milieu du dos et les
papiers qui le regardaient étaient ainsi conçus : « 1º Campagne d'Allemagne : déserté à l'intérieur, ramené au corps par
la gendarmerie ; 2º Campagne d'Espagne : déserté à l'inté-

rieur, ramené au corps par la gendarmerie ; 3° Campagne de France : déserté de nouveau ; n'a plus reparu. »

Il s'était cependant marié dans l'intervalle de ses campagnes. A la suite de celle où il n'avait pas reparu, sa femme, qui probablement ne tenait pas beaucoup à lui, le croyant mort, s'avisa de se remarier ; il l'apprend, se rend à Privas, où demeurait sa femme, et tombe au milieu de la noce ; il essaie d'abord de faire tapage sous les fenêtres du nouveau couple ; mais bientôt, calmé par un peu d'argent que lui donne son remplaçant et une bouteille qu'il lui fait boire, il laissa les époux jouir tranquillement de leur lune de miel et revint à Vernoux, où il resta jusqu'à sa mort ; il n'y eut guère que nous à le regretter.

J'éprouvai encore ce sentiment pénible que cause la disparition d'un visage habitué, dont l'absence seule vous indique qu'il n'est plus de ce monde, à propos d'un vieux camarade d'enfance de mon père qui, à la suite de beaucoup d'incartades et d'un mariage contracté contre le gré de ses parents, était tombé dans la misère la plus profonde. Il s'appelait M. Chamarand. Il ne demeurait plus dans le pays, mais lorsqu'il avait épuisé ses dernières ressources et que sa femme lui faisait payer par de durs reproches le pain qu'il lui laissait gagner seule, il venait de temps en temps demander à son ancien ami une hospitalité que mon père ne lui refusait jamais et se réconforter souvent pendant des mois à notre foyer de famille. Il s'y trouvait si bien, qu'un jour, sur le point de repartir, il disait mélancoliquement : « Il est bien bon de passer du purgatoire en paradis ; mais lorsqu'il faut passer du paradis au purgatoire, ce n'est pas de même ! » Tous les ans, nous étions sûrs d'avoir sa visite plus ou moins longue ; une année, nous ne le vîmes pas revenir ; il en fut de même l'année suivante. Nous comprîmes alors qu'il devait avoir quitté la terre ; mais le pauvre malheureux ne laissait personne qui s'intéressât assez à lui pour prévenir ses amis de sa fin et nous n'avons jamais su comment il était mort. Nos prières seules auront pu porter à son âme un dernier souvenir. Puisse cet infortuné, après avoir fait, selon son expression, un si rude purgatoire en ce monde, avoir trouvé auprès du Dieu de miséricorde le dédommagement qu'il accorde à ceux qui ont souffert ici-bas !

Le cheval de bois de Chabret.

CHAPITRE VI

Départ de mon mari pour Toulon. — Sa maladie. — Je vais le rejoindre. — Séjour à Hyères. — Beauté du climat et du pays. — Anecdotes sur le Midi. — Evénements de la guerre de Crimée. — Naufrage
de « la Sémillante ». — Prise de Sébastopol et fin de la guerre.

MON mari, ainsi que je l'ai dit, n'avait fait que peu
de campagnes après son mariage ; il fit néanmoins
un voyage à Constantinople sur *le Charlemagne*, le premier
grand navire où fut essayé le système des machines à vapeur, dont on n'avait jusqu'alors usé que sur les fleuves et il
se réjouit plus tard d'avoir vu dans sa vie maritime cet événement remarquable, qui devait apporter un aussi grand
changement dans toute l'économie de la marine.

Il s'était fait mettre ensuite en disponibilité, afin de ne
pas me quitter ; mais la guerre de Crimée ayant éclaté, il
jugea de son honneur de ne pas demeurer tranquille chez
lui pendant que la guerre rappelait les officiers sous les drapeaux. Cette séparation fut presque plus douloureuse que la
première, car, cette fois, il allait être exposé à de vrais dangers, dont la seule idée me faisait frémir. Dieu l'en préserva
par un moyen qui me causa d'abord de terribles inquiétudes,
mais qui me fit plus tard admirer les voies merveilleuses de
la Providence.

A son arrivée à Marseille, mon mari, à la suite d'une
course où il avait pris froid, tomba malade d'une fluxion de
poitrine. Etranger dans la ville, il fut secouru par un de nos
bons parents, M. Mazuyer, fils de Mlle de Bellescise, l'hé-

roïne de Pierre-Scise, cousin et ami de mon père. Averti de la présence et de la maladie de mon mari, il le soigna avec un dévouement parfait et ce fut lui qui nous prévint, ainsi que mon beau-frère, qui accourut aussitôt.

Qu'on juge de mon effroi et de ma douleur ! Je partis avec mon bon père, qui ne voulut pas m'abandonner, laissant mes enfants à ma mère. Pour comble de terreur, je rencontrai dans le chemin de fer une dame de Valence qui ne me connaissait pas et qui racontait comme nouvelle à ses voisins (avec grande sympathie, je dois le dire), que M. de Pampelonne était très malade à Marseille, que sa femme était partie pour aller le trouver et qu'on le croyait très mal. On peut juger avec quelle angoisse j'entendais cette conversation. Heureusement, j'avais été un peu rassurée par une lettre qui contenait de meilleures nouvelles, apportée par un exprès que j'avais rencontré à moitié chemin de Chabret et dont la vue m'avait d'abord presque fait trouver mal de frayeur, ne sachant ce qu'il allait m'annoncer ; c'était, au contraire, pour me faire parvenir la lettre avant mon départ, le télégraphe électrique n'existant pas encore, du moins pour les dépêches privées et la poste étant fort lente dans les campagnes. J'étais partie alors un peu plus tranquille, quoique toujours cruellement inquiète. Enfin, à mon arrivée, je trouvai mon cher mari tout à fait mieux et hors de danger. Mon père put nous quitter rassuré, mon beau-frère resta quelques jours avec nous et la convalescence ayant été rapide, nous partîmes au bout de peu de temps pour Toulon, avec quel serrement de cœur, je n'ai pas besoin de le dire, dans

Ma miniature,
par Mme de Villeneuve.

la pensée que mon mari bien-aimé, à peine guéri, allait peut-être affronter de nouveaux périls ; mais la protection de la divine Mère, que j'étais allée remercier et invoquer à Notre-Dame de la Garde, se manifesta de nouveau sur nous. Lorsque mon mari se présenta au major-général, l'amiral Jacquinot, celui-ci, après l'avoir félicité de sa généreuse démarche, s'apercevant qu'il était encore faible et peu en état de prendre la mer, lui fit accepter un poste auprès de lui à la Majorité, ce qui le fixa pour le moment dans le port et ajourna son départ. Pendant qu'il occupait ce poste, Sébastopol fut pris, et, la guerre étant finie, il ne songea plus à s'embarquer. Ainsi cette maladie, qui m'avait causé de si cruelles alarmes, fut ce qui le préserva des dangers de la guerre ; et, au lieu d'être séparés, nous passâmes ensemble cette année à Toulon. Pendant le premier mois, l'amiral, mettant le comble à ses bontés, lui donna une permission pour aller se remettre entièrement à Hyères, où se trouvait alors son oncle Alphonse d'Agoult, père de ma belle-sœur, avec sa plus jeune fille, Alix, qu'il avait amenée dans le Midi pour fortifier sa santé délicate. Nous nous trouvâmes donc en famille, dans un site et un climat délicieux, dont je me souviens toujours avec ravissement.

Je n'étais jamais allée dans le Midi plus loin qu'Avignon, si ce n'est une fois un court voyage à Marseille et je ne pouvais me lasser de contempler ces bords de la Méditerranée, le plus beau séjour de l'homme, suivant l'expression de mon père, ces jardins d'orangers et de palmiers qui descendaient de la colline d'Hyères jusqu'à la mer et cette mer elle-même si bleue, si pure, toujours éclairée par un soleil radieux qui la faisait resplendir en paillettes étincelantes ; je m'écriais, à l'exemple de saint Augustin : « Si la terre peut être si belle, que sera donc le ciel ? » J'ai vu, depuis, des aspects plus beaux encore, à Cannes, à Nice et sur les côtes d'Italie, mais le charme de ce premier voyage ne s'est jamais effacé de mon esprit. Aujourd'hui, on a bâti à Hyères une quantité de villas qui masquent la vue, mais alors, dans les hôtels et sur les places de la ville, on jouissait entièrement de l'aspect de la pleine mer et bien qu'Hyères soit située à trois kilomètres environ du rivage, comme la ville est sur une colline un peu élevée, on pouvait avoir de sa fenêtre et sans se déranger, une vue qu'à Marseille on est obligé d'aller chercher au Prado ou à Notre-Dame de la Garde.

Bien que l'affluence des étrangers fût moins grande alors, il y avait une maison, celle d'un Dauphinois appelé M. de Syon, qui réunissait tous les personnages de distinction séjournant à Hyères, et dont le salon était fort agréable.

Cet air, si tiède et si doux, acheva bien vite de remettre mon mari et nous revînmes à Toulon, où, après avoir été chercher deux de mes enfants (ma mère ne voulant jamais se séparer de l'aîné), je passai un an qui s'écoula bien rapidement. La vie de femme de marin est à Toulon assez agréable ; on s'y trouve toujours beaucoup de jeunes ménages réunis. Les officiers de marine, sauf très peu d'exceptions, sont instruits et bien élevés ; mon mari y retrouvait beaucoup de bons amis et je me liai avec leurs femmes, aimables et gracieuses pour la plupart. Le service de mon mari me donnait la facilité de faire souvent des promenades en mer, ce que j'aimais beaucoup ; je profitais des jours où il avait des rondes à faire en canot dans les divers endroits de la rade, à Saint-Mandrier, à la Grosse-Tour, etc., pour l'accompagner avec mes enfants, malgré que je fusse très sujette au mal de mer (car à Marseille je n'avais pu aller au château d'If sans en souffrir beaucoup), la rade étant ordinairement tranquille comme un grand lac, je n'en éprouvais pas d'atteinte et nous nous amusions des frayeurs de la vieille bonne de mes enfants, qui faisait de grands signes de croix dès qu'elle apercevait la moindre vague.

Je me rappelle une de ces promenades que je fis une fois, seule avec mon mari, au clair de lune, sur une mer unie comme une glace, où se réflétaient les montagnes environnantes. J'ai rarement éprouvé de sensation plus délicieuse et j'étais dans une sorte d'extase. Ce climat si doux pendant l'hiver, rafraîchi l'été par une brise de mer qui en tempère les ardeurs, a un tel charme que, lorsque je vis arriver la fin de mon séjour, je me réjouissais en quelque sorte de n'y pas passer plus longtemps, parce qu'il me semblait que je n'aurais plus pu m'accoutumer à vivre ailleurs.

On rira peut-être de mon enthousiasme, mais je suis méridionale dans l'âme; bien qu'habitant un pays de montagnes où il ne fait pas chaud, je suis née à Nyons, au milieu des oliviers et les pays de soleil ont pour moi un attrait que partageait du reste mon mari et que ne peuvent avoir les gens du Nord. Je n'ai jamais eu la curiosité de voyager dans le Nord, tandis que le voyage d'Italie avait toujours fait l'objet de mes désirs les plus ardents et il semblait qu'il y eût une fatalité pour me le faire manquer.

Peu d'années auparavant, une grossesse m'avait empêchée de suivre mon mari à Naples, où se trouvait son vaisseau *le Vauban*. J'avais eu le déplaisir de voir partir sans moi mon père et Mme d'Andigné, qui faisaient ce voyage et qui m'auraient conduite près de lui et de là à Rome, où ma tante avait ses deux fils, l'un dans l'armée, l'autre dans la diplomatie, elle allait les voir et mon mari eût pu nous accompagner; il avait fallu renoncer à ce rêve d'autant plus charmant que la présence de mon père, si aimable et si instruit, eût rendu un tel voyage doublement intéressant ; ensuite, mon mari avait rencontré à Naples notre chère duchesse de Parme, sœur d'Henri V, qui avait vu à Goritz ma belle-sœur, pour laquelle elle avait conçu une vive amitié : elle la lui avait témoignée par plusieurs lettres charmantes, conservées précieusement dans la famille. Apprenant que mon mari était le beau-frère de son amie, qui vivait encore alors, elle le combla de bontés, ainsi que le duc son époux, lui confia ses enfants pour visiter le vaisseau et lui donna enfin pour souvenir son portrait signé de sa main. On juge si ce fut un regret pour moi de n'avoir pu être présentée à cette aimable princesse dont la gracieuse image avait plané sur mes rêves d'enfant à côté de celle de son frère et pour qui les récits de ma belle-sœur avaient augmenté encore mon enthousiasme. Celle-ci a bien voulu me faire présent d'une de ses lettres, que je garde parmi mes objets les plus précieux ; mais cela ne m'a pas consolée d'avoir perdu l'occasion de la voir, ce qui eût été un attrait même plus grand que le golfe de Naples.

Après avoir manqué ce beau voyage, il se présenta à Toulon une autre occasion, dont je ne pus profiter non plus. Un des amis de mon mari commandait un petit bâtiment chargé de faire le courrier entre Toulon et Civita-Vecchia ; il nous offrit de nous prendre à son bord, ce qui était bien tentant ; mais je ne pouvais laisser mes enfants, et mon mari n'avait qu'une semaine de libre. Dans si peu de jours, il eût été presque impossible de voir Rome et par raison j'y renonçai encore une fois. Je crus longtemps que ce voyage resterait toujours à l'état de rêve, lorsque, après de longues années, il me fut donné de le réaliser, comme une dernière joie, hélas ! avant l'immense douleur qui allait briser la fin de ma vie !

Parmi les excursions intéressantes que j'ai pu faire dans le Midi, je ne veux pas oublier celle d'Aigues-Mortes, que nous fîmes, lors d'une visite à ma cousine, Mme de Cabrières, sœur de ma belle-sœur, qui habitait une maison de campagne entre Nîmes et Montpellier ; elle et son mari nous firent faire cette course, qui m'intéressa vivement. Cette ville, bâtie à la mauresque sur le modèle de Damiette, remplie des souvenirs de saint Louis, dont le nom et l'image s'y trouvent partout, est des plus curieuses à visiter ; les remparts, qui entourent la ville en carré, ont une plate-forme sur laquelle on peut faire le tour et d'où l'on aperçoit la mer qui est à une lieue de distance. C'est donc vraisemblablement à un petit port, encore nommé le Grau-du-Roi, que saint Louis a dû s'embarquer ; je ne prétends pas trancher ce point d'histoire ou de géographie, je donne seulement l'opinion qui me paraît la plus probable.

J'aurais bien voulu pouvoir visiter aussi la Sainte-Baume, grotte où, selon la tradition, sainte Madeleine, arrivée en Provence avec Marthe et Lazare, se retira pour passer le reste de sa vie. Elle est située dans les montagnes, entre Marseille et Toulon, et il semble que pendant mon séjour dans cette dernière ville, il eût été facile d'y aller ; néanmoins l'excursion demandait plusieurs jours, et la même difficulté du service de mon mari et de laisser mes enfants m'empêcha encore ; j'en ai d'autant plus de regret que je n'ai jamais pu la faire depuis.

Il existait à cette époque, à Toulon, l'ancienne coutume de représenter dans les théâtres de marionnettes des *mystères* semblables à ceux du moyen-âge sur l'enfance et la vie du Sauveur ; je menais souvent mes enfants à ces *crèches*, comme on les appelait, qui m'amusaient autant qu'eux. Les représentations étaient moitié en patois, moitié en français. Dans les scènes de la Nativité, la sainte Vierge, saint Joseph et les anges parlaient français, tandis que les aubergistes et les bergers parlaient patois et débitaient les naïvetés les plus amusantes, entremêlées d'anachronismes étranges, dans lesquels on faisait figurer des personnages de notre temps ; ainsi on voyait arriver dans l'auberge de Bethléem un troupier français en uniforme de l'époque actuelle, il se faisait servir à boire et s'en allait ivre, sans vouloir payer, malgré les réclamations de l'aubergiste, qui restait de fort mauvaise humeur. Un instant après, survenaient saint Joseph et la sainte Vierge demandant un logement ; l'aubergiste alors déchargeait sa colère sur eux et les accueillait avec force injures, les accusant de vouloir faire comme le voyageur précédent. Outre ces intermèdes comiques, les scènes étaient coupées par des chants, imitant le chant des anges, et où se faisaient entendre souvent des voix très harmonieuses. Ces crèches alors étaient très répandues dans tout le Midi, et représentaient toute la suite de l'histoire sainte, de la même manière naïve et comique. Mon beau-frère de Raousset nous racontait plaisamment qu'il avait vu jouer à Marseille Adam chassé du paradis terrestre ; on voyait le bon Dieu lui administrant comme correction un coup de pied, et Adam, se retournant, de s'écrier avec un bon accent marseillais : « Mon Dieu, vous êtes *boon*, mais vous êtes *viif !* » Vous jugez des rires de l'assistance ; mais ces rires étaient alors sans hostilité, et depuis nous ne sommes plus assez simples, assez respectueux de la religion, pour que de pareilles naïvetés puissent se produire sans tourner en moqueries impies ; aussi ces crèches n'existent-elles plus, et lorsque je suis allée dernièrement à Toulon, je les ai cherchées en vain. Il faut aller dans les montagnes du Tyrol pour trouver encore le mystère de la Passion représenté à Oberammergau avec la foi et la piété des anciens jours. On dit qu'à Lyon, il y a maintenant des représentations de ce genre.

Dans les processions de la Fête-Dieu, on voyait aussi des enfants en costumes appropriés, représentant les personnages de la Bible. Ces processions, qui duraient huit jours, au grand bonheur de mes enfants, attiraient une foule nombreuse dans toutes les villes du Midi, et l'inepte république qui les a supprimées en haine de Dieu et de son Christ, a non seulement fait acte d'imbécile tyrannie et privé ces populations de leurs plus belles fêtes, mais leur a enlevé en même temps les avantages matériels que cette affluence leur procurait.

Boulbon, le pays de ma sœur, est un de ceux qui, comme je l'ai dit, ont conservé le plus de coutumes anciennes. J'ai déjà cité la procession des bouteilles ; je ne parlerai pas de celle de la Tarasque, à Tarascon, fort curieuse, à ce qu'on dit, mais qui se faisait rarement, et à laquelle je n'ai jamais assisté. J'ai seulement vu la figure de la Tarasque, en bois peint, qu'on promène lors de la procession. On sait que cette figure représente le monstre que la tradition dit avoir été terrassé par sainte Marthe, et on l'a fait en effet aussi effrayant que possible, avec une longue queue qui, mise en mouvement, balaie tout sur son passage, et une gueule à qui on fait lancer des fusées.

A Boulbon, on fait encore à présent, pendant la nuit de Noël, dans l'église, une représentation de l'adoration des bergers ; après le *Gloria* de la messe de minuit, on transporte un Enfant Jésus en cire dans une crèche préparée et ornée pour cet effet, et une procession de paysans en costume de bergers, jouant du galoubet, et conduisant une petite charrette attelée d'un vrai mouton, qui souvent trouble le défilé par ses bêlements, vient offrir à l'Enfant Jésus un petit agneau renfermé dans la charrette. Cette cérémonie, je puis l'assurer, n'a rien qui prête au ridicule ; elle est touchante au contraire, et vous rappelle d'une manière saisissante le mystère de Bethléem.

Je me suis étendue sur toutes ces coutumes, qui peignent mieux que toute autre description la physionomie de cette partie du Midi. J'en ai regretté une qui s'est perdue, celle des sermons en patois que j'avais entendus lors de mes premiers voyages à Boulbon, et qu'on a supprimés depuis. Il y avait alors un curé qui parlait très purement le patois arlésien, le plus classique du pays ; ce curé était aimable et spirituel ; il venait très souvent chez mon beau-frère, et nous faisait rire aux larmes en nous racontant des fragments de sermons en patois, assaisonnés de naïvetés à l'usage des paysans, qu'il serait impossible de rendre en français. Je n'ai jamais su parler le patois, mais je le comprenais très bien, et ces récits me divertissaient beaucoup. Les gens du Nord, peu accoutumés à ces mœurs, pourraient se scandaliser de ces coutumes, qui leur paraîtraient étranges, mais la foi qui les inspire n'en est pas moins vive ; les Méridionaux, eux, sont démonstratifs, aiment ce qui parle aux yeux et à l'imagination ; c'est ce qui les a préservés du venin du protestantisme envahisseur de tant de pays septentrionaux. Cette religion froide et morne n'aurait jamais pu prendre racine chez eux.

La ville et le port de Toulon offraient un aspect des plus animés, qui n'a fait qu'augmenter depuis que le percement de l'isthme de Suez y amène tous les transports de l'Extrême-Orient, dont une grande partie autrefois arrivait par Brest ; la multiplicité des embarquements y attire un grand nombre d'officiers de marine, dont plusieurs s'y fixent, charmés par la douceur du climat ; aussi la ville s'est-elle étendue beaucoup, depuis la démolition des anciens remparts.

Ces travaux commençaient à cette époque, et on allait voir les fossés creusés pour les nouvelles fortifications, auxquelles on faisait travailler les prisonniers russes du siège de Sébastopol. Il est juste de dire qu'on ne les fatiguait pas beaucoup, et ils étaient si contents de se trouver dans ce beau climat, que la plupart, lorsque la paix fut signée, ne voulaient plus retourner en Russie, et eussent préféré de beaucoup rester en France. Mon père m'a raconté la même chose de plusieurs Cosaques lors de l'invasion de 1814.

On attendait avec impatience les nouvelles de la guerre ; on en apprenait quelquefois de tristes, la mort de jeunes officiers qui laissaient dans la douleur et peut-être dans le besoin, des veuves et des enfants. En les plaignant, je remerciais Dieu de n'avoir pas été exposée à de si cruelles angoisses. La longueur du siège de Sébastopol prolongeait l'anxiété ; pendant cette période, une affreuse catastrophe vint jeter l'épouvante et la consternation dans la ville : le naufrage de la frégate *la Sémillante*, qui se perdit corps et biens dans le détroit de Bonifacio, avec 800 hommes de troupes qu'elle emmenait en Crimée ; pas un de ces malheureux n'en échappa.

Mon mari me raconta à cette occasion un épisode touchant. Un jeune officier qui se trouvait en permission fut en retard d'un jour ; il arriva à Toulon après le départ du convoi de troupes dont il devait faire partie et qu'emmenait *la Sémillante*. Il se désespérait, disant qu'il serait déshonoré ; mon mari essayait en vain de le consoler, lorsque vint la nouvelle de la catastrophe ; mon mari le fit appeler et l'engagea à remercier la Providence qui, en permettant qu'il arrivât trop tard, l'avait préservé d'une mort certaine. Le pauvre jeune homme était si ému du sort de ses camarades, qu'il regrettait presque de ne pas s'être trouvé avec eux pour le partager.

L'infortuné commandant, qui fut une des premières victimes, avait en vain représenté que la tempête qui sévissait ne permettait pas de partir ; le ministère, pressé d'envoyer des troupes, et ne jugeant les choses que dans ses bureaux de Paris, sans songer au péril qu'il faisait courir à tant d'hommes, malgré toutes les réclamations et les observations du préfet maritime, envoya un ordre absolu de départ et assuma ainsi sur sa tête la plus terrible responsabilité. Tel est l'inconvénient et le danger de cette civilisation à outrance, qui veut tout faire partir de Paris, au lieu de laisser apprécier les choses par les autorités plus compétentes qui se trouvent sur les lieux, et qui seraient bien plus à même d'en juger.

On racontait que le maréchal Pélissier, le vainqueur de Sébastopol, peu endurant comme on le sait et impatienté d'avoir à subir les télégrammes continuels par lesquels les bureaux du ministère prétendaient lui imposer les manœuvres à faire, envoya à son tour une dépêche ainsi conçue : « Si vous m'emb...êtez encore, je coupe les fils ! » télégramme qui, rapporté à l'Empereur, le fit, paraît-il, beaucoup rire, et suspendit les ordres absurdes et intempestifs qui venaient à chaque instant contrarier les opérations militaires.

L'interruption provoquée par cette boutade ne réussit pas mal, car on apprit bientôt après l'assaut de la tour Malakoff et la prise de Sébastopol au bout de presque un an de siège. On voit par là un des avantages de la monarchie, quelque imparfaite qu'elle soit, sur la république démocratique ; un seul chef peut se laisser convaincre et désarmer par une vérité dite même un peu brusquement : il n'en est pas de même du gouvernement anarchique d'une assemblée ; on l'a vu pour le brave amiral Courbet, que le chagrin d'avoir à exécuter des ordres ineptes, sans pouvoir se faire écouter, a fini par conduire au tombeau.

La nouvelle de cette victoire excita dans toute la France, sans distinction de partis, une joie sincère. On remarqua la coïncidence du 8 septembre, jour de la prise de Malakoff, avec la fête de la Nativité de la sainte Vierge, patronne de la France, et ce fut une des bonnes actions de l'Empire d'ériger, en reconnaissance, sur le rocher du Puy, la statue colossale de Notre-Dame de France, faite avec les canons pris à Sébastopol, et dont je n'ai pu lire sans attendrissement l'inscription et la dédicace : « A la Reine de la France ! » Si l'Empire napoléonien eût continué à marcher dans cette voie, il se fût assuré de plus longs jours ; mais ses actes suivants démentirent tristement ses premières promesses ; la guerre d'Italie, les spoliations du Pape et l'hostilité qui s'en suivit contre les catholiques, ne tardèrent pas à attirer sur lui la dernière et terrible vengeance divine, qui a coûté à la France deux belles provinces et l'a replongée dans un bourbier révolutionnaire, dont un miracle seul peut la faire sortir.

CHAPITRE VII

Mon mari quitte la marine. — Malheurs dans la famille. — Ma sœur
perd deux de ses enfants et son beau-frère Gaston de Raousset, fusillé au Mexique. — Mort de notre oncle Hector d'Agoult et du général d'Andigné. — Inondations de 1856. — Nous reprenons notre
vie et nos relations de Valence. — Le maréchal Pélissier. — Naissance de mes trois derniers fils et des trois filles de ma sœur. —
Education de mes enfants ; caractère de mon fils Roger. — Entrée
de mon fils aîné dans la marine. — Mon fils Roger s'engage dans
l'infanterie de marine, et retrouve au Japon son cousin René de
Raousset.

MON mari quitta le service à l'âge de quarante ans à
peine, mais il aspirait à rentrer dans la vie de famille
et voulait me ramener auprès de mes parents, à qui il l'avait
promis ; nous désirions ne pas nous séparer de nouveau et
il était aussi bien aise de se reposer, la vie maritime étant
pénible, et sa longue campagne en Chine, ainsi que la maladie qu'il avait eue en dernier lieu, lui avaient laissé quelques
fatigues qui demandaient le repos pour disparaître entièrement.

Nous quittâmes Toulon au mois de février 1856 ; ce ne fut
pas sans regret de ma part, car on a vu combien je m'y
plaisais ; mais je ne me réjouissais pas moins de posséder
désormais mon mari sans avoir à craindre ni séparations, ni
fatigues, ni dangers. Nous fîmes nos adieux aux bons amis
que nous laissions, et qui nous donnèrent mille témoignages d'affection. Mon mari laissa dans la marine d'unanimes

regrets et des sympathies qui devaient se reporter plus tard sur mon fils aîné, entré dans la même carrière que son père.

Avant d'avoir pu goûter les douceurs de la liberté que nous venions de reprendre, nous fûmes attristés par plusieurs pertes sensibles dans la famille de mon mari et dans la mienne ; l'illustre général d'Andigné, mari de notre tante, mourut vers cette époque, âgé d'environ quatre-vingt-dix ans ; en lui disparut un des types glorieux de cette guerre de Vendée, qui a renouvelé en France les merveilles des temps chevaleresques.

Ma sœur, dont le mari était dans les haras, en résidence à Braine, près de Soissons, l'ancien palais des rois mérovingiens, eut la douleur de perdre en une semaine deux gentilles petites filles de trois à quatre ans, qui succombèrent à une épidémie d'angine couenneuse, dont Paris et les départements environnants furent désolés à cette époque. Elle-même fut atteinte après ses enfants du même mal, qui la mit aux portes du tombeau ; elle était grosse et sa grossesse même probablement la sauva ; elle échappa à la mort, et put conserver son enfant, une jolie petite fille, aujourd'hui Mme de Villeperdrix, dont elle accoucha peu de mois après ; cette naissance fut suivie en peu d'années de celles de deux autres filles, dont la plus jeune devait devenir un jour ma belle-fille, et qui lui rendirent en quelque sorte celles qu'elle avait perdues. Son mari fut à cette époque nommé directeur du haras de Strasbourg ; ce fut à ce moment qu'il eut l'affliction d'apprendre la fin tragique de son frère Gaston de Raousset-Boulbon, fusillé au Mexique à la suite de son expédition de la Sonora, trahi et abandonné par le consul français et l'indifférence du gouvernement qui le laissa périr sans prendre aucun souci de le protéger. Ses lettres, publiées alors, ont vengé sa mémoire et rendu son nom célèbre.

Mon beau-frère regretta vivement son frère, qu'il aimait tendrement, et qu'il avait toujours espéré voir revenir, lassé de ses aventures, se reposer au foyer de famille, si cette nature ardente et inquiète eût jamais pu en être capable.

Une perte bien douloureuse qu'éprouva mon mari vers ce temps-là, fut celle de son oncle, le comte Hector d'Agoult, qui lui avait pour ainsi dire servi de père, et qu'il aimait d'une tendresse filiale. Sa longue agonie fut un martyre pour lui et sa famille, et on ne saurait exprimer à la fois la douleur et le dévouement admirable avec lequel le soignèrent sa femme et ses enfants, pour qui les peines qu'ils s'étaient données ne firent que rendre plus amère la perte de ce père si chéri et si vénéré.

Dès que nous le pûmes après notre retour de Toulon, nous nous empressâmes d'aller joindre nos larmes aux leurs ; je partageais bien vivement le chagrin de mon mari, car ce cher oncle m'avait toujours confondue avec son neveu dans une même affection ainsi que toute sa famille, et je la leur rendais de toute l'étendue de mon cœur.

Nous revînmes de Beauplan au moment de l'inondation de 1856, qui, peu après notre départ, envahit le château, situé dans une vallée à peu de distance de l'Isère, et força ma tante et mes cousines de le quitter pour se réfugier pendant quelques mois dans un village voisin, Veurey, dont la position était plus élevée, et où elles louèrent une maison. Que serait-il advenu, hélas ! si cet événement fût arrivé pendant la vie du pauvre infirme, qu'il eût été si difficile de déplacer ? Ainsi la main miséricordieuse de la Providence se fait toujours sentir, même dans les moments les plus pénibles.

En quittant Beauplan, nous étions allés à Pampelonne avec ma fille aînée, toute petite alors, et nous en partîmes juste la veille des grandes pluies qui le lendemain emportèrent tous les ponts sur la route, de sorte qu'il nous eût été impossible de revenir. Les torrents commençaient à être gros, et, au passage de l'un d'eux, la voiture où nous nous trouvions versa et nous fit prendre un bain dans le torrent. Cet accident effraya d'autant plus mon mari que j'étais enceinte de quelques mois ; il ne m'en arriva rien heureusement ; j'en fus quitte pour changer de vêtements et calmer l'effroi et les pleurs de ma petite fille Isabelle ; mais tout près de nous, il arriva, après notre départ, un bien triste événement. M. Privat, ingénieur du pont de Rochemaure, y étant accouru pour se rendre compte de la situation, s'y trouva malheureusement au moment où arrivèrent les eaux furieuses, qui emportèrent le pont avec tout ce qui se trouvait dessus, et il fut noyé sans qu'il y eût moyen de lui porter secours.

Pour nous, arrivés à Valence la veille de ce malheur, nous y restâmes prisonniers plusieurs jours sans pouvoir remon-

Ferme des Fanges.

ter à Chabret ; le Rhône était débordé et, sans les régiments d'artillerie, qui travaillèrent sans relâche à le consolider, le pont aurait eu le sort de celui de Rochemaure. Le Rhône était à une telle hauteur, que mon mari, s'étant mis au milieu du pont, touchait l'eau avec sa canne. Les jardins en-dessous de la ville étaient tous inondés, et comme c'était l'époque des vers-à-soie, on voyait des bateaux qui allaient recueillir la feuille de mûrier sur les arbres dont la tête seule émergeait de l'eau. Cette inondation fut encore plus terrible que celle de 1840.

Dès que nous le pûmes, nous nous empressâmes de regagner nos montagnes, que leur hauteur rend inaccessibles aux inondations, les cours d'eau y étant tous à leur source.

Nous reprîmes notre vie entre Valence et Chabret. Une des premières fêtes à laquelle nous assistâmes à Valence, après notre retour, fut un mariage où le maréchal Pélissier, le vainqueur de Sébastopol, voulut bien se rendre et figurer comme témoin. Un de ses aides de camp, M. Duval, épousait à Valence Mlle Claire Marty, fille d'un colonel d'artillerie en retraite ; elle était petite-fille d'un ancien magistrat, notre parent et ami, dont j'ai parlé au cours de ces souvenirs, M. Dupré de Piermal. Le maréchal, qui affectionnait beaucoup son jeune officier d'ordonnance, voulut lui donner une marque de sa bienveillance en assistant à son mariage et lui servant de témoin. On juge si la présence de cet illustre invité attira une foule nombreuse à l'église et sur le parcours du cortège. Le maréchal, qui passait pour avoir des manières rudes et peu gracieuses, fut au contraire plein d'amabilité, non-seulement pour les mariés, mais pour les convives, et je n'en ai gardé qu'un très bon souvenir. Combien un homme de cette énergie nous a manqué lors de la guerre de 1870 !

La famille de cette jeune mariée, surtout sa tante, Mme Anselme, était de notre société la plus intime. Mon mari et moi nous étions aussi liés particulièrement avec les familles de Bouffier et de Sieyès. M. de Bouffier, qui était de Grenoble, avait connu mon mari dans son enfance. Sa charmante femme a été une de mes meilleures amies que j'ai perdue, hélas ! trop tôt.

MM. de Sieyès étaient trois frères, dont le second fut député de Valence, la dernière année du règne de Louis-Philippe ; son élection avait été un triomphe pour les royalistes. Tous trois étaient mariés à des femmes aimables et bonnes, dont la société a été pour moi un des plus grands charmes de Valence. La femme du troisième avait été en premières noces Mme de La Tour-du-Pin, dont j'ai parlé ; elle était sœur du marquis de Jovyac et notre parente ; toutes ces jeunes femmes, à peu près mes contemporaines, et dont les maris étaient également de l'âge du mien, nous formaient une charmante intimité.

La marquise de Sieyès, femme de l'aîné, réunissait dans les salons de son hôtel, un des plus beaux de Valence, tout ce que la ville contenait de mieux. Les environs fournissaient aussi leur contingent dans notre société ; à Montélier, il est vrai, la bonne Mme de Chaponay était morte ainsi que sa fille, et son gendre n'y habitait plus que par intervalles ; le château s'est repeuplé depuis par la présence de ses petits-enfants, le comte et la comtesse Louis de Monteynard, non moins aimables que leurs parents, et avec qui se continuent les relations d'amitié qui existaient entre nos familles. Nous voisinions également avec les habitants du château de Chabeuil, situé au-dessus du bourg de ce nom, et d'où l'on jouit d'une vue admirable ; il était habité d'abord par le comte et la comtesse de Laurencin, amis intimes de mes parents (1) ; plus tard, il fut acheté par la famille de Bimard, non moins liée avec la nôtre et dont l'amabilité pleine de bonhomie, secondée par la gaîté de leurs enfants, de l'âge des miens et leurs meilleurs amis, rendaient leur maison une des plus agréables du voisinage, jusqu'au jour, hélas ! où elle a été plongée dans le deuil par la mort de la mère de famille, jeune encore, la marquise de Bimard, dont la perte a été pour moi celle d'une bien bonne amie.

Mon mari était apprécié comme il le méritait dans cette société, où sa bonté, son aimable enjouement, son esprit si fin, sans jamais être mordant, le faisaient aimer et rechercher par tous et lui avaient attiré des sympathies qui ont éclaté à sa mort par les regrets universels qu'elle a causés sans distinction de classes ni d'opinions. Il est doux pour mon cœur de lui rendre ce témoignage, que ne contrediront aucun de ceux qui l'ont connu ; je répèterai la même chose de mon père, et il est difficile de voir deux hommes qui aient excité une sympathie aussi générale, dans nos temps

---

(1) M. de Laurencin était le cousin-germain de Mme du Pont, l'amie de ma grand'mère, et sa femme, la fille de la vieille et spirituelle Mme de Ravel, dont j'ai déjà parlé.

de tristes divisions, sans avoir jamais transigé avec leurs principes, et néanmoins sans s'être jamais fait un ennemi !

Mes amies de Ravel étaient fixées à la campagne et ne venaient à Valence que rarement, à mon grand regret ; Mme de Sigoyer, cousine de ma mère, y était revenue depuis que son mari avait été révoqué de ses fonctions de sous-préfet, en 1848 ; mais sa fille Caroline, mon amie la plus chère, était entrée en religion peu après mon mariage, au couvent de la Visitation de Valence, et je ne la voyais plus qu'à travers les grilles. J'étais heureuse du moins qu'elle fût restée à Valence ; j'allais souvent me retremper auprès d'elle, et son amitié sainte et fidèle, après avoir pris part à mes joies, a été pour moi un soutien et une consolation dans toutes mes peines. Son cœur uni à Dieu n'en était que plus tendre. Qui pourrait dire la douleur dont ce cœur fut transpercé à la nouvelle de la fin tragique de son frère, le commandant de Sigoyer ! Sa santé déjà ébranlée se ressentit de ce coup affreux, et sa mort qui arriva quelques années après, bien avant l'âge, fut peut-être avancée par cette cruelle épreuve, malgré sa résignation.

Depuis que je l'ai perdue, je ne puis m'accoutumer au vide que m'a laissé cette affection si douce et si sainte : je reprends instinctivement le chemin du couvent où m'apparaissait ce visage aimé, et j'aime encore à parler d'elle avec ses sœurs qui toutes la chérissaient, et qui veulent bien m'aimer en souvenir d'elle et de mes filles, que je leur avais confiées pour leur première communion.

Dans les années qui suivirent la démission de mon mari, j'eus successivement trois fils, en même temps que ma sœur avait trois filles. J'étais fière d'avoir donné à la famille tant de rejetons pour la perpétuer ; hélas ! de ces cinq fils, notre chère et belle espérance, trois me restent encore, mais les deux autres, l'un dans la fleur de son adolescence, l'autre déjà à l'âge viril, ont précédé auprès de Dieu leur mère désolée, réduite à pleurer sur leur tombe ! A ce souvenir déchirant, je sens ma plume s'arrêter dans ma main... je veux, néanmoins, retracer l'image des jours heureux, afin d'avoir le courage de remercier la Providence, qui a bien voulu mêler les joies aux amertumes, pour me donner la force de les supporter !

Je ne pourrai m'étendre beaucoup sur la vie calme et paisible que je menai pendant bien des années, car le bonheur n'a pas une longue histoire et se raconte difficilement.

L'éducation de nos enfants était notre principale préoccupation. La loi de 1850 (quoique bien imparfaite) ayant rendu plus facile aux parents le moyen de faire élever leurs enfants

Chabret.

dans des institutions chrétiennes, nos fils entrèrent partie aux Dominicains d'Oullins, partie chez les Pères Jésuites d'Avignon. J'eus successivement deux institutrices pour mes filles et pour les plus petits ; l'une est morte, et la dernière, Mlle Bérard, brave fille à laquelle je suis restée très attachée, est maintenant religieuse à la Visitation d'Avignon.

Nous conduisions de temps en temps nos enfants à Pampelonne, où l'on faisait de joyeuses parties. Mme de Jovyac, très entrain et alerte, quoique boîteuse (hélas ! la pauvre femme, devenue paralytique à la fin de sa vie, a eu doublement à en souffrir), inventait toutes sortes de courses et de parties qui amusaient beaucoup mes enfants et mes nièces, dans les endroits les plus inaccessibles du Coiron. J'autorisais ces excursions, mais me dispensais d'en être.

Nous les menions aussi, tantôt les uns, tantôt les autres, à Beauplan ou aux Buissières, maison de campagne qu'avait achetée ma tante d'Agoult, après la mort de son mari, pour laisser Beauplan à son fils. Mes cousines caressaient beaucoup mes enfants, et Marie, l'aînée, trouvant entre tous une ressemblance très grande, me disait : « Vraiment, ma chère, c'est

Les Buissières.

toujours le même que vous nous amenez depuis vingt ans ». Mes filles ne se ressemblaient cependant pas du tout ; elles étaient, je puis le dire, propres à flatter la vanité maternelle ; mais l'une était brune et l'autre blonde, et les traits principaux de leur physionomie rappelaient un peu celle de deux des plus gracieuses figures de Walter Scott, Minna et Brenda, les deux sœurs de son roman du *Pirate*, comme elles également jolies, quoique très différentes de visage et de caractère, et néanmoins tendrement unies.

Mes deux fils aînés avaient aussi, l'un pour l'autre, une tendresse si vive, qu'elle semblait surpasser l'amitié fraternelle ordinaire. Il en fut de même, plus tard, des cadets, car l'union qui a régné entre mes enfants a toujours été une de mes plus douces joies ; mais celle des deux aînés paraissait encore plus forte. Le second, Roger, après avoir été vif et gai dans sa première enfance, avait pris en grandissant un caractère plutôt mélancolique et sauvage, qui nous effrayait pour son avenir. Enfanté dans la douleur, au moment du premier départ de son père, les tristesses de cette séparation avaient-elles exercé sur lui une mystérieuse influence ? Il semblait prédestiné à n'être pas heureux et portait en lui comme un pressentiment de sa fin prématurée : nous étions affligés de ces dispositions, que nous cherchions à conjurer par notre tendresse. Son cœur excellent nous rendait notre affection, mais rien de ce qui égaie les autres ne faisait impression sur lui. Nature poétique et rêveuse, il rappelait, sans les connaître, les créations du commencement de ce siècle, et le type de *René* s'était comme incarné en lui. Il ne se rassérénait qu'avec son frère et son cousin Emile de Raousset qu'il aimait tendrement aussi, bien que celui-ci fût d'un caractère tout opposé, et dont la gaîté expansive avait le talent de se communiquer même à lui.

On ne s'étonnera pas qu'avec cette tournure d'esprit il ne fût pas bon écolier, quoique très bien doué du côté de l'imagination, car il a laissé des pensées éparses, recueillies par les soins de ses frères, qui renferment des passages souvent remarquables ; mais, outre que son caractère réservé et peu liant ne le rendait pas propre aux liaisons de collége, les études suivies étaient difficiles pour cette imagination trop ardente ; il n'avait de goût que pour la géographie, qui lui ouvrait l'horizon des voyages lointains, des terres inexplorées, et répondait en lui à l'amour de l'inconnu, qui était sa passion dominante.

Les récits de son père sur ses voyages maritimes avaient excité son enthousiasme, et lui avaient inspiré un goût passionné pour la marine dont il contribua à donner la vocation à son frère aîné, que nous eussions préféré voir entrer dans l'armée afin de l'éloigner moins de nous. Nous ne nous opposâmes pas, néanmoins, à son désir; mais si Edmond (c'était le nom de l'aîné) réussit à y entrer, il n'en fut pas de même de Roger, dont l'imagination trop vagabonde et indépendante ne pouvait se plier aux exigences d'un programme d'examen roulant surtout sur les sciences exactes, pour lesquelles il n'avait aucune aptitude. Nous fûmes forcés, pour le consoler de n'avoir pu réaliser son idéal, de le laisser s'engager dans l'infanterie de marine, afin de satisfaire au moins son goût pour les voyages lointains. Il entra dans un régiment qui resta quelque temps à Toulon, où il put voir son frère, qui était sur l'escadre de la Méditerranée, mais il ne tarda pas à partir pour la Cochinchine et le Japon. Il y retrouva le second de ses cousins de Raousset, René, beau et charmant jeune homme, entré aussi dans la marine; tous deux, hélas! devaient rapporter de ces pays funestes aux Européens le germe du mal qui nous les ravit avant l'âge!

On juge combien cette séparation de mes deux fils pour une carrière si lointaine me fut douloureuse; néanmoins, plus tard, lorsqu'éclata la terrible guerre de 1870, nous nous réjouissions, ma sœur et moi, de ce que cet éloignement de nos enfants, si pénible pour nous, les préservait au moins des dangers présents. Nous ne nous doutions pas, hélas! que le climat, plus meurtrier que la guerre, aurait déposé en eux son poison fatal!

CHAPITRE VIII

Mort de ma mère. — Douleur de mon père. — Ses enfants l'entourent
pour le consoler. — Réunions des vacances. — Voyages dans l'Oberland et dans le Midi. — Cruelle catastrophe qui m'enlève mon père.
— Douleur impossible à exprimer. — Honneurs rendus à sa mémoire.

J'ARRIVE maintenant à l'époque où j'aurai plus d'événements tristes à raconter que d'autres ; ainsi en est-il

Ma mère.

au déclin de l'existence, où Dieu semble vouloir nous déta-
cher de ce monde, en nous faisant ressentir plus vivement
les amertumes de la vie ! La première que j'éprouvai fut de
voir décliner la santé de mes parents ; mon père et ma mère
firent l'un et l'autre, dans l'hiver de 1863, une terrible ma-

ladie, où je crus les perdre tous deux en même temps. Mon père se rétablit heureusement, mais ma mère ne se remit que d'une manière précaire. Sa santé resta profondément altérée, et, bien que son courage lui donnât une apparence de force, les sources de la vie étaient atteintes. Elle mourut en 1865, à son retour de Toulon, où elle avait voulu aller passer l'hiver avec mon père, pour suivre leur petit-fils chéri, mon fils aîné Edmond, qui se préparait à la marine, et où nous avions espéré, mais en vain, que la douceur du climat pourrait avoir un bon effet sur sa santé.

Ce malheur tomba sur moi au moment où mon plus jeune fils, Ernest, âgé de quatre ans, était mourant lui-même d'une fièvre scarlatine, et je passais d'un lit de douleur à un autre, avec quelle angoisse de fille et de mère, il est plus facile de l'imaginer que de le dépeindre ! Dieu qui proportionne ses épreuves à notre faiblesse, ne voulut pas m'accabler d'un double coup : en m'enlevant ma mère, il me conserva mon enfant, et me laissa ainsi quelque force pour soutenir celle de mon malheureux père, près de succomber à la douleur d'une telle perte, dont il ne se consola jamais (1). Nous nous efforçâmes, du moins, par nos soins

---

(1) Lettre adressée par mon père à son petit-fils Edmond, au moment de la mort de ma mère :

« Condilhac, 15 mai 1865.

« Oui, ma douleur est grande, mon cher Edmond, j'ai perdu la moitié de moi-même et la meilleure. C'était ma providence sur la terre. Du premier au dernier jour, depuis quarante-cinq ans, sa vie n'a été qu'un acte de tendresse et de dévouement pour moi. Le reste de la mienne se passera à la chercher dans tous les lieux où nous avons vécu ensemble, et à pleurer parce que je ne l'y trouverai plus.

« Pleure, toi aussi, mon cher Edmond, car la perte que tu as faite est irréparable comme la mienne. Jamais tu n'as été et ne seras dans un cœur plus avant que dans celui que la mort vient de fermer. Elle pensait à toi sans cesse. Elle t'aurait donné son sang, et tu sais, car tu me le rappelles, avec quelle sollicitude que rien ne relâchait, que rien n'arrêtait, en tout temps, en toute circonstance, dans tes besoins comme dans tes jeux, elle t'entourait des soins les plus maternels. Non, tu ne l'oublieras pas, tu ne peux pas l'oublier. Elle te fait une

et notre tendresse, d'adoucir ses regrets pendant le peu d'années qu'il nous fut donné de le conserver encore. Je me rappelle avec attendrissement ces soirées où, réunis auprès de lui, je tâchais, sous sa direction et avec ses conseils, de perfectionner l'éducation de mes enfants par des lectures choisies de nos grands écrivains, qu'il accompagnait, comme il l'avait fait pour moi, de ses commentaires si lumineux

part de sa fortune et voici, après avoir exprimé sa volonté dernière, ce qu'elle ajoute : « J'ai reçu dans mes bras mon petit-fils Edmond à son arrivée dans ce monde, je l'ai constamment soigné et chéri avec la dernière tendresse. Je ne crois pas me tromper en pensant qu'il en a pour moi. Je l'ai conduit au pied de l'autel. J'ai promis à Dieu de le protéger et de l'aimer. Il est l'aîné de ses frères et sœurs, on ne sera pas étonné qu'il soit de ma part l'objet d'une libéralité particulière ».

« Laisse, laisse couler tes larmes, mon cher enfant, en écoutant ces expressions d'une affection si profonde, qu'elles sont faites pour en arracher ; et puis laisse-les tarir. Les grandes douleurs ne sont pas de ton âge ; elles le dévoreraient, et j'emprunte en ce moment la voix et le cœur de celle qui t'a tant aimé, pour te dire de te résigner à la volonté de Dieu, de ranimer ton courage, de reprendre tes occupations, de retourner à tes distractions, de te préparer à une vie ennoblie par une bonne conduite, par le succès du travail et embellie par le bonheur, le bonheur, ce vœu si constant pour toi de ta pauvre bonne-maman.

« Je t'écris de Condilhac où j'ai reçu ta lettre qui m'a touché jusqu'au fond de l'âme. Elle avait donc raison de croire que tu l'aimais, cette pauvre bonne-maman. « Il est bon, ce petit, me disait-elle lorsque je lui lisais ta dernière lettre, que sa faiblesse ne lui permettait pas de lire elle-même, il est bon », et l'on sentait, à son accent, qu'elle en était heureuse. Sois-le d'avoir pu faire passer sur ses lèvres mourantes cette dernière douceur.

« Je t'écris donc de Condilhac. A la première nouvelle de l'affreux événement, ma vieille amie, Mᵐᵉ d'Andigné, est accourue, et malgré mes résistances, a voulu m'emmener avec elle. Elle pensait, en m'éloignant de Valence, affaiblir l'impression du coup que je venais d'y recevoir. Mais l'heure de la consolation ne sonnera pas de longtemps pour moi, et je vais, dès demain, retrouver à Valence ton père, ta mère et ta tante Laurence qui, accourue de Strasbourg dans l'espérance de revoir sa mère, n'a plus trouvé que son cercueil.

« Relevons cependant la tête, mon cher Edmond, l'espérance des chrétiens ne saurait être vaine, et l'innocente et sainte vie qui vient de s'éteindre, couronnée par une sainte mort, doit avoir déjà reçu sa et si instructifs. Il semblait n'avoir plus d'autre bonheur que de rassembler le plus possible ses enfants autour de lui. Pendant les vacances, ma sœur venait ordinairement se réunir à nous avec les siens, au nombre de cinq. De mon côté, j'en avais sept, et souvent mes nièces de Pampelonne, ma tante la comtesse d'Indy et son petit-fils Vincent, venaient se joindre à toute cette jeunesse, dont les joyeux ébats ramenaient forcément la gaîté dans la maison, et mon père les laissait s'amuser en liberté, sans jamais se plaindre du mouvement et du bruit

Il était, du reste, toujours attentif à ce qui pouvait faire plaisir et nous mena, une année, deux de mes enfants et moi, faire un voyage en Suisse, dans l'Oberland, où nous visitâmes les lacs de Thun, de Brienz et les glaciers du Grindelwald. Cette excursion fut une grande joie pour mes enfants ; je n'y trouvais pas moins de charme qu'eux, et, me rappelant l'enthousiasme que j'avais éprouvé à leur âge, en contemplant le Mont-Blanc et la mer de glace, je le retrouvais devant le Grindelwald et la Yungfrau, les beaux lacs et les magnifiques cascades du Giessbach et du Staubach. Nous admirâmes entr'autres à Grindelwald la grotte de glace, dont les parois semblent être en cristal. Au fond, est un réduit où d'invisibles musiciens font entendre une symphonie qui complète l'illusion d'un palais de fée.

De retour au logis, mes enfants trouvaient une aimable

---

récompense. Si elle ne peut plus t'aimer et te protéger ici-bas, elle veillera sur toi du haut des cieux. Suivons-l'y du cœur et des yeux. Prions-la et prions aussi pour elle. Quant à moi qui t'aimais déjà à cause de toi, je t'aimerai encore à cause d'elle pendant les quelques jours que j'ai encore à végéter tristement sur cette terre. Crois-le, mon cher Edmond, et je t'embrasse du plus profond de mon âme. J'embrasse aussi René, il n'oubliera pas, lui non plus, les bontés dont naguère il a été comblé. Remercie de ma part le respectable supérieur des quelques lignes sympathiques qu'il a bien voulu écrire au bas de ta lettre. Je te recommande à lui de nouveau avec autant de forces qu'il m'en reste.

« Adieu, mon cher enfant.

« Ton dévoué grand-père,

« D'INDY ».

société chez le baron et la baronne du Bay, fils et belle-fille de ceux dont j'ai parlé au commencement de ces mémoires ; il y avait parmi les enfants de la maison des jeunes gens et des jeunes filles de leur âge. Mme du Bay, d'un caractère gai et entrain comme Mme de Jovyac, inventait ainsi qu'elle toutes sortes de divertissements et de fêtes champêtres. Un jour, elle avait caché les plats du dîner dans les arbres et les buissons, et on faisait semblant de ne pouvoir les trouver. Un autre jour, elle déguisait un paysan en gendarme, sous prétexte d'arrêter quelques-uns des convives qui avaient chassé ou pêché en temps prohibé. Enfin, c'était chaque fois une nouvelle surprise, et les invitations à Crozat comptaient toujours parmi les principaux plaisirs des vacances.

Lorsque mon fils Roger s'engagea dans l'infanterie de marine, nous voulûmes aller le voir à Toulon, et j'en profitai pour faire voir à mes filles cette partie du Midi, qu'elles ne connaissaient pas encore, ma sœur ne l'habitant plus depuis que son mari était au haras de Strasbourg ; elle se trouvait, néanmoins, en Provence, alors pour ses affaires, et se joignit à nous, ainsi que mes nièces de Pampelonne. Nous visitâmes Orange, Avignon, la fontaine de Vaucluse, Arles, Nîmes, Marseille, l'aqueduc de Roquefavour, un des beaux monuments modernes, et dans les gares de chemin de fer, on avait fini par reconnaître notre bande, et on nous désignait sous le nom de la famille de sept, ce qui nous amusait beaucoup. Nous étions, en effet, sept personnes.

Nous jouissions des jours heureux qui nous étaient encore donnés ; mais de tristes présages commençaient à les assombrir ; mon père chéri s'affaiblissait. Il lui eut fallu pour recouvrer entièrement ses forces des ménagements qu'il se refusait à prendre. Il avait voulu faire un voyage à Paris, où il s'était beaucoup fatigué, et nous avions été effrayés à son retour de sa maigreur et de son changement. Il voulait néanmoins toujours faire de grandes courses à pied, par tous les temps, sans souffrir qu'on l'accompagnât. Une ou deux fois il avait pris des défaillances qui nous avaient

cruellement alarmés. Dans une autre occasion, ayant voulu
se mettre en route par la neige, ses forces le trahirent, et il
aurait succombé sans mon mari, qui s'était attaché à ses pas et
qui fut obligé de le porter jusqu'à Chabret, car il ne pouvait
plus marcher. Ces imprudences nous tenaient dans de con-
tinuelles inquiétudes ; nous ne le quittions que le moins
possible ; c'est, hélas! lorsqu'il nous paraissait mieux et que
nous commencions à nous rassurer, que la plus terrible
catastrophe allait fondre sur nous.

Lorsqu'arrivait l'hiver et l'époque de notre retour à Va-

Mon père.

lence, mon mari et moi, nous quittions la montagne ordinairement les premiers, pour que mon père pût trouver la
maison de ville bien organisée et chauffée, et ma sœur venait,
lorsqu'elle le pouvait, nous remplacer auprès de lui. Cette an-
née-là, 1869 (triste année dont le souvenir ne s'effacera jamais),
son mari étant souffrant, elle n'avait pu venir. Mon père
tenant à ne pas quitter Chabret avant Noël, époque du paiement des fermiers, j'avais prolongé mon séjour pour ne pas
le laisser seul et étais partie seulement deux ou trois jours
avant celui où il devait venir lui-même ; je reçus de bonnes
nouvelles dans l'intervalle. Nous l'attendions donc dans une
sécurité parfaite, lorsque le jour même où il devait arriver
(aurai-je le courage de faire ce récit funeste ?) au lieu de lui,

je vois arriver la voiture vide, et le cocher, dont les paroles
embarrassées, l'air d'épouvante et de consternation m'annoncent un malheur, auquel je ne me résignais pas à croire !
Mon père, mon père bien-aimé n'existait plus !... et quelles
circonstances douloureuses s'ajoutaient à cette cruelle perte !
Frappé sans doute pendant la nuit d'une attaque subite, il
n'avait pu appeler ; sa bougie, échappée de ses mains défail-
lantes et tombée par terre, avait consumé lentement le tapis
et les couvertures, glissées dans son dernier effort. Un instant plus tard, le feu allait atteindre le lit ; à ce moment, les
serviteurs dévoués qui, la veille encore, à onze heures du
soir, avaient laissé leur maître bien portant, entrèrent dans
la chambre, et, voyant la fumée, se précipitèrent vers le lit ;
hélas ! ils n'y trouvèrent qu'un corps sans vie et n'arrivèrent que pour empêcher le feu de consumer ces chères dé-
pouilles !...

Sur son bureau, toute noircie par la fumée, se trouvait
encore une lettre écrite quelques heures avant sa mort à sa
vieille amie Mme d'Andigné (1).

---

(1) Je reproduis ici cette lettre qui nous a été rendue par délicatesse
comme un souvenir précieux :

« Chabret, 28 décembre 1869.

« Je veux, ma chère amie, que vous ayez les derniers mots que j'aurai
écrits cette année du séjour de ma montagne. Cette montagne est,
depuis huit jours, une vraie Sibérie : six pouces de neige et treize de-
grés au-dessous de glace. C'est le plus gros froid qu'on y puisse voir ;
ce qui ne m'a pas empêché d'aller à Boffres samedi et dimanche et à
Vernoux hier lundi. Mais ce n'était pas à pied, cette fois, c'était en voiture, bien couvert de bas en haut, en sorte que je n'ai senti que peu
d'impression de cet excès d'hiver. Je me propose à aller rejoindre
demain ma colonie valentinoise, et j'y aurai un peu de peine, parce
que la bise qui se taisait ces jours derniers, trouvant sans doute que
c'était trop de mauvais temps comme cela, s'est réveillée ce matin et
amoncelle la neige de manière à en faire un obstacle qui ne sera pas,
je l'espère, impraticable, mais très difficile à franchir. On doit à Valence
ne savoir pas ce que je suis devenu ; on m'attendait plus tôt, mais
j'étais resté ici pour affaires et j'ai tenu à les finir. La dernière surtout aurait probablement fort mal tourné si je n'eusse pas été là. J'ai
donc, au moins dans ma détresse, la satisfaction d'avoir fait quelque

Je renonce à peindre ce que j'éprouvai en apprenant ces affreux détails ; qu'il me suffise de dire que pour pouvoir survivre à de pareils déchirements, il faut que Dieu ait donné

chose d'utile, ce dont je sens que je ne serai bientôt plus capable. L'année 1869 aura été accablante pour moi. Elle me pèse et me fait craindre que le fardeau ne soit trop lourd pour être longtemps soutenu par ma débile constitution. Je fais pourtant comme si je devais vivre cent ans. Je ne plante pas des pins, ils viennent de rage dans mes bruyères, mais je répare des maisons de ferme, je bâtis, j'escompte l'avenir comme s'il était à moi. Ceux qui jouiront de ces travaux sont d'autres moi, je n'ai donc pas à regretter les soins que j'y donne. Vous pourrez jouir plus longtemps des vôtres, ma chère amie, mais un peu du sentiment que j'éprouve doit se mêler au plaisir que vous donnent vos succès. C'est le propre des pins de naître à l'abri de l'ombrage des plantes de leur voisinage, les ardeurs du soleil les brûlent quand ils viennent sans en être garantis ; ainsi plus le fourré de vos bois augmente et plus vous y découvrez de ces rejetons étrangers à la plante qui les couvre et qui un jour leur donnera dans ses épines un élément précieux. C'est une espèce de société de secours mutuels.

« La vie est trop longue pour l'emploi qu'on en fait dans le monde, elle est trop courte quand elle est consacrée à des œuvres comme celles qui remplissent aujourd'hui vos journées. Je suis bien aise, au moins, que vous ayez quelque dédommagement des peines qu'elles vous causent ; mais que pouvez-vous faire des jours comme ceux que nous passons maintenant ? Vous n'avez pas de neige, mais vous avez sûrement de grandes gelées et, avec les gelées, adieu les travaux de la terre.

« Après mes courses obligées à Boffres et à Vernoux, j'ai mon temps pris aujourd'hui par les préparatifs du départ et par des instructions de toute espèce à laisser à ceux qui me représentent ici pendant mon absence. Je les donne devant un bon feu, l'occupant tout entier et pensant à ce que vous me disiez qu'une cheminée n'était décidément bonne que pour deux : j'aurais donc une place à donner et si vous l'occupiez, je n'aurais rien à désirer. Mais n'y pensons pas. — *All is done for me.* — Je n'ai jamais cru que la maladie de l'intéressante Stéphanie fût si dangereuse. Ce qu'on en écrivait ici était sérieux, mais quand on se rappelait l'air de jeunesse et de force, on ne pouvait s'imaginer que la mort pût se cacher sous de telles apparences. Hélas ! elle se cache partout ! ! heureusement qu'un tel malheur a été épargné à cette bonne famille.

« Je ne sais rien de nulle part. Bonjour et amitiés à Condilhac et à vous, chère amie, bonjour, bonsoir et autant de tendresses que mon vieux cœur en peut contenir. »

à notre nature une force surhumaine ! Et que devins-je encore,
lorsque, le lendemain, parvenue avec peine à Chabret, au
milieu de la neige et du froid le plus rigoureux, je vis de mes
yeux le spectacle dont je n'avais eu que le récit, lorsque je
couvris de mes baisers et de mes larmes les restes de ce
père chéri que j'avais quitté depuis si peu de jours et que je
ne devais plus revoir qu'au ciel ! Avec quelle amertume je me
reprochais de m'être éloignée ! Il me semblait que ma présence, que ma tendresse, aurait prévenu l'horrible catastrophe. Combien cette pensée cruelle m'a-t-elle longtemps
poursuivie ! Ni les assurances du médecin, qui reconnut les
symptômes d'une attaque, ni la preuve évidente qu'il avait
été frappé subitement, sans quoi il aurait eu cent fois le
temps de sonner, la fumée et le feu ne s'étant produits qu'au
bout de longtemps : rien ne pouvait me convaincre ; la douleur de l'avoir vu mourir sans les secours de l'Eglise était
une amertume de plus. Dieu me ménagea une goutte de
baume, par une circonstance qui me dévoila les dispositions
de son cœur si chrétien. On trouva le livre de l'Imitation
ouvert sur sa table de nuit, et c'est sur ces saintes paroles
qu'il s'était endormi du sommeil dont il ne devait se réveil-
ler que devant Dieu : « Heureux, dit l'Evangile, le serviteur que son maître, à son arrivée, trouvera veillant ». Ces
divines paroles, jointes au souvenir de la vie chrétienne si
pratiquante et des bonnes œuvres si nombreuses de celui
que je pleurais, tombèrent dans mon cœur comme une rosée
céleste, et y affermirent la confiance qu'elles s'étaient véri-
fiées en lui ! Il avait fait son *jubilé* avec nous, quinze jours
avant.

Ma sœur, accourue à la hâte, était avec moi près de ce lit
funèbre, et sa douleur égalait la mienne, car nous perdions
en ce chef vénéré la joie et le bonheur de la famille ! Mon
excellent mari, partageant notre affliction, nous soutenait
néanmoins, et sans son affection dévouée, je ne sais si j'aurais pu résister à un si rude coup ! Si quelque chose avait pu
nous consoler, ce furent les regrets unanimes et les marques
de vénération dont fut entouré ce père bien-aimé. Ses fer-

miers se disputèrent à qui veillerait autour de ses restes chéris. Ses funérailles, malgré la rigueur de la saison et les chemins presque impraticables, attirèrent un concours immense de toute la population, dont l'empressement et les larmes témoignaient combien il était aimé, et tout le pays, ainsi que nous, semblait avoir perdu un père !

J'ai revu, hélas ! les mêmes témoignages à la mort de mon cher mari, de celui qui l'avait si bien remplacé, et leur

Les Faugs (1889).

mémoire est confondue dans la même vénération. Aussi la joie a-t-elle été générale dans toute la contrée, lorsqu'on a su qu'un d'Indy, marié à leur fille et petite-fille, venait se fixer de nouveau dans le pays de ses pères et s'y bâtir une demeure, dont je bénis Dieu de voir avant de mourir s'élever les murs, tandis que mes fils, restés dans le vieux manoir, continueront, je l'espère, à y faire bénir le nom de leur père et du mien. Puissent les deux familles n'en former qu'une par l'union de tous leurs membres, et se perpétuer pendant de longues générations près du tombeau des aïeux.

CHAPITRE IX

Guerre de 1870. — Affliction patriotique et cruelles inquiétudes. — Ma
sœur enfermée à Strasbourg, ma tante et son petit-fils à Paris. —
Notre cousin d'Andigné blessé à Sedan. — Chute de l'Empire. — La
Commune. — Mort terrible de mon cousin de Sigoyer. — Pèlerinage à Lourdes et à Paray-le-Monial. — Espérances de restauration. — M. Thiers et la faction d'Orléans la font échouer. — Nos
pertes de famille. — Mort de ma tante d'Indy, de ma tante d'Agoult
et de mon oncle Alphonse d'Agoult. — Mariages de mes nièces de
Pampelonne. — J'ai l'affreuse douleur de perdre mon cher fils
Alphonse.

Ce fut ainsi, dans la douleur et les larmes, que s'ouvrit
pour nous cette année 1870, qui devait être si fatale à
la France et dont les événements terribles me firent presque
remercier Dieu d'avoir rappelé à Lui mon père chéri, avant
qu'il eût pu être témoin des maux de la patrie, dont son
cœur, profondément français, eût été si douloureusement
atteint, non moins que des malheurs particuliers qui frappèrent tant de parents et d'amis, pour lesquels il eût eu à éprouver les plus cruelles inquiétudes !

La démoralisation des dernières années de l'Empire, les
spoliations exercées contre le Pape et favorisées par la connivence du gouvernement impérial, avaient attiré sur lui et
sur nous les vengeances divines. La réunion du concile du
Vatican sembla tenir la foudre suspendue pendant quelques
mois, pour donner à l'Eglise le temps de proclamer ce dogme
de l'Infaillibilité, qui devait lui donner tant de force dans
les orages qui se préparaient, et contre lequel l'opposition

fomentée en France par le gouvernement, acheva de remplir le vase de la colère céleste. L'abandon du Pape par nos dernières troupes coïncida, jour par jour, avec nos premières défaites, réalisant ainsi la parole prophétique du saint curé d'Ars, qui avait dit à un de ses visiteurs, parlant des événements politiques : « Dites à l'Empereur que les soldats qui sont à Rome le défendent mieux que ceux qui sont à Paris ».

En effet, les jours de deuil ne tardèrent pas à arriver : Reischoffen, Sedan, dates funèbres, tombèrent sur nous comme le glas de la France. Plus les illusions du commencement sur le succès de nos armes avaient été grandes, plus la stupeur fut profonde ; et au milieu des malheurs publics, quelle famille n'eut pas à pleurer sur quelqu'un des siens ? Dieu épargna nos plus proches, mais les inquiétudes ne nous manquèrent pas sur beaucoup de ceux que nous aimions.

Ma sœur et son mari, enfermés à Strasbourg, eurent à supporter toutes les rigueurs du siège ; ma sœur vit des éclats d'obus entrer par les fenêtres de sa chambre ; mais ces dangers n'étaient rien encore pour elle, en comparaison de ses craintes pour son fils aîné, qui, faisant partie des mobiles, se battait dans les tranchées, et qu'elle tremblait tous les soirs de ne plus voir revenir. Nous étions pendant ce temps sans nouvelles d'eux, non plus que de ma tante d'Indy, enfermée à Paris avec son petit-fils Vincent, qui, malgré son jeune âge (18 ans), avait voulu faire partie de la garde nationale et prenait part aussi aux combats journaliers, dans lesquels le frère d'un ami de mon mari, le marquis de Coriolis, qui avait, à plus de soixante ans, repris l'épée pour son pays, mourut glorieusement pour sa défense. Il avait commencé sa carrière militaire par la campagne d'Alger, lorsque la France était à un haut point de gloire, et il mourait pour elle, au milieu de ses désastres, sans pouvoir la sauver ! Son frère, le marin, camarade de mon mari, était près de lui au poste du danger. C'est ainsi que parmi nos revers, de beaux traits de patriotisme vinrent consoler et relever les âmes.

Dans notre village de Vernoux, un pauvre officier en retraite, que nous connaissions, fut tellement frappé au cœur
par les désastres de la patrie, qu'il ne put y résister, et
mourut de douleur en apprenant la capitulation de Sedan.

Notre cousin d'Andigné, alors colonel, fils de la comtesse
d'Andigné, dont j'ai parlé si souvent, et digne, par sa bravoure, du vaillant général vendéen, son père, fut laissé sur
le champ de bataille de Sedan, frappé de cinq balles, dont
une lui avait fracassé le bras. Respirant encore, il fut ramassé par une ambulance prussienne. Sa courageuse mère,
déjà septuagénaire, et sa femme, non moins dévouée, n'hésitèrent pas à traverser les lignes prussiennes, bravant toutes
les fatigues et tous les dangers, pour accourir auprès de lui
et lui prodiguer leurs soins. Comme il avait refusé de signer
la honteuse capitulation de Sedan, les Prussiens le retenaient prisonnier ; mais l'amour ne s'intimide de rien ; celui
de sa mère et de sa femme inventa un stratagème qui, avec
l'aide de quelques chirurgiens français, leur permit de le
faire passer secrètement en Belgique, où son frère, qui y
possédait un château, l'attendait, après avoir joint ses efforts
à ceux des deux généreuses femmes pour le délivrer et où
leurs soins réunis achevèrent de le guérir.

Qu'on juge combien ces cruels événements, joints à l'absence de nouvelles, ajoutèrent à nos angoisses patriotiques
pendant cette triste époque ? Nous étions séparés aussi de
nos enfants, mais sans avoir à trembler pour eux ; chose
singulière (comme tout ce qui se passa pendant cette fatale
guerre), de cinq jeunes gens de la famille en âge, ou à peu
près, de porter les armes, les trois qui étaient militaires n'eurent pas à se battre, et les deux qui ne l'étaient pas furent
ceux qui se battirent. En effet, mon neveu René de Raousset,
enseigne de vaisseau, ainsi que mon second fils Roger, engagé dans l'infanterie de marine, étaient tous deux en
Cochinchine et au Japon, où il n'y eut pas de combat, et
mon fils aîné, aspirant de marine, était sur l'escadre qui fut
envoyée pour bloquer les ports prussiens, mais sans qu'il
s'engageât aucune action, tandis que mon neveu Emile de

Raousset, l'aîné des fils de ma sœur, qui était dans les haras, soutint comme mobile, ainsi que je l'ai dit, le siège de Strasbourg, et Vincent d'Indy celui de Paris, dans la garde nationale ; tous deux coururent de sérieux dangers.

Nous avions d'autres amis auxquels nous nous intéressions vivement, entr'autres le comte et la comtesse de Lyonne ; celle-ci était petite-fille de M. Mazuyer, le cousin et le plus cher ami de mon père. Son mari, officier d'artillerie, était venu en garnison à Valence, où ils restèrent plus de dix ans, y étant revenus après la guerre. Mon père, qui vivait encore lors de leur arrivée, éprouva une grande joie à voir cette aimable jeune femme, qui lui rappelait l'ami de sa jeunesse. Tous deux étant à Valence, loin de leur famille, nous cherchions, de notre mieux, à leur en rendre le séjour agréable. Mes filles se lièrent avec leur cousine d'une étroite amitié.

Cette douce intimité fut troublée par la guerre ; M. de Lyonne partit et se trouva à la fatale journée de Sedan. Il ne fut heureusement ni tué ni blessé, mais, comme tant d'autres, resta longtemps prisonnier en Allemagne. Sa femme chercha un refuge auprès de ses parents pendant ces moments d'angoisse. Enfin, la conclusion de la paix le ramena. Obligé de rentrer d'abord à Valence, il arriva à la maison un jour que mes filles étaient seules avec leur vieille bonne, qui, ne reconnaissant pas son visage bruni et sa barbe longue, ne voulait pas le laisser entrer. Cependant, il se fit reconnaître et ce furent alors de grandes exclamations de joie. Il alla presque aussitôt rejoindre et chercher sa femme ; tous deux ne tardèrent pas à revenir à Valence, et nous fûmes bien charmés de fêter leur retour. Ils habitent maintenant Paris, où ma fille aînée est heureuse de les retrouver.

La famille de Ravel, dont j'ai parlé si souvent, fut encore bien plus éprouvée. Le fils aîné, marié depuis un an seulement, fut tué à la bataille de Reischoffen, laissant une jeune veuve et une petite fille de deux mois ! Son vieux père, âgé de plus de quatre-vingts ans, eut la charge de ramener dans

sa famille son infortunée belle-fille, qui ne se doutait pas
encore de son malheur ; il avait la douleur de lui voir mettre
à la poste à toutes les gares des lettres pour son mari sans
oser lui dire qu'il ne pouvait plus en recevoir, et renfermait
dans son âme l'angoisse qui l'étreignait, afin que la malheureuse femme, nourrice et à peine remise de ses couches, eut
le temps de prendre plus de force pour supporter la terrible
révélation. Hélas! il n'eut pas même la consolation de recueillir le fruit de ce silence si déchirant et si héroïquement
gardé ; car l'infortunée veuve, frappée au cœur, suivit son
mari au bout de moins d'une année. Sa fille, orpheline, a
été l'idole de son grand-père, tant qu'il a vécu, et s'est fait religieuse, quelques années après sa mort.

Mᵐᵉ Léo de Sieyès, une de nos bonnes amies aussi, avait
ses deux fils, l'un au siège de Paris, l'autre à celui de Metz,
et sans nouvelles d'aucun. Cette pauvre mère faisait pitié ;
Dieu veilla sur elle, et lui conserva ses fils, qui, malgré la
guerre et la maladie, purent lui être rendus sains et saufs.

Au milieu de tant de catastrophes, la chute de l'Empire,
trop bien méritée, nous toucha peu. Il n'en fut pas de même
de la perte de nos provinces, que nous ressentîmes jusqu'au
fond du cœur.

Indignés de l'odieuse conduite des révolutionnaires, toujours les mêmes en tout temps, qui n'avaient vu dans les
désastres de la patrie que le moyen de satisfaire leur ambition, nous espérions que la république ne serait qu'un état
transitoire, et que la France, éclairée par ses malheurs,
chercherait un refuge dans le port de la royauté légitime,
qui l'avait sauvée tant de fois. La nomination d'une Assemblée monarchique en était déjà un symptôme évident. Mais,
hélas! nous comptions sans la néfaste influence de M. Thiers
et du parti orléaniste, dominant malheureusement dans
l'Assemblée, qui s'appliquèrent à étouffer ce réveil monarchique et replongèrent le pays dans de nouveaux malheurs.
En effet, la Commune ne tarda pas à éclater. L'incendie de
Paris par des Français, sous les yeux de l'ennemi ; le meurtre horrible de l'archevêque et de tant de saints prêtres ;

l'affreuse mort de mon brave et infortuné cousin de Sigoyer vinrent de nouveau nous saisir d'effroi et de douleur. Qui n'eût cru qu'après un exemple si terrible, la monarchie n'eût été rappelée à grands cris? Tel était, en effet, le désir général ; mais M. Thiers était là, soutenu par la faction d'Orléans. L'histoire dira de quels replis ils s'enveloppèrent, quels misérables prétextes ils mirent en avant, pour fermer la porte au salut de la patrie ; elle dira les défaillances de l'Assemblée, la chute enfin de M. Thiers, mais qui ne put rien réparer, la même faction étant restée au pouvoir ; les défections de 1873 et les intrigues qui aboutirent enfin à faire voter par une Assemblée nommée pour rétablir la royauté, à UNE voix de majorité (due à la complicité des d'Orléans qui en faisaient partie), la République qui ruine et déshonore la France, et de laquelle, par un juste jugement de la Providence, ceux qui l'avaient faite ont déjà reçu leur punition.

Je pris part, avec mes enfants, aux premiers pèlerinages de Lourdes et de Paray-le-Monial, entrepris pour implorer la miséricorde divine en faveur de notre malheureuse patrie. Aux pieds du Sacré-Cœur et devant cette grotte où la Vierge Immaculée est apparue *pleine de grâce,* on sentait renaître la confiance. Si Dieu n'a pas paru nous exaucer alors, espérons, néanmoins, que tant de prières ne seront pas inutiles ; Marie semble nous en donner un gage dans les miracles qu'elle multiplie à Lourdes, et la basilique du Sacré-Cœur qui s'élève à Montmartre est un autre motif d'espérance. Les méchants n'ont pu parvenir à l'empêcher de s'élever, ils n'empêcheront pas la France repentante d'aller un jour y chanter le *Te Deum* de la délivrance !

A la fin de 1871, mon fils aîné fut nommé enseigne de vaisseau, et revint passer auprès de nous un congé de près d'un an : c'est le plus long qu'il ait jamais eu. Pendant ce long congé, nous songeâmes un moment à réaliser le rêve que nous avions aimé à faire avec ma chère belle-sœur, d'un mariage entre mon fils et une de ses filles. Mais, comme je l'ai dit, Dieu avait d'autres desseins. Plusieurs circonstances, en particulier la carrière et la trop grande jeunesse de mon fils (nos enfants étant à peu près du même âge), ne permirent pas de donner suite à ce projet, qui nous était doux en ce qu'il eût resserré nos liens avec un frère et

Mon gendre Vincent.

des nièces que nous chérissions, et eût pu conserver le nom de la famille dans le manoir qui le porte et dont les échos l'ont répété pendant plusieurs siècles.

Ce culte pour les souvenirs et les traditions des ancêtres, qui est le trait dominant de mon caractère, comme vous avez pu le voir dans plusieurs endroits de ces mémoires, paraît, dans nos mœurs modernes, revenir d'un autre âge. Mais c'est, néanmoins. ce qui fait durer les familles, et j'espère vous le laisser, mes enfants, comme le legs le plus précieux de votre mère.

Si je portais ces sentiments à la famille de mon mari, ils n'étaient pas moins forts, comme on peut le penser, pour la mienne. On jugera, par là, quelle fut ma joie, lorsque le jeune Vincent d'Indy, l'héritier du nom de mon père, et pour qui j'avais une affection toute maternelle, nous demanda la main de ma fille aînée, Isabelle, qu'il aimait presque depuis l'enfance, et dont il était également aimé, laissant en même temps deviner l'intention

Ma fille Isabelle.

de revenir se fixer dans nos chères montagnes. Quel fut mon bonheur en pensant que, privée moi-même d'avoir pu perpétuer le nom de mon père, je le perpétuerais par ma fille, dans le pays où nos ancêtres avaient vécu! car il fut convenu que le jeune ménage viendrait passer tous les étés à Chabret auprès de nous, en attendant l'établissement qu'ils pourraient former plus tard, et qui, je l'espérais bien, ne serait jamais éloigné. C'est à Chabret, en effet, qu'est né leur fils, mon cher petit Jean, qui, je l'espère, aimera toujours le pays de ses aïeux.

Ma tante d'Indy était morte avant d'avoir pu bénir le projet d'union de nos enfants. Elle avait succombé, moins d'un an après la guerre, aux inquiétudes et aux souffrances qu'elle avait endurées pendant le siège de Paris, et dont elle n'avait jamais pu se remettre, à cause de son âge déjà avancé.

Elle mourut à Paris, mais voulut être ramenée, après sa mort, à Valence, dans sa terre natale, pour reposer au milieu des siens. Je la pleurai d'autant plus amèrement, que c'était la dernière de la génération qui m'avait précédée, et qui me rappelait mes parents.

J'avais conservé les relations les plus amicales avec ses fils, mes compagnons d'enfance ; mais je ne pouvais voir que rarement l'aîné, Wilfrid, qui a eu le malheur de devenir aveugle, infirmité que sa foi et sa piété lui font supporter avec une résignation admirable, mais qui lui est adoucie par les tendres soins de sa femme et de ses deux filles, dont l'aînée a épousé M. de Bourmont, officier de marine et petit-fils du maréchal. J'ai été heureuse, comme l'eût été mon père, de voir entrer dans la famille le nom glorieux du vainqueur d'Alger.

Vers cette époque, mourut ma bonne tante d'Agoult, dont la perte nous fut aussi bien sensible, car elle nous avait toujours comblés de toutes sortes de témoignages d'affection. Elle avait eu avant sa mort bien des tribulations. De ses filles mariées, l'une, la comtesse de Faverges, était demeurée veuve de bonne heure, avec cinq enfants et peu de fortune; une autre, Mme de Villenoisy, n'était pas heureuse ; le fils aîné, Foulques, marié, comme je l'ai dit, à une Anglaise bonne, aimable et riche, avait eu la douleur de la perdre peu d'années après ; il était resté veuf avec trois enfants, et sa mère avait eu le chagrin d'être témoin de ce malheur. Il lui fut épargné, du moins, de voir son second fils, Henri, parti pour une expédition lointaine en Afrique, y mourir de la fièvre, seul et loin de tous les siens !

Mon oncle, le comte Alphonse d'Agoult, père de ma belle-sœur, et non moins excellent pour nous, avait eu la douloureuse épreuve de voir mourir, à l'âge de huit à dix ans, le fils unique de son fils Raymond, et s'éteindre ainsi la branche de sa famille dont il était le chef. Sa propre mort, qui arriva peu après, le préserva, comme mon père, d'être témoin des malheurs de la France.

Ma nièce Ernestine.

Nous sentions vivement ces vides qui se faisaient successivement dans la famille. Les jeunes succédaient à leurs parents, mais sans pouvoir les faire oublier.

Mes deux nièces de Pampelonne s'étaient mariées, l'une à M. de Lacheysserie, fils d'un ami de mon père, issu d'une ancienne famille de l'Ardèche, et possédant des terres considérables aux environs de Tournon ; l'autre, au comte de Grille, d'une famille de Provence, qui vint se fixer au château de Pampelonne, auprès de son beau-père. Elles restèrent ainsi toutes deux dans le pays.

Ma nièce Stéphanie.

Je voyais, à mon tour, arriver avec bonheur le moment de l'union si désirée de ma fille avec son cousin Vincent.

Mais les grandes joies sont presque toujours ici-bas payées par de grandes douleurs, et Dieu allait me demander le sacri-

fice le plus cruel pour le cœur d'une mère. J'allais connaître le déchirement, non encore éprouvé, de la perte d'un
de mes enfants, et de l'enfant, j'ose le dire, le plus accompli,
le plus propre à faire l'orgueil et la joie de ses parents. Mon
troisième fils, Alphonse, âgé alors de seize à dix-sept ans,
ne nous avait jamais donné, depuis sa plus tendre enfance,
un seul moment de chagrin ; beau, aimable, plein à la fois
d'intelligence et de cœur, avec tout l'entrain et la vivacité de
la jeunesse ; toujours le premier dans ses études au collège,
et remplissant la maison pendant les vacances de sa gaîté
expansive ; sincèrement pieux, il était apprécié et aimé des
Pères Jésuites dont il était l'élève et qui en ont conservé un
tendre souvenir. Tous ceux qui le voyaient nous félicitaient
d'avoir un fils d'une si grande espérance ; hélas ! Dieu
l'avait choisi pour le tirer du milieu de ce monde !

Un accident fatal, une pierre de maçonnerie qui lui
tomba sur le pied et le tint au lit pendant deux mois, commença à affaiblir sa santé, au moment de sa plus grande
croissance, où il aurait eu besoin de toutes ses forces. Il fut
languissant pendant un an et semblait enfin avoir pris le dessus ; les parties de plaisir des vacances avaient recommencé et
nous nous croyions en sécurité, lorsque, souvenir affreux !
à la suite d'une indisposition qui avait paru peu de chose, le
coup de foudre tomba sur nous, la méningite se déclara par
la privation de la parole et du mouvement, et huit jours
après il n'existait plus !

Je n'essaierai pas de décrire ces moments, le souvenir seul
m'en est trop cruel ! Je ne peindrai pas la douleur de
son père, celle de tous mes enfants, si unis entre eux. Mon
fils Henri, surtout, le compagnon inséparable de son frère
depuis toute leur enfance, éprouva de sa perte un chagrin
si profond, qu'il en fut malade au point de nous donner des
inquiétudes, et souffrit longtemps, au collége, d'une maladie
nerveuse que le temps seul parvint à dissiper.

C'était en octobre 1873 ; les douleurs publiques se mêlè-
rent pour nous aux douleurs particulières, par l'échec de la
restauration monarchique, qui, en ruinant toutes nos espé-

rances pour la patrie, acheva de nous accabler. Mon cœur, si cruellement déchiré, s'affligeait de ne pouvoir prendre part à la joie du retour d'Henri V, qui avait été le vœu de toute ma vie. Hélas! il retrouva des sensations pour prendre part au dénouement fatal, qui, par une intrigue criminelle, éloigna à jamais ce retour libérateur.

CHAPITRE X

Après tant d'affliction, la conclusion du mariage de ma fille avec son cousin Vincent d'Indy, mariage qui avait été retardé par diverses circonstances, vint enfin nous apporter un rayon de bonheur. Il fut convenu qu'il aurait lieu à Chabret, à l'époque des vacances, afin que tous ses frères pussent y assister, le plus jeune, Ernest, étant encore au collège des Jésuites à Avignon, et Henri, devenu, hélas ! le troisième, par la mort de notre cher Alphonse, venant d'entrer à Saint-Cyr.

Mon second fils, Roger, dégoûté du service militaire, et dont l'ardeur pour les voyages lointains s'était un peu amortie à la suite d'un séjour de trois ans au Japon et en Cochinchine, était revenu prendre sa place au foyer de famille, et Edmond, ayant pu obtenir un congé, tous nos enfants se trouvaient réunis pour célébrer les noces de leur sœur. La bénédiction nuptiale fut donnée au jeune couple dans la chapelle de Chabret.

Ils partirent aussitôt pour la Normandie, où Mme de Chabrol, grand'mère de mon gendre, attaquée de la maladie qui devait la conduire au tombeau, voulait connaître avant de mourir sa nouvelle petite-fille. Ils prirent part à un pèlerinage que la famille entière fit à Lourdes pour demander la santé de cette bonne mère, firent de là une excursion en Espagne, mais ne tardèrent pas à retourner auprès de leur vénérable aïeule, dont l'état s'aggravait toujours et qui mourut peu après, avec la consolation de voir, en mourant, tous ses enfants rassemblés autour d'elle.

Ma petite-fille Berthe.

Il avait été convenu, comme je l'ai dit, que le jeune ménage passerait les hivers à Paris et viendrait pendant l'été se réunir à nous à Chabret. Pendant le premier hiver, ma fille ayant un peu de peine à s'habituer à l'éloignement de son pays et de sa famille et à la vie de Paris, qui lui était si étrangère, nous fûmes la rejoindre, sa sœur et moi, et nous réjouir ensemble de ses premières espérances de maternité. Au printemps, elle vint avec son mari nous retrouver à Valence, où elle mit au monde une fille, qui fut suivie d'une autre, l'année suivante. Je commençais à m'inquiéter de cette fécondité féminine, dans le désir que j'avais de voir renaître le nom de mon père. Enfin, Dieu exauça nos vœux en lui accordant un fils, qui naquit à Chabret même,

Ma petite-fille Marguerite.

le 30 juin 1879. Ces trois chers enfants, Berthe, Marguerite et Jean, grandissent auprès de nous dans le pays de leurs pères, qu'ils aimeront, je l'espère, comme eux.

Mon petit-fils Jean.

Mon gendre Vincent s'était adonné tout entier à son goût pour la composition musicale. Il a fait plusieurs œuvres qui ont été exécutées avec succès ; il y joint un talent de pianiste qui ne le cède en rien à celui de compositeur, et qui fait le charme de ceux qui ont le plaisir de l'entendre. Ces dispositions musicales lui donnent une sympathie de plus avec mon fils Edmond, très bon musicien aussi, et auquel il n'a manqué qu'un peu de temps pour acquérir à son tour un talent remarquable. En voyant tant de musiciens dans la famille, mon mari, faisant allusion à mon peu d'aptitude pour cet art, disait, en riant, que je me trouvais dans la situation d'une poule qui a couvé des canards. Vincent avait eu de qui tenir, au contraire, du côté de sa grand'mère, ma tante d'Indy, et de son oncle Wilfrid, très bons musiciens tous les deux, et sa grand'-mère n'avait rien négligé pour cultiver et entretenir ses dispositions. Il a adopté avec enthousiasme l'école de Wagner, sur

La leçon de piano.
Vincent et Marguerite.

laquelle il y a beaucoup de controverses, qui me rappellent celles de ma jeunesse sur les classiques et les romantiques ; mais mon ignorance musicale m'empêche d'avoir une opinion comme dans les questions littéraires. En assistant à ces discussions animées, j'eusse été presque tentée, si la

crainte du ridicule ne m'eût retenue, de prendre parti pour
ceux dont les raisons me paraissaient les meilleures, ce qui
me faisait comprendre les Gluckistes et les Piccinistes du
dernier siècle, se passionnant pour ces questions, sans savoir
un mot de musique.

Musique.

Après sa seconde couche, ma fille donna à sa sœur la
grande joie de l'emmener avec elle en Italie, où elle allait
faire un voyage avec son mari et sa jeune belle-sœur Agnès
d'Indy, fille cadette d'un second mariage de mon cousin
Antonin avec Mlle de Glos. Cette dernière mourut, malheureusement, peu d'années après, laissant à mon pauvre cousin, deux fois veuf, trois enfants, un fils et deux filles.
L'aînée des filles, Marie, avait épousé le comte de Sieyès,
fils et neveu de nos amis de Valence. La seconde, Agnès,
épousa, plus tard, M. de Pommereau, officier de marine,
mais à cette époque, elle n'était pas encore mariée et fut la
compagne de ma fille Emilie dans ce voyage d'Italie avec
Isabelle et Vincent.

Elles me rapportèrent tant d'enthousiasme sur les merveilles de Rome et les choses intéressantes qu'elles avaient
vues dans tous les endroits qu'elles avaient visités, qu'elles
rallumèrent en moi avec plus de force le désir que j'avais
toujours eu de faire ce beau voyage, et mon fils Edmond me
promit qu'à son premier congé nous le ferions ensemble.
En effet, l'année suivante, ayant obtenu deux mois, il me
proposa d'exécuter notre projet. Nous partîmes avec une de
nos parentes, Mlle de Pina, qui se joignit à nous, mais

comme elle était d'une santé délicate, elle ne put prendre part à toutes nos excursions, car j'étais encore alerte à cette époque, et me disant que je ne ferais certainement pas ce voyage deux fois, je ne voulais rien négliger d'intéressant. Nous fûmes d'abord à Nice et à Gênes par le chemin de fer si curieux de la Corniche. De Marseille à Nice, je revis avec bonheur ces bords de la Méditerranée, que je ne me lasserais jamais de contempler. Nous admirâmes les beaux sites de Cannes, de Nice, et celui de Monaco et de Monte-Carlo, où nous voulûmes risquer notre pièce de vingt francs, qui fut, du reste, bientôt perdue ; nous avions, heureusement, compté cet incident dans les profits et pertes.

Nous allâmes coucher à Gênes, où nous passâmes la journée du lendemain à admirer les églises, les palais, les beaux tableaux qui annoncent déjà la patrie des arts. Nous vénérâmes le corps de sainte Catherine de Gênes, conservé entier comme celui de sainte Catherine de Bologne, que nous vîmes plus tard dans cette dernière ville. Le reliquaire qui contient le chef de saint Jean-Baptiste, rapporté de Terre-Sainte, est renfermé dans une chapelle où les femmes ne peuvent entrer, en punition de ce qu'une femme fut l'auteur de sa mort. Le lendemain, nous fûmes coucher à Pise, dont nous visitâmes les trois merveilles, la cathédrale, la tour penchée et le Campo Santo, orné de fresques d'Orcagna, de Giotto et autres peintres d'une époque plus ancienne même que le Pérugin, et bien avant Raphaël et Michel-Ange. On nous montra la place où s'élevait la Tour d'Ugolin, et après avoir passé la matinée à voir tout ce que Pise offrait de curieux, laissant Florence pour le retour, nous reprîmes le chemin du bord de la mer pour arriver enfin à Rome. Rome ! ce nom qui fait battre le cœur et rappelle à la fois tous les plus grands souvenirs de l'histoire et de la religion ! Malheureusement, nous ne devions plus y trouver le grand pontife Pie IX, qui était mort l'année précédente, et que mes filles même n'avaient pu voir, étant arrivées à Rome au moment où il venait de se mettre au lit pour ne plus s'en relever.

Je ne dirai pas l'émotion que j'éprouvai en entrant dans la Ville éternelle, cette patrie des chrétiens, et dont l'histoire, même profane, avait tant enthousiasmé mes jeunes années. J'éprouvais seulement une vive douleur en pensant que j'allais la voir captive aux mains des spoliateurs sacrilèges du Saint-Siège, le Vicaire de Jésus-Christ prisonnier, bien des sanctuaires déserts et profanés, la basilique de Saint-Pierre veuve de ses saintes cérémonies. Combien mon cœur se serrait à cette idée, la première fois que j'aperçus le dôme majestueux s'élever dans les airs, comme pour crier vers Dieu et appeler l'heure de la délivrance !

Nous ne nous arrêtâmes pas d'abord à Rome, le bruit ayant couru qu'il y avait à Naples une éruption du Vésuve, que nous n'aurions pas voulu manquer, et nous nous y rendîmes d'abord pour revenir à Rome ensuite. Le bruit de l'éruption se trouva faux, mais la vue du golfe de Naples et de toutes les merveilles qui l'entourent eut de quoi nous dédommager de ce léger désappointement.

Je ne répèterai point ce que les voyageurs et les poètes ont déjà dit tant de fois, bien mieux que je ne pourrais le faire, sur le charme de ces pays enchantés. Il me suffira de dire que, contrairement à ce qui arrive d'ordinaire, tout ce que j'avais pu me figurer dans mon imagination me parut encore bien au-dessous de la réalité. C'est ce que j'éprouvai, du reste, dans tout mon voyage d'Italie. Je passais de ravissement en ravissement, et je comprenais le proverbe souvent cité : Voir Naples et mourir ! La vue du palais de Capo di monte, celles du château de l'Œuf, de la Chartreuse de Naples, d'où, hélas ! on avait chassé les saints habitants, offrent un spectacle que rien ne peut rendre, si on ne l'a vu soi-même. Le vieux palais de Charles d'Anjou me rappela le château de Tarascon, bâti sur le même modèle par son petit-fils le roi René. Le Musée de Naples, où sont rassemblées toutes les antiquités recueillies à Herculanum et Pompéi, ressuscite à vos yeux la vie intime des anciens Romains. Mais ce qui la rend encore plus présente, et ce qui est plus curieux que je ne saurais le dire, est Pompéi même. Cette

ville, sortie de son tombeau, avec ses maisons, ses temples,
ses rues où se voient encore les ornières tracées par les chars,
ses grandes urnes à demi enfouies dans le sable, les corps
pétrifiés qu'on montre encore de quelques-unes des victimes, produit une impression profonde. On songe à Sodome
et à Gomorrhe, et on se représente avec terreur ce que dut
être cette catastrophe pour les malheureux surpris ainsi au
sein de l'insouciance et du plaisir. Les corps conservés dans
la cendre n'inspirent aucun effroi et ressemblent à des statues
de cendre, comme la femme de Loth devint une statue de
sel (1). La plus touchante est celle d'une mère serrant encore
son enfant dans ses bras.....

Je fus étonnée de la petitesse des maisons, qui n'ont
qu'un étage, et dont les salles basses, ornées de peintures,
ne me paraissent pouvoir contenir que très peu de personnes. Je me demande comment il était possible d'y donner
des festins ; il y a, en général, une cour intérieure entourée
de colonnes dans les maisons riches. C'était peut-être là
qu'on se réunissait.

Cette excursion à Pompéi me parut une des plus intéressantes de mon séjour à Naples. En revenant, nous visitâmes
aussi Herculanum dont on ne peut voir qu'une très petite
partie, la lave qui la recouvre étant très dure, tandis que
Pompéi n'est recouvert que de cendres. Ensuite, deux
villes ont été bâties sur les ruines d'Herculanum, Portici
et Résina, ce qui rend la difficulté encore plus grande.
Outre le peu qui est découvert et qu'on voit de l'extérieur,
on nous fit descendre comme dans un puits, pour voir les
restes de l'ancien théâtre, dont les statues qui l'ornaient ont
été transportées au Musée de Naples, où nous les avions
vues.

Le Vésuve, cette redoutable montagne, dont nous venions
de contempler les ravages, n'attira pas moins notre curio-

-----

(1) Je croyais les corps réellement conservés. Mais il paraît que c'est
seulement l'empreinte qu'on a moulée telle qu'elle était imprimée
dans la cendre.

sité. Nous la voyions le soir comme un phare toujours illuminé d'une flamme qu'on n'apercevait pas le jour, mais qui, la nuit, ressemblait à un feu de Bengale. Nous prîmes une voiture pour monter jusqu'à l'Ermitage, limite du chemin qui peut se faire en voiture. Malheureusement, je n'étais plus assez jeune ni assez leste pour gravir à pied ce qui restait jusqu'au cratère, et le chemin de fer qu'on a fait, dit-on, pour y monter, n'existait pas encore. Je fus donc obligée, à mon grand regret, de renoncer à voir le cratère, les moyens de locomotion étant difficiles et dangereux. Mon fils ne voulut pas me quitter ; il aurait d'ailleurs eu de la peine à monter, le vent poussant la fumée de notre côté. La course jusqu'à l'Ermitage était, néanmoins, très curieuse ; les coulées de lave noire qui descendent le long des pentes de la montagne et s'amoncellent quelquefois les unes sur les autres, donnent l'idée du chaos et des commencements de la création, lorsque la terre était informe et nue, suivant les paroles de la Bible, tandis que dans les intervalles de ces fleuves noirs, on voit des terres riantes et cultivées, ce qui forme un contraste des plus étranges.

Nous ne pouvions négliger de faire une promenade sur cette mer enchantée. Mon fils qui, en sa qualité de marin, connaissait les temps favorables, nous en fit choisir un à souhait pour aller à l'île de Capri, et visiter la grotte d'azur, où l'on ne peut pénétrer lorsque la mer est grosse ; ce jour-là, elle était unie comme une glace Je fus frappée de l'aspect de l'île de Capri, qui s'élève au milieu de la mer comme une muraille de rochers à pic, au milieu desquels on distingue une ouverture basse et étroite. C'est la grotte d'azur, où l'on ne peut entrer que dans une petite barque, au fond de laquelle on est obligé de se coucher ; mais le phénomène unique qu'on y voit, a bien de quoi dédommager de la peine qu'on peut prendre. L'eau de la mer change subitement de couleur, et devient d'un bleu de turquoise, qui semble parsemé de paillettes d'argent ; on peut contempler ce spectacle à loisir, car, une fois entré, la grotte devient spacieuse et assez élevée pour qu'on puisse s'y tenir dans une posture commode. Un plongeur, placé sur une saillie de rocher, fait métier de se jeter à l'eau pour faire jaillir aux yeux des voyageurs les paillettes d'argent que la mer semble renfermer. Je ne lui aurais pas demandé cet exercice désagréable pour lui, mais, dès qu'il voit arriver un bateau, il se précipite à l'eau sans attendre la demande, pour avoir sa rémunération.

Celui-là au moins la gagne, tandis qu'à Naples et aux environs, un des grands désagréments, comme l'a dit Alexandre Dumas, sont les mendiants sans nombre qui vous assiègent et vous empêchent de jouir des beautés du pays. On sait que ce ne sont pas de vrais pauvres, mais des exploiteurs qui sont la plaie des voyageurs et des étrangers, et qui vous dégoûteraient de l'aumône.

En sortant de la grotte, nous nous arrêtâmes un moment à l'auberge de cette île, dont l'aspect sauvage répond bien à l'idée qu'on se fait du séjour de Tibère. Les ruines de son palais sont en haut de l'île, sur le sommet d'un rocher, dont l'ascension me parut trop fatigante pour la tenter. Nous remontâmes dans le bateau à vapeur qui nous ramena à Naples sur cette mer si belle, en face de cette baie délicieuse, dont l'aspect vous jette dans une sorte d'extase. On toucha à Sorrente, patrie du Tasse, où je retrouvai les souvenirs du poète qui avait été un des enthousiasmes de ma jeunesse, et dont je devais encore retrouver les traces à Rome, où est son tombeau, et à Ferrare, où je m'arrêtai exprès pour y voir tout ce qui pouvait le rappeler.

Après ces courses si intéressantes, il ne semblait pas que nous en puissions faire qui le fussent davantage ; et cependant la dernière que nous fîmes au golfe de Baïa, est peut-être celle qui m'a laissé les souvenirs les plus charmants, car dans celle-là tout était réuni, les beautés pittoresques, les curiosités naturelles, et les plus beaux souvenirs de l'histoire et de la poésie.

Mon père, en m'initiant à la littérature, n'avait pas négligé de me faire connaître, par des traductions, les grands poètes grecs et latins, sans lesquels la littérature du grand siècle, qui en est l'imitation, serait plus difficile à comprendre. J'avais donc lu les traductions d'Homère et de Virgile. En ces lieux tout pleins de ce dernier, j'avais porté l'Enéide et nous avions relu avec mon fils le sixième livre, sur le théâtre duquel nous allions nous trouver. Nous visitâmes le tombeau du poète, sur la grotte de Pausilippe, et nous partîmes de là pour Baïa, Pouzzoles, le lac Averne, le cap Misène et tous ces lieux dont le nom réveille tant de souvenirs poétiques. Celui d'un grand crime s'y retrouve aussi, car c'est là que Néron fit assassiner sa mère. C'est au milieu de cette nature si riante, et qui semblerait devoir inspirer des sentiments doux et aimables comme elle, que fut commis cet affreux parricide. Le tombeau d'Agrippine se voit sur un monticule entre Pouzzoles et Baïa. On voit aussi à Pouzzoles un temple romain bien conservé, et on y trouve un souvenir plus intéressant pour les chrétiens, celui de saint Paul, qui débarqua à Pouzzoles, pour aller prêcher l'Evangile à Rome, et prendre possession avec S. Pierre, au nom de Jésus, de la capitale du monde, pour en faire celle du royaume du Christ.

Après nous être arrêtés un moment en cette ville de Pouzzoles, nous visitâmes les phénomènes naturels connus sous le nom de la grotte du Chien et des étuves de Néron. Je ne voulus pas laisser mettre le pauvre chien dans la grotte suffocante. Je me contentai de l'expérience du flambeau qui s'éteint subitement dès qu'il arrive à l'endroit d'où s'élèvent les miasmes méphitiques, et remplit alors la grotte d'une épaisse fumée. Je ne voulus pas non plus faire traverser l'autre grotte remplie d'une atmosphère étouffante, appelée les Etuves de Néron, par un homme qui s'offre pour le faire, moyennant un salaire, et qui arrive de l'autre côté, haletant, trempé de sueur et à demi-asphyxié. Je me serais trop reproché d'infliger pour mon plaisir ces souffrances, non seulement à un homme, mais même à un animal.

Ces phénomènes sont dus au voisinage du volcan de la Solfatare, qui couve sourdement, quoique ne faisant pas éruption. Je montai au cratère, pour me dédommager de n'avoir pas vu celui du Vésuve, et je fus tout étonnée, au lieu d'un trou en entonnoir, comme je me le figurais, de voir une sorte de cirque, large comme une vallée, où l'on peut se promener à l'aise. Sur un des côtés est un enfoncement, d'où sort de la fumée, et la terre sur laquelle on marche est chaude. En plongeant une canne, elle se brûle par le bout, et à une petite profondeur on trouve de l'eau chaude. Ce cratère est une carrière de soufre.

Deux lacs se trouvent à peu de distance, l'un est le lac Lucrino, renommé pour ses truites, et l'autre le célèbre lac Averne, chanté par Virgile. Les forêts de pins qui le bordaient ont disparu, mais ce lieu conserve un aspect sombre et sauvage. Sur les bords, on voit les ruines d'un temple de Pluton, et un peu plus loin, l'antre de la Sibylle, où le poète place l'entrée des enfers. C'est une grotte assez profonde, où nous pénétrâmes accompagnés d'un guide. A une certaine distance est une espèce de réduit orné de peintures, qui était, dit-on, la demeure de la Sibylle ; il sert aujourd'hui de salle de bains, car un cours d'eau coule le long de la grotte (c'est le célèbre fleuve du Styx) et on ne peut pénétrer dans la salle qui est du côté opposé à celui où nous étions, sans traverser cette eau sur les épaules des guides. Je ne voulus pas essayer, car on nous avait raconté que quelquefois, pour se faire donner plus d'argent, lorsqu'ils vous ont déposé sur l'autre bord, ils menacent de vous laisser là, sans moyen de revenir autrement qu'à la nage, si on refuse de se soumettre à leurs exigences. Je ne voulus pas risquer cette éventualité, et nous nous contentâmes de regarder l'antre de la Sibylle de l'autre côté.

Sortis de la caverne, nous continuâmes notre route vers Baïa. On voit tout le long des débris de maisons et de monuments à demi ensevelis, probablement par quelque ancienne éruption de la Solfatare, moins célèbre que celles du Vésuve, mais qui a causé dans ses alentours des ravages analogues.

Nous arrivâmes à un ancien temple de Mercure, où se trouve un effet d'acoustique et de répercussion de la voix très remarquable. Pour vous en faire juger, quelques femmes qui y attendent les voyageurs, vous chantent dans cette enceinte des chansons du pays, et vous remercient de la petite pièce d'argent dont vous les récompensez, en vous souhaitant de *mangiar macaroni :* nous pûmes bientôt réaliser leur souhait à la petite auberge de Baïa, où le dîner nous attendait ; mais malgré l'appétit que la course nous avait fait gagner, et le poisson renommé de ces parages, on oubliait de manger en présence du site ravissant qui s'offrait aux regards. Cette mer toujours plus bleue et plus belle, dans laquelle notre petite auberge semblait se baigner, les charmantes îles d'Ischia et Procida à une petite distance ; devant nous, les ruines et les colonnes d'un temple de Junon, et au bout de la langue de terre où nous nous trouvions, le cap Misène, illustré par Virgile, et choisi aussi par Mme de Staël, pour y placer une scène de son roman de Corrinne, reproduite par le pinceau de Gérard.

Nous revînmes à Naples rassasiés d'admiration, et lorsqu'au bout d'une semaine de séjour, il fallut songer à partir, je ne pouvais m'arracher de ces lieux enchantés. Je pensais à mon bon père, que, bien des années auparavant, je n'avais pu y accompagner, et qui me les aurait fait visiter avec bien plus de plaisir et de fruit encore. Je regrettais aussi la présence de mon mari, que j'y aurais trouvé alors, et qui n'avait pu venir cette fois avec moi. Je devais retrouver leur souvenir à Rome, et la pensée de retourner dans la Ville Eternelle était la seule chose qui me consolât de quitter le ravissant séjour de Naples, où je n'avais pas l'espoir de revenir jamais.

Le long de la route du chemin de fer, entre Naples et Rome, nous pûmes nous arrêter pour voir le beau palais de Caserte, et ses jardins dessinés sur le modèle de ceux de Versailles ; puis l'emplacement et l'amphithéâtre de l'ancienne Capoue. Nous vîmes de loin, sur la montagne, le célèbre monastère du Mont-Cassin, que nous n'avions pas malheureusement assez de temps pour aller visiter. Enfin, nous aperçûmes cette campagne de Rome qui produit une impression aussi solennelle et mélancolique que celle de Naples est riante et gaie ; mais si elle charme moins les re-

gards, elle paraît bien plus grandiose, avec ses belles ruines
disséminées partout, son silence majestueux et ses souvenirs
incomparables, dont aucun bruit de la terre ne vient détourner l'esprit occupé à évoquer les ombres de ses héros et
de ses martyrs... Ici, la plume serait impuissante à décrire
les émotions que j'éprouvai successivement au milieu de ce
monde de merveilles où tout est réuni, où les monuments
de la Rome antique, si grande cependant, s'effacent devant ceux de Rome chrétienne, la nouvelle capitale des
nations, où le miracle de sa fondation et de sa durée immortelle resplendit à vos yeux comme une lumière éclatante. Le
Vatican, siège de Pierre, est établi sur le lieu même des jardins de Néron, où fut enseveli l'Apôtre, et où les Chrétiens,
liés à des poteaux enduits de poix, servaient de flambeaux
aux fêtes nocturnes du tyran ! Qui pourrait dire ce qu'on
éprouve, lorsque sur ce théâtre d'indicibles cruautés, où coula
le sang des premiers témoins du Christ, on voit s'élever la
superbe basilique qui recouvre leur tombeau, et au haut de
laquelle sont gravées en lettres assez grandes pour être vues
de tous, ces paroles qui ne passeront pas : « Tu es Pierre, et
sur cette pierre je bâtirai mon Eglise, et les portes de l'enfer
ne prévaudront point contre elle ». Comme on sent, alors,
que les persécuteurs modernes ne réussiront pas mieux que
les anciens, et que tous leurs efforts seront vains contre cette
pierre inébranlable ! La puissance de Napoléon s'y est brisée, et si ce géant n'a pu parvenir à l'ébranler, les pygmées
qui lui succèdent dans une pareille entreprise n'y seront pas
moins impuissants .. J'éprouvai une impression semblable
en face des deux arcs de triomphe si rapprochés l'un de l'autre, celui de Titus, élevé en mémoire de la ruine de Jérusalem, et celui de Constantin, célébrant sa victoire sur
Maxence et le triomphe de la Croix à laquelle il la devait.
Les beaux vers de Racine, tirés des livres saints, me revenaient à l'esprit ; je redisais devant l'arc de Titus :

> Pleure, Jérusalem, pleure, cité perfide,
> Des prophètes divins malheureuse homicide ;
> De son amour pour toi ton Dieu s'est dépouillé !

Et devant l'arc de Constantin, quelques pas plus loin, à côté du Colysée :

> Quelle Jérusalem nouvelle
> Sort du fond du désert brillante de clartés,
> Et porte sur le front une marque immortelle ?

L'accomplissement des prophéties par la double victoire de l'Église sur le paganisme et la synagogue est ici tellement frappant, qu'on ne peut éviter d'en être saisi et de s'incliner sous le sentiment de la puissance divine.

Les chefs-d'œuvre des arts, inspirés presque tous par la foi, sans qu'on en ait exclu ceux de l'art antique, rassemblés au contraire par la sollicitude éclairée des Papes, achèvent d'attirer l'admiration. Le Musée du Vatican, les loges de Raphaël, la Chapelle Sixtine, où se trouve la célèbre fresque du Jugement dernier de Michel-Ange, et les nombreuses églises et galeries particulières renfermant les œuvres des peintres les plus célèbres, ont de quoi occuper longtemps, non seulement les artistes, mais tous ceux qui ont le sentiment du beau. J'avoue ma prédilection pour Raphaël et le Guide. Je nommerai aussi un peintre moins renommé, Carlo Dolci, dont les Vierges m'ont paru ravissantes. J'oserai dire, quoiqu'il soit audacieux de hasarder une critique sur un des plus grands maîtres, que le Jugement dernier de Michel-Ange ne satisfit pas entièrement le sentiment chrétien que j'aurais voulu y trouver. Le goût païen de la Renaissance s'y fait trop sentir. Le Christ ressemble à un Jupiter tonnant, et le pêle-mêle de nudités dans toutes les positions, quelque habilement qu'elles soient disposées, ne produit pas l'impression de terreur religieuse que devrait inspirer un pareil sujet. On nous fit remarquer le portrait du cardinal qui avait critiqué Michel-Ange, et dont celui-ci, pour se venger, avait mis la figure parmi celles des damnés. Le cardinal étant allé se plaindre au Pape, celui-ci lui répondit : « Que voulez-vous, mon ami ? s'il vous avait mis en purgatoire, je pourrais vous en tirer ; mais en enfer, il n'y a pas moyen ». Il a, en effet, une position et une expression peu flatteuses.

Nous eûmes la bonne fortune de rencontrer pour nous
aider à visiter les monuments de Rome, un Frère de la Doc-
trine chrétienne de la maison française, que le supérieur,
en qui nous retrouvâmes un compatriote de l'Ardèche, nous
donna pour nous accompagner. Ce bon Frère, nommé le
Frère Gémélius, était aussi aimable qu'instruit, et nous
expliquait tout avec une complaisance inépuisable. Nous
fîmes avec lui les courses les plus intéressantes. Il nous
montra près du pont du Tibre, en allant au Transtévère,
les souvenirs du berceau de l'histoire romaine, la pierre qui
est, dit-on. le dernier reste du pont défendu par Horatius
Coclès. l'endroit où Clélie passa le Tibre à la nage, vis-à-vis
le mont Aventin, où se trouvait le camp de Porsenna, et où
Mucius Scévola vint le chercher. Il ne nous laissa passer aucun des lieux célèbres de l'histoire. Il nous montra près du
palais des Césars, dont nous visitâmes les ruines sur le
mont Palatin, l'endroit où furent, dit-on, trouvés Romulus
et Rémus ; l'ancien Temple de Vesta, devenu une église ; le
Forum, où l'on montre la place de la tribune aux harangues
de Cicéron ; le Capitole et la Roche Tarpéienne, laquelle se
trouve maintenant dans un jardin, et n'a plus que la hauteur d'une maison peu élevée. Plus loin, dans la campagne
romaine, le mont Sacré, où se retirait le peuple lors des révoltes excitées par les tribuns. Nous fîmes aussi une promenade sur la voie Appienne, toute bordée de tombeaux
romains où l'on voit des rangées d'urnes qui renfermaient
les cendres. Nous vîmes la place où, dit-on, fut livré le
combat des Horaces et des Curiaces, le tombeau des Scipions
et le bois sacré de la nymphe Egérie. La vue de ces lieux
célèbres me causait des transports d'enthousiasme dont
s'amusait et jouissait le bon Frère.

Les monuments de la Rome antique sont presque tous
dans le même quartier de la ville ; et quelque imposants
qu'ils soient, ils occupent moins de place, sont beaucoup
moins nombreux, et j'ajouterai (bien que, comme on le voit.
je ne sois pas suspecte dans mon amour pour l'antiquité),
bien moins intéressants que ceux qui rappellent les souvenirs

du berceau de l'Église. Il serait trop long d'énumérer tous
ceux-ci, car ils sont innombrables. Les basiliques de Saint-
Jean de Latran, de Sainte-Marie-Majeure sont trop connues
pour avoir besoin d'en parler. Je citerai la prison Mamertine, effrayant cachot souterrain où fut enfermé saint Pierre ;
c'est le même où Jugurtha, roi de Numidie, fut condamné
à mourir de faim ; on y voit la fontaine miraculeuse qui jail-
lit à la prière de l'Apôtre, pour baptiser ses geôliers qui
s'étaient convertis et qui souffrirent le martyre avec lui ;
Saint-Pierre-aux-Liens, où sont conservées ses chaînes, et
où l'on admire le Moïse de Michel-Ange ; Saint-Pierre in
Montorio, où il fut crucifié, et où l'on montre le trou où fut
plantée sa croix, sur une élévation qui domine Rome ;
l'église de Sainte-Marie *in via lata*, qui servit de prison à
saint Paul ; plus loin, dans la campagne, Saint-Paul-hors-
des-murs, magnifique monument, et Saint-Paul-aux-trois-
fontaines, où l'Apôtre fut décapité, et où sa tête, en rebon-
dissant trois fois, fit jaillir trois sources qui existent encore
dans l'église : les églises qui ont été autrefois des maisons
de saints qui y ont souffert le martyre, comme celles de
Sainte-Agnès et de Sainte-Cécile *in Transtevere*. On voit
dans la crypte de Sainte-Cécile la salle de bains où l'on
essaya d'étouffer la sainte, et dans celle de Sainte-Agnès, le
lieu où elle fut mise sur un bûcher dont le feu s'éteignit miraculeusement; Sainte-Praxède et Sainte-Pudentienne, maison du sénateur qui logea saint Pierre, et où l'on vénère la
colonne de la flagellation du Sauveur. Toutes ces églises,
qui ne sont pas des plus magnifiques de Rome, font, néanmoins, une impression des plus profondes ; par dessus tout,
la Scala santa, escalier monté par N.-S. chez Pilate, et
que l'on monte à genoux ; comme on en a mis deux autres
à côté pour faciliter la dévotion des pèlerins, nous nous
trompâmes la première fois, et nous prîmes beaucoup de
peine pour monter à genoux un escalier beaucoup plus dur
que le véritable ; nous fûmes très mortifiés, en arrivant en
haut, de nous apercevoir de notre erreur, la foule des pèlerins qui couvraient entièrement les marches des trois esca-

liers (c'était un vendredi) nous ayant empêchés de distinguer le vrai, que je voulus aller vénérer une seconde fois.

L'église de Sainte-Croix de Jérusalem, où se conservent les plus précieuses reliques de la Passion, rapportées de la Terre-Sainte, est une de celles qui émeut le plus. Je ne voulus pas oublier non plus l'église de ma patronne, sainte Bibiane, vierge romaine ; elle est à l'extrémité de la ville et renferme une belle statue de Bernin ; du reste, je remarquai que presque toutes les plus belles églises de Rome, Sainte-Croix de Jérusalem, dont je viens de parler, Saint-Jean de Latran, Sainte-Marie-Majeure, Saint-Paul-hors-des-murs, sont des endroits presque isolés, et en dehors des quartiers habités ; Saint-Pierre même, comme le Vatican, est dans une situation analogue ; il y a, devant, à la vérité, la plus belle place de Rome, mais derrière ce ne sont que des terrains vagues.

Ainsi que je l'ai dit, on a la douleur de voir plusieurs des sanctuaires les plus vénérables, d'où les saints religieux qui les gardaient ont été chassés ; ainsi, les chambres où moururent saint Louis de Gonzague et saint Stanislas Kostka, au Collége romain et au noviciat des Jésuites, d'où les Pères sont expulsés ; l'église de Sainte-Sabine, appartenant au couvent des Dominicains, maintenant vide, où le Père Lacordaire fit son noviciat ; Sainte-Marie des Anges, qui appartenait aux Chartreux, et où il n'y a plus qu'un pauvre frère resté seul pour montrer et garder le sanctuaire, élevé avec les ruines et les colonnes des Thermes de Dioclétien, qui avaient été bâtis en grande partie par les chrétiens captifs et persécutés, dont le travail a ainsi servi, dans les desseins de Dieu, à lui édifier un de ses plus beaux temples. Dans cette église, se voit une belle statue de saint Bruno, si expressive, qu'un Pape disait en l'admirant : « Sans sa règle, il parlerait ! » Elle est, je crois, l'ouvrage d'un sculpteur français ; Sainte-Marie de la Victoire, où se voit le groupe de Bernin, représentant l'extase de sainte Thérèse, à laquelle on reproche une expression un peu profane, et ressemblant trop à l'amour humain.

Parmi les sanctuaires dépouillés et profanés, on peut bien compter le Colisée, ce monument gigantesque de la Rome antique, consacré par le sang des martyrs, que les Piémontais n'ont pas craint de priver de sa Croix érigée au milieu, ainsi que des stations saintes qui l'entouraient, et de bouleverser cette arène sanctifiée, par des fouilles qui en détruisent la physionomie et la majesté. Nous voulûmes, néanmoins, contempler ce lieu vénérable et ces ruines colossales au clair de lune, dont la lumière pâle et incertaine semblait en augmenter la grandeur et la mélancolie. Nous invoquions nos pères dans la Foi qui, dans ce lieu, la scellèrent si généreusement de leur sang, pour qu'ils obtinssent du Dieu de miséricorde d'abréger ces jours de tribulation et de délivrer, encore une fois, Rome du joug des impies.

Ce sentiment se renouvela dans les Catacombes, que nous visitâmes en compagnie du bon Frère dont j'ai parlé ; à la confusion des protestants, elles renferment dans leurs innombrables réduits et leurs inextricables labyrinthes, les témoignages de la foi des anciens jours, et la montrent semblable en tout à celle de l'Eglise catholique. On ne peut se faire une idée de l'immensité de ces retraites souterraines, d'où cette Eglise est sortie pour régner sur le monde. Je frémissais à la pensée de ce qui pourrait nous arriver si un guide venait à s'égarer ou une lumière à s'éteindre. Les vers de Delille sur le jeune peintre qui faillit y périr, me revenaient à l'esprit, mais, heureusement, les précautions étaient trop bien prises pour qu'il nous arrivât rien de pareil. La visite à la basilique de Saint-Pierre occupa plusieurs journées, bien que, hélas ! elle fût veuve de ces magnifiques solennités qui y font accourir le monde entier (1). Mais nous voulûmes faire nos dévotions au tombeau de saint

---

(1) Ces solennités se sont renouvelées cette année, à la confusion des méchants, lors du jubilé du S. Père, où toutes les nations, même non catholiques, se sont unies dans une splendide manifestation, donnant ainsi une preuve de plus de la vitalité divine de l'Eglise et de la Papauté.

Pierre, et admirer dans tous ses détails ce monument, le plus beau que le Seigneur ait parmi les hommes.

Il a été tellement décrit, que je n'essaierai pas de le dépeindre de nouveau ; je dirai seulement, comme je l'ai entendu dire à beaucoup d'autres, que son immensité ne frappe pas tant au premier abord, qu'à mesure qu'on le parcourt; c'est l'effet de la justesse parfaite des proportions.

Les anges qui soutiennent le bénitier, et qui paraissent petits en entrant, sont beaucoup plus grands que nature. Le fond de l'église vous apparaît comme peu éloigné, et on est étonné de la longueur du chemin qu'il faut faire pour y arriver. Au fond, derrière l'autel qui tient le milieu de l'église, est un trône ou trophée surmonté des emblèmes de la papauté. La tiare qui est sur un des côtés paraît, du milieu de l'église, à la hauteur de la main, et lorsqu'on y arrive, on ne peut y atteindre, même en se haussant sur la pointe des pieds ; tout est dans ces proportions. On voit dans le chœur des figures en mosaïque des quatre évangélistes, qui paraissent de loin d'une grandeur ordinaire, et la plume seule de l'un d'eux a deux mètres de haut ; c'est la hauteur également des lettres de l'inscription autour de la coupole : *Tu es Petrus*, etc... qui se lit très bien d'en bas.

Lorsqu'on monte à la première galerie, les anges en mosaïque qui garnissent la voûte, et qui vous semblaient aussi tout petits, sont tellement colossaux, qu'on éprouve un vertige comme s'ils allaient vous écraser. De cette galerie, on nous montra la salle du concile, dont la séparation n'était pas enlevée, et où tenaient huit cents évêques ; elle semble perdue dans un coin de la basilique.

Je me suis étendue sur ces étonnements successifs de la grandeur de tout ce qui vous entoure, parce que c'est une des principales impressions qu'on éprouve à Saint-Pierre. La basilique entière est comme un musée, où tout est impérissable, car les reproductions des tableaux des grands maîtres qui garnissent les murs, sont exécutées en mosaïque, et il n'y a aucune peinture à fresque, afin qu'elle ne puisse se détériorer. Outre les tombeaux de plusieurs papes, parmi lesquels nous vénérâmes avec attendrissement celui de Pie IX, qui n'était pas encore transporté à Saint-Laurent, où il avait choisi sa sépulture, on y voit les tombeaux de la reine Christine de Suède et celui des trois derniers Stuart ; celui-ci m'intéressa particulièrement par la sympathie que m'avaient toujours inspirée ces princes infortunés, sympathie encore exaltée par les romans de Walter Scott et la ressemblance de leur destinée avec celle de nos Bourbons. Victimes de leur foi, ils méritaient de reposer auprès des restes des martyrs, dans le centre de la chrétienté ; mais pour les nôtres, hélas ! qui m'aurait dit alors, où j'étais encore pleine d'espoir, que le dernier devait s'éteindre aussi sur la terre étrangère... ; et ce n'est point la capitale du monde catholique, mais une bourgade ignorée du Tyrol, qui renferme la tombe de trois générations de ces rois qui aimaient à s'appeler les rois très chrétiens.

Je ne pus faire, heureusement, ces réflexions déchirantes, car, si le présent était triste, l'avenir, du moins, m'était caché ! Je détourne donc les yeux de ce douloureux sujet, pour revenir aux moments de bonheur qui m'étaient encore donnés.

Nous montâmes jusqu'au toit de Saint-Pierre, où l'on arrive, non par un escalier, mais par une pente douce et facile. Là, je laissai mon fils grimper dans la coupole, ne me trouvant pas assez leste pour tenter cette ascension, et je me bornai à parcourir le toit ; parcourir est le mot, car il y a tant de coupoles, de lanternes et de réduits différents, qu'on croirait être au milieu d'un village. De même la sacristie de la basilique est tout un monde ; je m'y perdis lorsque je voulus aller demander l'heure de la messe, et lorsqu'après notre visite, le bon Frère qui nous accompagnait nous demanda si nous voulions nous rafraîchir, que nous trouverions un restaurant au fond de la sacristie. « Quoi, mon « Frère, » s'écria mon fils, « on trouve donc tout à Saint-« Pierre, non-seulement la nourriture de l'âme, mais celle du « corps ! » Nous en rîmes tous deux, et nous trouvâmes, en effet, du bon café et du bon chocolat tout prêts, dont nous fûmes enchantés de profiter.

A côté de Saint-Pierre, sur une hauteur, se trouvent l'église et le couvent de Saint-Onuphre, où mourut le Tasse, et où Pie IX lui a fait élever un magnifique tombeau. Je ne manquai pas d'aller visiter le monument du poète, objet d'une de mes principales admirations ; je vis avec émotion la chambre où il était mort, le caveau où il a reposé longtemps et le superbe mausolée qui lui a été érigé, orné de belles statues. J'en aimai davantage Pie IX, pour avoir rendu ces honneurs à un illustre poète, à qui la mort n'avait pas permis de les recevoir de son vivant, et qui semblait oublié dans son humble tombe.

Parmi les églises si nombreuses de Rome, une des moindres, mais à laquelle s'attache un touchant souvenir, est celle de Sant Andrea delle Fratte, où fut converti le juif Ratisbonne devant une statue de la Vierge immaculée, qui lui apparut et l'éclaira en un instant. Je m'agenouillai devant cette image miraculeuse avec un profond attendrissement. Je mentionne ce souvenir parmi tant d'autres qu'on trouve à Rome, car il faudrait un volume pour les raconter tous. Nous aurions voulu voir aussi les environs, mais nous eûmes trop peu de temps pour faire des excursions, sauf celle de Saint-Paul-trois-Fontaines, près de l'ancienne porte d'Ostie, lieu très malsain que des Trappistes français se dévouent à assainir, et celle de la villa Pamphili, séjour délicieux, orné des plus beaux ombrages, mais où le danger se cache aussi sous les fleurs, car il paraît qu'on ne peut s'y promener le soir sans être atteint de la fièvre, ce qui est un triste revers.

Nous ne pûmes aller à Tivoli ni au lac de Némi, qu'on nous avait cités comme des lieux charmants, étant malheureusement limités par le congé de mon fils, encore croyions-nous avoir le temps de parcourir le reste de l'Italie, car nous ne nous attendions pas au rappel subit qui me fut, au milieu de ce beau voyage, un si douloureux ennui.

En effet, la veille du jour où nous devions être reçus par le Saint-Père (car vous devez être étonnés que je n'aie pas encore parlé de ce dont on est le plus affamé à Rome, la vue du Vicaire de Jésus-Christ), la veille même du jour où nous devions avoir la faveur d'une audience que nous n'avions pu obtenir dans les premiers temps, les audiences de Léon XIII étant plus rares que celles de Pie IX, tout à coup, le soir, au moment où nous nous entretenions du bonheur que nous aurions le lendemain, nous recevons du préfet maritime de Toulon un ordre de rappel pour mon fils, dont le tour d'embarquement était arrivé avant la fin de son congé, et cet ordre ne souffrait aucun délai.

On juge du désappointement, du chagrin profond que nous éprouvâmes ; voir le Saint-Père sans mon fils me faisait perdre toute la joie de ce moment tant désiré, et pour lui aussi, quelle privation ! Il fallut, néanmoins, s'y résigner ; ce fut les larmes dans les yeux, après l'avoir accompagné à la gare, que je me rendis au Vatican, avec notre cousine et compagne de voyage, Mlle de Pina.

Malgré mon chagrin, je ressentis une profonde émotion en entrant dans ce palais vénérable, devenu la prison du successeur de S. Pierre, et surtout en voyant cet auguste vieillard, représentant de la plus sainte et de la plus haute des autorités, s'avancer vers la foule agenouillée de ceux qui partageaient avec nous cette faveur, avec cet air de bonté paternelle qui fait sentir qu'on est en présence d'un père encore plus que d'un roi. En effet, on reconnaît bien le père de la grande famille humaine, car, dans l'assemblée réunie autour de lui, il y avait des gens de toutes les nations, et on entendait réclamer, dans toutes les langues, des bénédictions et des grâces du Vicaire de Jésus-Christ. Ce sentiment de confiance filiale qu'on éprouve en sa présence, me donna la hardiesse de lui parler de mon chagrin du départ subit de mon fils, qui me privait de le lui présenter ; il voulut bien me consoler par de douces paroles, et me charger d'envoyer à mon fils sa bénédiction, puisqu'il n'avait pu la recevoir avec moi. Combien je fus touchée de cette bonté affectueuse, et quel baume elle fit descendre dans mon cœur ! Cette bénédiction précieuse, que mon fils avait eu l'intention de venir chercher, dut le préserver, par anticipation, d'un danger terrible. Un petit navire, l'*Arrogante*, sur lequel il avait été embarqué, et qu'il venait de quitter lors de notre départ pour l'Italie, fit naufrage à cette époque dans la rade d'Hyères, et tout l'équipage périt. Mon fils apprit cette catastrophe pendant son voyage pour retourner à Toulon, et put remercier la Providence de l'avoir préservé.

Cependant, son absence m'avait fait perdre tout le goût

Mon fils Ernest.

et le charme de mon séjour ; la privation de sa compagnie pendant mes courses renouvelait à chaque instant mes regrets, et, au bout de quelques jours, ayant vu à peu près ce qu'il y avait de plus intéressant à Rome (car si on voulait tout voir, il faudrait y rester des mois et des années), je résolus de continuer mon voyage par le beau pèlerinage de Lorette, et d'aller réconforter mon âme dans ce sanctuaire, le plus saint de l'univers, puisqu'il renferme la maison même où le Fils de Dieu passa trente ans de sa vie mortelle. Je laissai à Rome ma cousine de Pina, qui voulait y prolonger son séjour avec une de ses amies qui était venue la rejoindre. Elle voulait aussi aller à Lorette, mais plus tard, et j'ai su à mon retour, qu'y étant allée en effet, elle y était tombée gravement malade et avait failli ne pouvoir revenir. J'écrivis à mon plus jeune fils Ernest, alors âgé de dix-sept ans, qui se trouvait à Nice chez une de ses cousines, où nous l'avions envoyé pour remettre sa santé altérée par la fin de ses études, de venir me retrouver à Florence, pour m'accompagner dans le reste du voyage, ce qui fut pour lui une grande joie.

Je partis seule pour Ancône et Lorette, traversant les Apennins au milieu de sites admirables. Je rencontrai en wagon un consul russe et sa femme, qui furent très aimables, et me voyant seule, eurent toutes sortes d'attentions pour moi. Le consul me parla tout le temps de M. Floquet, et j'acquis la conviction que ce personnage serait toujours essentiellement déplaisant à la Russie, et qu'elle avait pris cette affaire beaucoup plus à cœur qu'on ne se l'imagine en France ; ce qui m'a donné la mesure de l'ineptie de notre gouvernement, qui ne craint pas de prendre dans ses conseils et de pousser aux honneurs un homme dont le seul mérite est d'avoir insulté la nation qui nous serait la plus sympathique et la plus puissante pour nous aider.

J'ai eu, du reste, à me louer de presque tous les voyageurs de nationalité étrangère que j'ai eu l'occasion de rencontrer dans ce voyage.

Je veux en citer un exemple. Dans le trajet de Milan au lac Majeur, nous entrâmes, mon jeune fils et moi, dans un wagon occupé par une seule famille Italienne, la mère et les enfants, jeunes gens et jeunes filles, qui se livraient à la gaîté, et pour qui notre présence fut évidemment un trouble-fête. Néanmoins, ils n'en firent rien paraître de désobligeant ; au contraire, s'apercevant à nos remarques et à nos phrases admiratives, que le pays était nouveau pour nous et attirait notre intérêt, ils eurent la bonté de nous céder les meilleures places pour que nous pussions mieux voir, et la mère, qui parlait très bien le français, eut la complaisance de nous désigner les principaux sites et de nous nommer les belles montagnes qu'on voyait à l'horizon. Je n'ai jamais su le nom de cette aimable famille, mais je lui ai gardé un souvenir reconnaissant, et j'aurais été fâchée de ne pas la mentionner.

Je reviens à mon pèlerinage de Lorette. Qui pourrait décrire l'émotion qu'on éprouve en entrant dans cette vénérable basilique, en apercevant au milieu, sous la coupole, le petit bâtiment carré, recouvert de marbres précieux, de bas-reliefs des plus grands-maîtres et qu'on vous dit ces simples paroles : « Ecco la Santa Casa : Voilà la Sainte Maison » ?

Qui pourrait dire la tendresse craintive qui envahit l'âme lorsqu'on pénètre dans l'intérieur de ce sanctuaire, éclairé par une quantité de lampes, où vécut le Fils de Dieu, et dont les murs de brique grossière sont restés les mêmes ? Avec quelle ardeur on les couvre de ses baisers, ces murs, lorsqu'on voit la simple cheminée, ressemblant aux nôtres, où la Mère du Sauveur préparait ses pauvres repas, l'armoire où elle tenait ses modestes ustensiles et où se trouve encore une écuelle qui servait à la Sainte Famille, écuelle que j'ai pu tenir dans mes mains ; lorsqu'on regarde par l'unique petite fenêtre grillée, qu'on appelle la fenêtre de l'Annonciation, et près de laquelle, dit-on, se tenait l'ange, quand il vint saluer la Vierge pleine de grâce ! On n'a rien à envier à la Terre-Sainte, car les lieux qu'on y vénère, quelque saints qu'ils soient, ne peuvent l'être plus que la demeure bénie où la plus auguste de toutes les familles daigna faire sa résidence ! Elle est un gage de miséricorde pour l'Europe, et tant qu'elle y séjournera, tant que les anges qui l'y ont apportée ne l'enlèveront pas, je croirai que la domination des impies en Italie ne sera pas de longue durée, et que Dieu ne détournera pas ses regards des peuples d'Europe, quelque infidèles qu'ils soient devenus.

La basilique qui renferme ce sanctuaire trois fois béni est immense et magnifique. Ses portes en bronze sculptées peuvent le disputer à celles de Florence ; du péristyle, on jouit d'une admirable vue sur la mer Adriatique, et l'on aperçoit à peu de distance le champ de bataille de Castelfidardo, souvenir immortel du crime des Piémontais et de la vaillance des quelques braves, la plupart Français, qui, sous Lamoricière et Pimodan, tombèrent, dans une lutte inégale, martyrs de leur fidélité au Pape et à l'Eglise. Puisse leur sang obtenir grâce pour notre patrie, et pour la connivence que le coupable gouvernement de l'Empire lui fit prêter malgré elle à cette iniquité !

En revenant de Lorette, je m'arrêtai à Assise, pour vénérer le tombeau de saint François, dans une église dont l'antiquité inspire le respect et qui est décorée de peintures de Giotto et d'autres peintres célèbres de la même époque. Je visitai aussi la châsse de sainte Claire, et, plus bas, l'église de la Portioncule (ou N.-D. des Anges), où le saint reçut tant de faveurs de la Reine des cieux. Cette église est près de la gare du chemin de fer, et à une certaine distance de la ville, car j'ai remarqué que ces petites villes d'Italie sont toutes situées sur des hauteurs (1) et il faut toujours faire un trajet depuis la station, pour y parvenir. Derrière Assise, on montre la montagne d'Alverne, où saint François allait prier et où il reçut les stigmates.

Tout émue de ces saints pèlerinages, dont les impressions m'avaient empêchée de sentir autant ma solitude, je repris ma route pour Florence, où je devais rejoindre mon jeune fils ; je trouvai là un des grands souvenirs de l'histoire, auxquels on a vu combien j'étais sensible. Entre Assise et Florence, le chemin de fer longe pendant plus de vingt minutes le fameux lac de Trasimène, où la puissance romaine faillit sombrer sous le génie d'Annibal. Je contemplais ces lieux en les repeuplant des fantômes du passé. Je voyais les deux armées se joignant dans un choc terrible. On juge, à l'inspection des lieux, de l'imprévoyance du consul romain, qui s'était engagé dans un défilé appelé Passignano, au sortir duquel il rencontra l'armée d'Annibal, qu'il croyait plus loin, et qui l'écrasa avant qu'il eût pu ranger ses troupes. Le lac est grand et beau, presque aussi étendu que ceux de l'Italie du Nord.

Enfin, le soir, j'arrivais à Florence, où mon fils m'attendait ; nous y passâmes deux jours, bien remplis par les

---

(1) C'est sans doute à cause des guerres si fréquentes au moyen âge, où chaque petite ville était obligée d'être bâtie comme une forteresse, en situation de se défendre contre les assaillants.

visites à la Cathédrale, la plus grande d'Italie après Saint-Pierre, au Baptistère et à ses fameuses portes, appelées portes du paradis, par admiration pour leurs incomparables sculptures ; à d'autres églises renfermant les tombeaux des grands hommes que Florence a produits, entr'autres celui de Laurent de Médicis, orné des statues de Michel-Ange ; à la maison du Dante, dont on ne peut voir que la porte, l'intérieur étant occupé ; au cimetière de San Miniato, d'où l'on jouit d'une vue ravissante et dont l'église est ornée des faïences de Lucca della Robbia ; enfin, au palais Pitti, où sont réunis des chefs-d'œuvre de peinture et de sculpture au moins égaux à ceux de Rome et la magnifique argenterie sculptée par Benvenuto Cellini.

Je recueillis avec satisfaction, comme à Rome, par bien des propos que j'entendis, des signes que la domination piémontaise était mal vue et détestée par la population, ce qui me donna l'espoir qu'elle ne pourrait prendre racine. A Rome, le roi et la reine de Piémont passent en voiture dans les rues sans être salués par personne, comme mes filles et moi en avons été témoins.

De Florence, notre itinéraire nous conduisait à Venise, en passant par Bologne, Ferrare et Padoue. Je voulus m'arrêter dans chacune de ces villes, afin de voir ce qu'il y avait de remarquable. Le chemin de fer de Florence à Bologne me ravit d'admiration. Il traverse les Apennins au milieu de sites encore plus curieux que ceux de Rome à Ancône. Il est coupé de tunnels, au sortir de chacun desquels on se trouve suspendu sur des gorges effrayantes, mais grandioses et pittoresques au suprême degré. J'avoue qu'en partant pour l'Italie, je comptais aller chercher les grands souvenirs, les monuments superbes, les merveilles des arts, mais je ne croyais pas, excepté à Naples, la nature aussi belle que je l'ai trouvée presque dans tout le parcours de mon voyage. On peut dire que vraiment tout est réuni dans ce pays favorisé du ciel.

A Bologne, nous admirâmes la Sainte-Cécile de Raphaël, le Campo Santo ou cimetière, rempli de belles statues ; je

ferai observer, à ce sujet, que, dans toute l'Italie, les cimetiè-
res comptent parmi les monuments les plus curieux.

Le Campo Santo de Pise est le plus célèbre, mais celui de
Rome, à Saint-Laurent-hors-des-murs, lieu du martyre de
saint Laurent, où repose maintenant Pie IX, celui de San
Miniato de Florence, ceux de Ferrare et de Bologne sont
aussi très remarquables. Celui de Bologne est une ancienne
Chartreuse, dont les longues galeries sont garnies de monuments funèbres. Nous vénérâmes le tombeau de saint
Dominique et l'église de Sainte-Catherine de Bologne, où
le corps de la sainte, conservé intact, quoique noirci, est
assis revêtu de ses vêtements, sur un fauteuil, où il se sou-
tient de lui-même, et on peut lui baiser les pieds, demeurés
entiers. Ce miracle dure depuis plus de trois cents ans, et il
s'est renouvelé sur plusieurs saints d'Italie.

Notre seconde station fut à Ferrare, où je n'aurais eu garde
de passer sans y chercher les souvenirs du Tasse et de
l'Arioste. Nous visitâmes en détail la maison de ce dernier,
qu'on laisse voir mieux que celle du Dante à Florence. Nous
fûmes voir le palais des ducs de Ferrare, où les deux grands
poètes récitaient leurs chants. On nous montra la chambre
de Léonore d'Este, où nous répétions avec Lamartine :

> Et Ferrare aux siècles futurs
> Murmurera toujours le nom d'Eléonore ;
> Heureuse la beauté que le poète adore !
> Heureux le nom qu'il a chanté !

A la bibliothèque de la ville, on montre les manuscrits du
Roland furieux, de la *Jérusalem délivrée* et du *Pastor fido*
de Guarini, écrits de la main même des poètes, ainsi qu'un
recueil de lettres autographes du Tasse. On juge si cette visite
m'intéressa. On montre aussi une espèce de cachot noir
qu'on appelle la prison du Tasse, mais j'ai vu dans bien des
Mémoires que c'était absolument apocryphe, et que, d'après
les récits authentiques de l'époque, il est contre toute vérité,
et même contre toute vraisemblance, que le duc de Ferrare,

ancien protecteur du Tasse, et qui n'avait été forcé de le faire enfermer que par suite de l'égarement de sa raison, l'eût fait jeter dans le cachot réservé aux criminels.

Nous fûmes coucher à Padoue, et le lendemain, avant le départ, nous visitâmes la cathédrale, où se trouve le tombeau de saint Antoine de Padoue, un des saints les plus populaires en Italie. L'église est un très beau monument, qui a sept coupoles ; on peut juger par là de sa grandeur. En Italie, on rencontre à chaque instant des sanctuaires et des reliques à vénérer ; ce n'est pas pour les voyageurs chrétiens un des moindres mérites de ce pays. En fait d'autres curiosités, on voit à Padoue une grande salle, dans laquelle se réunissaient les assemblées municipales ou les États de province au moyen-âge ; on y montre un grand cheval de bois qui a sur le côté une porte et peut contenir dans ses flancs un certain nombre d'hommes ; là, on vous raconte sérieusement qu'Anténor, fils de Priam, étant venu à Padoue, a fait faire ce cheval sur le modèle du fameux cheval de Troie, légende qui suppose une bonne dose de crédulité chez les auditeurs.

Nous ne nous arrêtâmes pas longtemps à Padoue, impatients que nous étions d'arriver à Venise. Enfin, au bout d'environ deux heures de route, pendant lesquelles nous voyons se dessiner à l'horizon les montagnes du Tyrol, nous aperçûmes comme une forêt de tours et de clochers émergeant de la mer ; c'était Venise, dont le premier aspect est d'un effet saisissant. Nous débarquâmes du chemin de fer dans une gondole, qui nous conduisit par le grand canal à notre hôtel. Ce grand canal, tout bordé de ses églises, de ses palais un peu délabrés, mais attestant leur ancienne splendeur, vous fait une impression profonde. On s'y promène en gondole toute la journée pour trois francs, ce qui donne bien le temps de s'arrêter à tous les endroits remarquables. Nous nous fîmes montrer le palais qui avait appartenu au comte de Chambord, celui où était morte sa sœur, Mme la duchesse de Parme, puis les églises et les musées, particulièrement riches à Venise qui a produit une quantité de grands

peintres, entr'autres Paul Véronèse. Il y a une église entièrement décorée par lui, et on admire aussi au palais des
Doges le tableau de l'*Assomption*, du Titien, autre peintre
vénitien, dont un des beaux tableaux a été détruit dans l'incendie d'une église. On conserve dans un musée les cartons
des deux grandes fresques de Raphaël, l'*Ecole d'Athènes*
et la *Dispute du Saint-Sacrement*.

Nous vîmes l'arsenal où l'on montre l'armure de Henri IV,
qu'il avait envoyée en présent à la république de Venise,
les drapeaux pris à la bataille de Lépante, et les restes du
vaisseau le *Bucentaure*, détruit par les soldats de Bonaparte,
et sur lequel le doge embarquait pour aller épouser la mer.

Après le grand canal, toute la ville de Venise offre un cachet qui ne se retrouve nulle part ailleurs. Les petites rues
intérieures, dont aucune voiture ne trouble jamais le calme,
le fameux pont des Soupirs, dans un passage sombre qui
allait de la prison au lieu des exécutions. A ce propos, on a
beaucoup déclamé contre la barbarie des gouvernements
d'alors; mais il faut considérer que les prisons, à cette époque, étaient construites dans les sous-sols, comme en témoignent celles qui se trouvent dans tous les lieux qu'on visite,
et qu'il n'y avait aucun raffinement de cruauté à suivre la
coutume générale; ces affreux cachots souterrains des tyrans
du moyen-âge, dont on parle tant, n'étaient autre que les prisons ordinaires de l'époque, qui se trouvaient bâties habituellement en dessous des palais où l'on rendait la justice,
et on les trouve bien doux si on les compare à la prison
Mamertine où fut enfermé saint Pierre, sous la civilisation
romaine. Qu'elles fussent moins confortables que celles
d'à-présent, c'est certain, mais on n'avait pas alors, comme
maintenant, l'opinion que les criminels doivent être mieux
logés que beaucoup d'honnêtes gens, et quant à les faire
passer immédiatement de la prison à l'échafaud, ce à quoi
servait le pont des Soupirs, je ne sais s'il n'y avait pas plus
d'humanité à leur éviter ainsi les regards d'une foule
curieuse. Au reste, on a vu à l'œuvre, en 1793, ces grands
déclamateurs humanitaires, et les pauvres innocents livrés

entre leurs mains auraient pu envier le sort des criminels du moyen-âge.

Le pont du Rialto, tout garni de boutiques, est aussi un souvenir des temps anciens ; la place Saint-Marc, le palais des Doges et la Cathédrale avec leur architecture mauresque, vous transportent en plein Orient. Ces deux derniers monuments m'ont paru des plus curieux que j'ai vus en Italie, et cette Cathédrale, toute pavée en mosaïque, avec ses ornements et ses peintures byzantines, est, avec celle de Milan, l'église qui m'a le plus frappée après Saint-Pierre de Rome. Le palais des Doges, avec ses grands souvenirs, m'intéressa vivement. Mon fils, calculant mes vieilles jambes d'après les siennes, voulut absolument me faire monter au clocher, qui, comme partout à peu près en Italie, est séparé de l'église. Heureusement, comme à Saint-Pierre, la montée est douce, et je n'eus pas à me repentir en arrivant en haut, d'où l'on contemple toute l'étendue de Venise, au milieu de ses lagunes, avec ses constructions étranges, ce qui produit un coup d'œil vraiment unique.

Nous fîmes aussi la promenade du Lido, charmante plage à peu de distance de Venise. Nous aurions voulu visiter une île voisine, où se trouve un couvent de Mékhitaristes, moines arméniens, mais nous étions obligés de nous limiter, étant presque au bout de notre temps. Nous voulûmes, néanmoins, aller voir avant de partir une manufacture de ces glaces et de ces cristaux de Venise si légers et si élégants, et j'achetai comme souvenir un lustre pour mon salon de Valence.

Je me suis un peu étendue sur notre séjour à Venise, l'impression nous en étant restée comme une des plus agréables de notre voyage, à mon fils et à moi. et je regrettais vivement que mon fils aîné n'eût pu la partager avec nous. Au bout de quelques jours cependant, il fallut reprendre notre route, et nous partîmes pour Milan, en passant par Vérone, où je voulus m'arrêter pour voir un amphithéâtre romain assez remarquable. On nous montra aussi, dans la rue appelée encore la rue Capelletti (ou Capulet) la maison que la tradition dit être celle de Juliette, et le balcon où elle s'entretenait avec Roméo.

Les plaines de la Lombardie, où nous entrâmes, ne sont pas ce qui m'a paru le plus beau en Italie; quelque riches qu'elles soient, leur aspect est bien moins pittoresque que ce que nous avions vu jusque-là. Néanmoins, c'est le coin de terre qui a peut-être été le plus disputé, et où s'est livré le plus de batailles. En allant admirer la Chartreuse de Pavie, monument magnifique, vide, hélas! comme celle de Naples, par suite de la même persécution, nous nous trouvions sur le lieu même de la bataille de Pavie. Plus loin, sur la route de Milan, dont nous nous étions un peu détournés, sont les théâtres des combats du premier Napoléon. Enfin, nous passâmes sur le champ de bataille de Magenta, indiqué par un monument funèbre, et nous longeâmes le lac de Garde, bordé de montagnes derrière lesquelles fut donnée celle de Solférino. Nous arrivâmes à Milan au milieu de ces souvenirs des gloires de la France, gloires fatales, acquises au service d'une mauvaise cause, et qui ont valu à elle et à l'Italie tant de crimes et de malheurs !

Milan est une superbe ville. Ce qui frappe au premier abord est la cathédrale, monument admirable de l'art gothique, et la seule de ce genre en Italie. Mon fils voulut encore me faire monter au clocher, d'où nous pûmes voir de près cette forêt de flèches et de statues, découpées comme des dentelles de pierre. Nous jouîmes aussi d'une vue des plus grandioses sur les pics des Alpes, qui se dessinaient à l'horizon, rompant la monotonie de la vaste plaine qui s'étendait à nos pieds.

Nous eûmes l'occasion d'autant plus belle pour visiter les principales églises, que nous nous trouvâmes à Milan le Jeudi-Saint, et nous fûmes adorer le Saint-Sacrement dans les reposoirs, en forme de tombeaux comme à Paris, mais plus ornés, et représentant le sépulcre du Sauveur éclairé par une lumière cachée derrière, qui semble émaner du tombeau même ou venir du ciel ; dans plusieurs, on y ajoute des figures qui représentent les apôtres et les saintes femmes.

Le tombeau de saint Charles Borromée est dans la cathédrale ; plusieurs autres églises sont très belles et renferment des reliques précieuses.

. Parmi les chefs-d'œuvre de peinture qu'on admire à Milan, sont un Christ de Pérugin, le mariage de la Vierge, de Raphaël, et surtout la célèbre fresque de la Cène de Léonard de Vinci, bien que très dégradée par les soldats de Bonaparte lors de sa campagne d'Italie, où, au milieu de glorieux exploits, se commirent malheureusement tant de déprédations ! Le couvent où se trouvait cette belle fresque fut transformé en magasin à fourrage, et les soldats s'exerçaient pour se divertir à lancer des projectiles contre le tableau ; on ne sait comment il en reste encore quelque chose ; par une heureuse chance, c'est surtout le bas des jambes qui est abîmé et les têtes sont assez bien conservées. Rien ne peut donner l'idée de celle du Christ, et les gravures qu'on en voit ne la rendent pas à beaucoup près. Je fus heureuse de pouvoir contempler ce chef-d'œuvre.

Un des monuments remarquables de Milan est le théâtre de la Scala, un des plus vastes de l'Europe. Nous ne pûmes juger de l'effet qu'il peut produire lorsqu'il est brillamment éclairé et rempli d'une foule élégante. Nous nous fîmes, néanmoins, montrer l'intérieur pour voir les dimensions et les loges, spacieuses et ornées comme des salons, et qui appartiennent pour la plupart à des familles particulières.

Nous ne voulûmes pas quitter Milan sans aller voir au moins un des beaux lacs qui se trouvent dans les environs. Ne pouvant les voir tous, nous nous décidâmes pour le lac Majeur, et nous nous rendîmes à Arona, d'où part le bateau à vapeur qui fait le tour du lac. Cette excursion me parut ravissante. Nous vîmes, en passant, la statue colossale de saint Charles, près d'Arona, et sur le lac les gracieuses îles Borromées ; l'Isola Bella, avec son palais et ses jardins en terrasse, me plut moins, toutefois, que l'Isola Madre, couverte de bois, et qui semble une vaste forêt, où l'art se montre moins et où la nature est plus belle.

L'aspect du lac, bordé de jolis villages, et entouré de montagnes derrière lesquelles se montrent les plus hauts pics des Alpes, est admirable. Ces monts couverts de neige forment un contraste saisissant avec la végétation méridionale qui s'étale le long des bords du lac.

Nous regrettâmes de n'avoir pu aller jusqu'au lac de Côme, qui n'est pas moins beau, paraît-il, mais il faut savoir se borner, et nous revînmes à Milan charmés de notre course. Nous en partîmes le lendemain pour Turin, où j'éprouvai une joie de cœur qui valait toutes celles de mon voyage, en retrouvant une de mes chères cousines, Charlotte d'Agoult, veuve du général comte de Faverges, et qui était fixée à Turin avec ses filles, après une vie remplie de grandes épreuves noblement et courageusement supportées. Il y avait bien des années que nous ne nous étions vues, et elle me reçut avec une affection qui répondait à la mienne. Je restai deux jours près d'elle, pendant lesquels elle voulut me faire les honneurs de Turin. Elle me conduisit successivement aux églises, au palais, à l'arsenal, qui est des plus remarquables, et où se trouvent des armes et des boucliers sculptés excessivement curieux, puis au musée, qui est riche en tableaux de grands maîtres, surtout de Van Dyck, dont il y a plusieurs portraits admirables.

Sans ma cousine, Turin m'eût inspiré un sentiment de répulsion, comme siège de la puissance malfaisante qui en est sortie pour devenir le fléau du Pape et de l'Eglise. Si cette ville de Turin a eu l'aveuglement de s'en glorifier, elle n'a pas dû tarder à s'apercevoir qu'elle y avait grandement perdu, non moins que les autres villes d'Italie, en tombant de l'état de capitale à celui de ville de second et troisième ordre.

Nous voulions aller visiter l'église de la Superga, à quelque distance de Turin, le Saint-Denis des princes de Savoie qu'ils ont déserté pour le Panthéon romain, qui se changera probablement pour eux en Gémonies, lorsque

le jour de la justice sera venu. Le mauvais temps nous empêcha de faire cette course. J'aurais bien voulu voir aussi la
relique précieuse du Saint-Suaire, qui est dans une église de
Turin ; mais malheureusement on ne la montre qu'à certains jours de grande cérémonie.

Je me séparai à regret de ma chère cousine, ne sachant
quand je pourrais la revoir, et le cœur serré de la quitter, je
pris le chemin du Mont-Cenis pour rentrer en France.

Je retrouvai par ce chemin de fer du Mont-Cenis les mêmes merveilles que dans celui de Florence à Bologne, avec
des aspects encore plus grandioses, les Alpes étant des montagnes plus hautes et plus majestueuses que les Apennins. A
mesure que nous nous élevions, le froid devenait intense,
bien que ce fût le lundi de Pâques, et à la dernière station
avant le tunnel, la neige tombait en abondance.

La longueur du tunnel produit une certaine impression,
lorsqu'on se sent ainsi enseveli sous la terre, et on retrouve
la lumière avec satisfaction. Au sortir du tunnel. on descend
sur Modane par une pente vertigineuse pour un chemin de
fer, et on n'est pas fâché de se retrouver à Modane relativement plus en plaine, sans compter la satisfaction de fouler
de nouveau le sol de la patrie.

Je m'arrêtai deux heures à Chambéry pour revoir deux
autres de mes cousines. Marie et Elisabeth d'Agoult, sœurs
de Mme de Faverges, et religieuses de la Visitation au couvent de Lémens, près Chambéry.

Je ne visitai pas autrement Chambéry, car je le connaissais déjà par les voyages faits avec mes parents, et d'ailleurs
il pleuvait à verse. Je remontai en wagon pour me rendre à
Grenoble, et de là regagner Valence, où, malgré la satisfaction que j'avais éprouvée de mon voyage, je me retrouvai
avec un bonheur inexprimable dans les bras de mon cher
mari et de ma fille Emilie, qui m'attendaient à la gare ; hélas ! ces douces joies de famille ne devaient pas être longtemps mon partage, et à ce dernier rayon de soleil, les
mauvais jours allaient bientôt succéder !

CHAPITRE XI

Dernières et cruelles épreuves. — Ma sœur perd son mari et son fils René. — Mort de mon beau-frère de Pampelonne et de ma tante d'Andigné. — La santé de mon mari succombe à ces chagrins de famille. — Mariage de mon fils Roger. — Ma fille cadette épouse son cousin de Raousset. — Tristes circonstances dans lesquelles se fait ce mariage. — Son père mourant ne veut pas qu'on le retarde. — Nous le perdons aussitôt après. — Fin de mon bonheur en ce monde.

PENDANT les premières années du mariage de ma fille, le bonheur qui semblait encore nous sourire, avait été bien attristé par les afflictions qui frappaient ma sœur. La santé de son mari, affaiblie par une grave maladie dont il relevait depuis peu de temps à l'époque de la guerre, n'avait pu supporter les émotions terribles du siège de Strasbourg, et il n'avait fait que décliner depuis lors. Son second fils René, enseigne de vaisseau, jeune homme d'une beauté et d'une intelligence qui faisaient l'orgueil de ses parents, avait contracté aussi, pendant un séjour de quatre ans dans les mers de Chine, une maladie engendrée par ces climats funestes aux Européens, et qui pardonnent si rarement. La force de son tempérament y résista pendant quelques années, mais la violence du mal prit le dessus, et le père et le fils se suivirent, hélas, de près ! L'épouse et la mère, en moins de deux à trois ans, eut à pleurer sur un double cercueil ! Son cœur, si cruellement brisé, s'est enfermé dans sa douleur ; elle a quitté son hôtel d'Avignon et vit à Boulbon dans la solitude de la campagne, sans vouloir chercher d'autre distraction que l'administration de ses terres et les intérêts de

ses enfants. Entre les deux événements funestes qui ont
brisé sa vie, elle avait eu un moment de satisfaction par le
mariage de sa fille aînée avec un jeune officier, le comte de
Villeperdrix, d'une famille du Midi habitant le Pont-Saint-
Esprit, par conséquent le voisinage d'Avignon.

Sa dernière fille Gabrielle, jolie et charmante personne,
était destinée par la Providence à devenir la femme de mon

Mon mari.

fils ; mais avant que cet événement s'accomplît, je devais
avoir à mon tour à passer par de cruelles douleurs !

Peu après mon retour, mon mari en éprouva une
des plus sensibles, qui fut bien vive aussi pour moi. Son
frère, qu'il aimait si tendrement, lui fut enlevé en deux
mois, par une maladie de foie, dont les ravages furent si
prompts que ni ses filles ni nous n'avions pu être préparés à
ce cruel malheur ; tous les soins de sa famille réunie ne
purent le conjurer. Mon mari, accouru auprès de son frère,
dans ce manoir paternel de Pampelonne qu'il ne devait,

hélas! plus revoir, ressentit une telle douleur, que sa santé y succomba.

Quinze jours après, une nouvelle perte nous frappa bien inopinément, celle de notre tante, Mme d'Andigné, si excellente pour nous, qui mourut d'une fluxion de poitrine, prise dans un acte de charité, en allant porter des secours à une pauvre femme par un temps très froid. Cette perte mit le comble à notre affliction. Je dis nôtre, car je portais à ces bons parents de mon mari une affection filiale et fraternelle; mais pour lui, son tempérament, que les fatigues de sa carrière maritime avaient rendu moins robuste depuis les dernières années, ne put résister à ces coups répétés. A partir de cette triste époque, je le voyais languir et dépérir, sans vouloir me rendre compte de la terrible vérité; j'espérais toujours que ma tendresse et mes soins le rétabliraient, ou du moins prolongeraient cette vie si chère et si précieuse; hélas! Dieu en avait ordonné autrement, et comme ma sœur, je devais bientôt connaître l'affreux isolement du veuvage!

Une légère attaque nous donna un premier avant-coureur du malheur qui nous menaçait. Pendant quelque temps, néanmoins, le danger parut conjuré, et le rayon d'espoir qui nous revint, permit de conclure le mariage de mon second fils, Roger, qui, ainsi que je l'ai dit, était revenu depuis longtemps de Cochinchine et avait quitté le service, avec Mlle de Murat, fille du comte de Murat de Lestang et petite-fille de notre ancien voisin de campagne, M. de Barjac. Nous nous réjouissions de cette alliance qui fixait mon fils tout près de nous, dans une belle propriété de M. de Murat, aux environs de Valence, où il devait habiter avec ses beaux-parents, et dans une famille avec laquelle la nôtre avait toujours eu de bonnes relations; mais les desseins de Dieu nous sont souvent cachés. Cette union, au sujet de laquelle nous avions conçu tant d'espérances, ne devait être ni heureuse ni de longue durée, et ne laisser aucun rejeton pour me rappeler ce fils chéri, que j'étais destinée à perdre au bout de si peu d'années.

Dieu, en . appelant à Lui son père, épargna du moins à celui-ci cette dernière douleur. Pendant l'été, alors qu'un mieux trompeur nous faisait croire à une pleine convalescence, il y eut encore à Chabret une joyeuse réunion de famille, où se décidèrent les deux mariages de ma fille Emilie avec son cousin Emile de Raousset, et de ma nièce Gabrielle, la plus jeune sœur de celui-ci, avec mon fils aîné Edmond. Ces enfants s'aimaient, et nous croyions pouvoir les unir dans la joie. Hélas! ce devait être au milieu de bien amères tristesses !

Mon gendre Emile.

Avant que ces projets pussent s'exécuter, à notre retour à Valence, les symptômes alarmants reparurent, la santé de mon mari bien-aimé déclina rapidement et bientôt il ne nous fut plus permis de nous faire illusion; hélas! il ne s'en faisait pas lui-même. Malgré sa faiblesse qui augmentait toujours, il ne voulut absolument pas suspendre le mariage de sa fille, qui devait avoir lieu le premier. Le père qui se sentait mourir, voulait bénir au moins un de ses enfants avant de quitter ce monde ! Qu'on juge avec quel déchirement de cœur il fallut faire ces préparatifs de fête auprès

Ma fille Emilie.

du lit d'un mourant, que nous ne voulions pas attrister en refusant d'obéir à sa volonté formelle, et moi-même, je ne

pouvais me persuader que mon malheur fût si proche. Je
voyais trop que ce malade si cher ne pouvait se rétablir,

Ma petite-fille Antoinette.

mais l'idée de retarder le mariage pour attendre sa mort,
était trop horrible pour entrer dans mon esprit, et nous espérions toujours, ma fille et moi, le conserver encore assez

Mon petit fils Gaston.

pour qu'il pût jouir du bonheur de son enfant. Il fallut laisser arriver les présents de noces, ces parures, ces diamants
qui charment ordinairement les yeux des jeunes filles, et
qui devaient bientôt être remplacés par des vêtements de
deuil. O contraste déchirant ! tandis que ces brillantes pa-

rures étaient déposées dans le salon, nous priions, dans la

Ma petite fille Jeanne.

chambre à côté, prosternées et en larmes, auprès d'un lit de douleur !

Nous ne voulûmes du moins aucune apparence de fête

Ma petite fille Marie.

dans les cérémonies du mariage. La célébration s'en fit la nuit et fut précédée d'un repas, où se trouvèrent seulement les membres de la famille les plus intimes. Le jeune couple reçut la bénédiction du père mourant et tous les autres enfants purent la recevoir aussi, Dieu ayant permis que la circonstance du mariage les eût tous rassemblés, pour les mettre à même de recueillir les derniers soupirs de leur père, car, hélas ! il semblait n'avoir attendu que cet événement pour remonter vers le ciel !

Le courage me manque pour parler de ces cruels moments. Si le Seigneur ne m'eût soutenue, mon âme aurait suivi la sienne, et elle l'a suivie, en effet, car depuis que je l'ai perdu, je suis comme un corps sans âme, errant dans le triste désert de ce monde, jusqu'à ce qu'il plaise au ciel de me réunir à ceux que j'ai aimés !

Puissé-je au moins, ainsi que ses enfants, profiter des exemples de sa mort, qui fut celle d'un prédestiné. Dieu a voulu qu'ils en fussent témoins, et j'espère bien qu'ils ne l'oublieront jamais. Avec quelle délicatesse, nous cachant la persuasion où il était de sa fin prochaine, il demanda les sacrements, comme préparation, disait-il, au mariage de sa fille ; et après le mariage, lorsqu'il n'eut plus à craindre de le voir retarder, sentant approcher ses derniers moments, il voulut les recevoir encore, avec quelle piété et quelle ferveur ! Jusqu'à l'heure suprême, sa main mourante cherchait le crucifix pour l'approcher de ses lèvres. Le prêtre et les sœurs qui l'assistaient étaient en admiration d'une mort si sainte ; la fête alors était au ciel, mais quelle douleur sur la terre !

Ses funérailles ressemblèrent à un triomphe ; toutes les classes, toutes les opinions se réunirent autour de son cercueil pour lui rendre un dernier hommage. La ville entière l'accompagna jusqu'au pont du Rhône, car il avait désiré être transporté dans ces chères montagnes de Chabret, où il avait si bien su se faire aimer, et où l'affluence et les larmes de toute la population témoignèrent, comme pour mon père, de l'amour qu'on lui portait. C'est là qu'il repose, et que j'irai reposer près de lui, quand il plaira à Dieu de mettre fin à mon triste pèlerinage ici-bas, et de me rejoindre à lui, comme je l'espère, dans la patrie céleste où l'on ne se sépare plus jamais.

CHAPITRE XII

Mariage de mon fils aîné avec sa cousine de Raousset-Boulbon, et de mon fils Henry avec Mlle de Sainte-Suzanne. — Naissance de leurs enfants. — Je perds mon fils Roger. — Dernier coup, par la mort de notre roi Henri V. — Je perds la plupart de mes amis de Valence. — Voyage à Nice ; tremblement de terre.

Je voulais terminer ici le récit de ma vie, car elle est finie, en réalité, depuis que la moitié de mon âme s'est envolée ; mais il me reste des enfants, c'est pour eux et par eux

Mon petit fils Jean.

que je tiens encore à la terre, et je ne veux pas fermer ces pages sans avoir parlé de ce qui les regarde. de leur établissement et de la nouvelle génération qui s'élève autour d'eux *(sicut novellæ olivarum)*, à qui manquera le sourire et les bénédictions de leur aïeul qui les eût tant chéris !

Combien mon cœur est déchiré en songeant à l'expression douloureuse avec laquelle, se sentant mourir, il me disait, montrant son petit-fils, Jean d'Indy, alors âgé de dix-huit mois : « Il est trop petit ; il ne se souviendra pas de son

Mon fils Edmond.

grand-père ! », et ceux qui sont venus après ne l'auront jamais connu !

Ma belle-fille Gabrielle.

Le mariage de mon fils Edmond avec sa cousine suivit au bout d'un an celui de ma fille Emilie. Les scènes gracieu-

ses dont j'avais été témoin lors du mariage de ma sœur, par
les démonstrations si expansives et si sympathiques des
populations du Midi, se renou-
velèrent à celui de nos enfants.
Les compliments des jeunes filles
de Boulbon, dans leur joli costume arlésien, les promenades
aux flambeaux autour du parc,
me reportèrent à l'époque heureuse de notre vie. Hélas ! ma
sœur aussi était veuve, et celui
qui avait reçu avec elle ces naïfs
hommages, n'était plus là pour
les voir rendre à ses enfants.
Puissent ceux-ci être plus heureux que leurs mères, et couler
ensemble de longs jours !

Mon fils Henry.

Peu de temps après, se conclut, par l'entremise de ma sœur,
l'union de mon troisième fils, Henry, alors sous-lieutenant
dans un régiment d'infanterie, avec Mlle de Sainte-Suzanne,

dont le père, que ma sœur
connaissait, était alors gouverneur de Monaco.

Mon fils, après avoir mené
quelque temps la vie de garnison à Montélimar et à
Briançon, sentait le désir de
fonder une famille, ce dont
je n'avais garde de le détourner.

Ma belle-fille appartenait
à la Bourgogne par sa mère,
qui était d'une ancienne famille parlementaire de Dijon,

Ma belle fille Renée.

et par son père elle n'était pas absolument étrangère à nos
pays, car son bisaïeul, M. de Sainte-Suzanne, avait précédé

mon grand-père comme préfet de l'Ardèche, et j'avais souvent entendu parler à mes parents de Mme de Sainte-

Mon petit fils Roger.

Suzanne qui était, paraît-il, une des plus belles femmes de l'époque.

De nombreux enfants vinrent cimenter ces unions. Ma

Ma petite-fille Marthe.

fille aînée, comme je l'ai dit, a trois enfants ; ma fille Émilie en a quatre, un fils et trois filles ; ma belle-fille et nièce Gabrielle, après une première couche de deux jumeaux, qui malheureusement n'ont pas vécu, a eu trois autres enfants, un fils et deux petites filles. Mon fils Henry a un seul beau petit garçon, la mère ayant été longtemps souffrante après ses couches. Je me trouve ainsi grand'mère de onze petits-enfants, sans compter ceux qui peuvent venir encore.

Ma petite-fille Claire.

Cette chère petite famille, qui se réunit souvent à Chabret, où nous sommes alors nombreux comme aux anciens jours, me rendrait heureuse, si mon cœur n'avait reçu une blessure qui ne peut se fermer. Hélas ! une autre ne devait pas tarder à s'ouvrir, et le calice d'amertume n'était pas épuisé pour moi !

Seul, le mariage de mon fils Roger était demeuré stérile, et son ménage, en outre, ne lui donnait pas le bonheur que nous avions espéré pour lui. Je sentais avec chagrin s'évanouir l'espoir dont je m'étais flattée, de voir dissiper la mélancolie naturelle de son caractère sous la douce influence des joies domestiques. Le contraire arrivait, je m'en affligeais profondément, sans toutefois prévoir le malheur bien plus grand qui me menaçait. Une maladie de foie, dont mon fils avait probablement rapporté le germe de son séjour en Cochinchine, mais dont il n'avait pas éprouvé d'atteinte pendant les années qu'il avait passées près de nous, se développa tout à coup avec une effrayante rapidité,

Mon petit fils Victor.

et avant presque de m'être doutée qu'il était malade, je me vis tout à coup menacée de le perdre.

Une consultation à Lyon confirma trop nos craintes, et nous eûmes à peine le temps de le ramener à Valence, mourir au moins dans la maison paternelle et dans le lit où j'avais reçu le dernier soupir de son père ! C'était à moi, ô mon bien-aimé, d'aller te rejoindre ; pourquoi as-tu voulu rappeler celui qui était encore plein de jeunesse et de vie ? O mon Dieu, j'adore vos desseins, accordez-moi de quitter ce monde dans les mêmes sentiments que ces deux chères âmes, consolées à leur heure suprême par la foi et la piété la plus ardente. Les yeux fixés vers le ciel où elles sont allées m'attendre, j'y puiserai le courage de vivre pour achever d'accomplir ici-bas votre volonté !

J'eus à vaincre ma propre douleur, pour calmer celle de mon fils Edmond, que la perte de son frère chéri, du compagnon de son enfance, jeta dans un véritable désespoir. Obligé de repartir pour Toulon après l'avoir soigné pendant les premiers jours, il n'avait pu assister à ses derniers moments, et sa douleur en était augmentée. Ses frères et sœurs le pleurèrent aussi amèrement, car il était tendrement aimé de tous.

. . . .

Après des pertes si cruelles, il semblait n'y avoir plus de place dans mon cœur pour des chagrins d'un autre genre, et, néanmoins, il lui en était réservé encore un qui acheva de l'accabler, la mort de notre roi bien-aimé, de cet Henri V, qui, depuis ma plus tendre enfance, était l'objet de notre amour et de toutes nos espérances, que j'avais appris à mes enfants à aimer comme moi et que je me flattais de les voir servir un jour ! Tout disparaissait, tout s'effondrait avec lui ; il semblait entendre sortir de son tombeau la parole terrible du Dante : « *Lasciate ogni speranza !* » En effet, ce n'était pas seulement le roi, mais la royauté qui était morte, et la fidélité royaliste, gardée à travers tant de vicissitudes, demeurait désormais sans objet. Rien ne saurait exprimer le vide affreux qui se creusait dans mon âme à cette idée ; c'était la mort, c'était le néant !

A d'autres époques désastreuses, la force du principe monarchique avait sauvé la patrie ; trois fois elle lui avait dû
de se relever, lors des guerres des Anglais, à la fin du règne
des derniers Valois, et après les invasions de 1814 et de
1815. Mais aujourd'hui le principe même périssait ; aucun
successeur ne restait pour le recueillir ; tout en moi se révoltait à l'idée de regarder comme tels ces d'Orléans, doublement déchus par le régicide et l'usurpation. Comment supporter l'idée que mes enfants serviraient ceux que nos parents avaient refusé obstinément de servir, au prix des
situations les plus belles et les mieux acquises par des siècles de fidélité ? Pouvait-on voir en ces princes les représen-
tants d'une hérédité qu'ils avaient reniée eux-mêmes, d'un
droit qu'ils avaient foulé aux pieds ?

La voix de nos derniers rois s'élevait du fond de la tombe,
contre ceux qui les avaient condamnés à mourir en exil ;
entre eux et le trône je voyais aussi se dresser l'ombre sanglante du roi martyr ; et qu'avaient-ils fait pour apaiser cette
ombre vengeresse, ceux qui continuaient à brandir le drapeau qui avait flotté sur son échafaud, ceux qui avaient
poussé l'audace jusqu'à vouloir imposer au roi lui-même
ce symbole de leur criminelle rébellion ? Était-ce parmi eux
qu'il fallait chercher ce fils de saint Louis, ce roi très chrétien, dont la France, et je dirai même l'Europe, ont si grand
besoin ? Le Dieu qu'ils n'osent nommer dans leurs manifes-
tes, choisirait-il, pour rétablir son règne sur les ruines de la
Révolution, cette race qui, suivant l'expression de l'auteur
d'Athalie :

> N'a pour servir sa cause et venger ses injures,
> Ni le cœur assez droit, ni les mains assez pures.

L'histoire d'ailleurs et les lois de la monarchie ne se refu-
sent pas moins que la morale, à leur reconnaître un droit
héréditaire qui appartient aux Bourbons d'Anjou, descendants de Louis XIV et ses héritiers légitimes. Chassés d'Espagne par les intrigues des d'Orléans, ceux-ci ne sauraient

s'appuyer sur le traité d'Utrecht qu'ils ont eux-mêmes violé, et qui, d'ailleurs, n'avait pas le pouvoir de changer la loi fondamentale du royaume. Ils l'ont si bien senti, que, dans un récent manifeste, ils réclament non l'hérédité royale, mais le vote populaire qui en est la négation. Si l'on se fût rattaché à cette antique loi salique, gardienne, durant tant de siècles, de la liberté et de la grandeur de la patrie, peut-être nos malheurs eussent-ils pu se réparer.

Je n'ai pas à juger la conduite des fidèles de Henri V, qui, trompés par les tenants de l'orléanisme, ont cru faire acte d'abnégation en abandonnant leur passé, leur drapeau, leurs traditions, pour aller porter leur hommage aux petits-fils de Philippe-Égalité, lesquels n'ont récompensé leurs avances imprudentes que par le dédain et l'intention hautement avouée de ne jamais abjurer le drapeau ni les principes de la Révolution.

Un peu plus de fermeté dans l'attitude de ces royalistes eût peut-être forcé les autres à compter avec eux ; quoiqu'il en soit, la suite a pu les convaincre que la cause de la monarchie n'a pas gagné de terrain entre les mains des hommes de 1830. La mort de notre roi bien-aimé qu'ils regardaient comme le seul obstacle à leurs convoitises, a-t-elle avancé leurs affaires ? Ils peuvent grouper autour d'eux quelques intérêts, mais le dévouement, où le trouveront-ils ? Ce sentiment sublime et fécond, qui fait seul vivre les causes, cet enthousiasme qui ne s'attache qu'à ce qui est noble et grand, ils ne peuvent pas, ils ne pourront jamais l'inspirer, et là est le secret de leur impuissance ! Qui pourrait maintenant tirer la France de l'abîme où elle est tombée, à moins d'un miracle de la Providence ? Non moins qu'aux temps de Jeanne d'Arc, nous en aurions besoin, mais Dieu voudra-t il le faire en notre faveur ?

Quelques-uns murmurent qu'il existe des petits-enfants de Louis XVI ; que l'orphelin du Temple, échappé à ses bourreaux et caché sous un nom obscur, aurait laissé des fils qui ont réclamé leur nom devant les tribunaux ; quoique leurs prétentions n'aient pas été admises, des écrits nombreux ont été faits sur cette question, dans un sens ou dans l'autre.

J'avais toujours traité ces récits de fables, plusieurs faux dauphins s'étant présentés ; mais en lisant attentivement les preuves données par le seul qui ait eu pour lui les attestations des anciens serviteurs de Louis XVI et dont les enfants ne craignent pas de renouveler le débat au bout d'un siècle, j'ai trouvé que ces preuves n'étaient pas sans valeur pour qui les examine avec impartialité et que les objections qui leur sont opposées, si elles laissent dans le doute, ne les détruisent pas.

Il est arrivé à l'époque de la Révolution tant de bouleversements par toute l'Europe, tant d'événements extraordinaires, que celui-là ne serait pas plus incroyable que tant d'autres ; s'il était possible d'y croire,

> Si du sang de nos rois quelque goutte échappée !

ce serait là vraiment le miracle attendu ; s'il est trop insensé de l'espérer, puisse du moins le Dieu de saint Louis jeter un regard de miséricorde sur la *grande pitié* qui est au royaume de France, le plus beau autrefois après celui du Ciel, et lui donner un chef selon son cœur, un chef qui inaugure par la consécration de la France la grande basilique qui s'élève sur les hauteurs de Montmartre en l'honneur de ce Cœur divin ! La piété des Français l'a élevée, malgré les efforts des impies ; elle est le gage de notre espoir et sera celui de notre salut. Lorsque tout appui humain manque, c'est souvent l'heure de Dieu ; il a montré sa puissance en « frappant les rois et les fils de rois au jour de sa colère », selon l'expression de l'Ecriture, car la plupart des princes de l'Europe ont précédé ou suivi le nôtre dans la tombe et souvent d'une manière tragique. La mort de Napoléon III a suivi de près sa chute du trône ; son fils est allé chercher au fond de l'Afrique une fin sanglante et prématurée ; Victor-Emmanuel a trouvé son tombeau dans cette ville de Rome si criminellement usurpée ; le czar de Russie est tombé sous les coups d'un assassin, et cette famille impériale de Prusse, qui, après avoir été l'instrument de notre châtiment, a persécuté à son tour l'Eglise du Christ, la voilà frappée aussi d'une manière terrible ; le vieil empereur meurt, il est vrai, plein de gloire et de jours, mais il a été témoin, avant de mourir, de la lente agonie où se débat son fils, qui ne tardera pas à aller le rejoindre. Nul ne sait ce qui arrivera de cet empire élevé au prix de tant d'efforts et d'injustes usurpations et si l'Europe ne sera pas de nouveau bouleversée.

Celui qui « conduit au tombeau et qui en rappelle », ainsi que le disent encore les livres saints, choisira peut-être ce moment pour adresser à la France repentante cette parole qu'il adressa jadis à Lazare : « Lève-toi et sors du sépulcre ! » C'est en lui et en sa Mère, à qui notre patrie est aussi consacrée, que je veux espérer contre toute espérance ! Comment n'en pas conserver, en voyant cette France, fille aînée de l'Eglise, associée, malgré ses fautes, aux destinées de sa mère ? Leurs malheurs ont eu la même date ; ne participera-t-elle pas au triomphe dont l'aurore semble se lever ? Ne voyons-nous pas la Papauté, au milieu de ses chaînes, briller d'un plus vif éclat qu'aux jours de sa plus grande splendeur ? Le monde entier, souverains et peuples, Chrétiens et Musulmans, n'est-il pas venu se prosterner aux pieds de l'auguste captif du Vatican, en cette année de son jubilé ! Les Français n'ont pas été les derniers dans ce concert glorieux ; et j'ai été heureuse de voir mon plus jeune fils, le seul qui en fût libre, prendre part à l'un des nombreux pèlerinages qui se sont dirigés vers la Ville éternelle ; il y a obtenu deux audiences du S. Père Léon XIII, et ce souvenir comptera pour lui parmi les plus précieux.

Il me reste peu de chose à ajouter ; ma vie s'écoule autant que possible au milieu de mes enfants, qui, ainsi que je l'ai dit, se réunissent souvent à Chabret comme dans les anciens jours ; mais hélas ! que de vides cruels !

Mon plus jeune fils Ernest, dont je viens de parler, voyant ses frères engagés dans les carrières qui leur laissaient peu de liberté, a renoncé à en prendre une, pour demeurer auprès de moi et me soulager dans les détails d'affaires et d'ad-

Ancienne ferme des Fangs.

ministration de biens, dont je n'avais jamais eu à m'occuper du vivant de mon mari et dont le fardeau était venu aggra-

Vincent.

ver encore mes peines ; que Dieu bénisse ce cher enfant et me permette de l'établir heureusement avant de mourir !

Mon gendre d'Indy et sa femme, ma fille aînée, passent les étés à Chabret, en attendant de s'installer dans la nouvelle habitation qu'ils font bâtir tout auprès et que je vois s'élever avec tant de joie ; nous en avons posé, il y a deux ans, la première pierre au milieu d'une charmante fête, à laquelle ont pris part tous nos voisins et qui a coïncidé avec la bénédiction de la belle église du Sacré-Cœur de Vernoux, où mes petits-enfants figuraient comme parrains de plusieurs cloches ; on les avait parés, et, fiers de leur importance, ils

Isabelle.

avaient été très sages, même les plus petits. Le zèle et l'activité de l'abbé Gondet, vicaire de Vernoux, avaient tout mené, car l'église avait été construite uniquement par souscription des catholiques, le conseil municipal protestant ayant refusé tout secours.

L'abbé Gondet et quelques-uns des ecclésiastiques qui avaient assisté à la cérémonie ont bien voulu venir le lendemain bénir la première pierre de la future habitation de ma fille Isabelle et prendre part à notre satisfaction. Quelques

années après, le R. P. du Lac, de l'amitié duquel nos enfants
d'Indy s'honoraient à juste titre, devait bénir la chapelle et
l'intérieur de la maison. Il passa huit jours auprès d'eux en
cette circonstance, la première année de leur installation, se
rendant à La Louvesc, dans la montagne, station que néces-
sitait sa santé, épuisée momentanément par son séjour en
Angleterre.

Ma fille cadette, Mme de Raousset-Boulbon, passe ordi-

Le R. P. du Lac.

nairement les hivers auprès de moi, à Valence, dont le séjour
me serait devenu bien triste, privée de mon mari bien-
aimé, et ayant perdu, en outre, la plupart des amis qui formaient notre intimité.

M. et Mme de Bouffier, deux des meilleurs, étaient morts
jeunes encore ; la marquise de Sieyes, mon autre bien bonne
amie, était morte aussi avant l'âge, comme ma chère et
sainte cousine Caroline de Sigoyer, dont le frère qui reste,
mon cousin Albert, a quitté Valence ; le vieux marquis de
Sieyes, qui s'était remarié à 70 ans, avec une jeune femme,
sentant la disproportion d'une telle union et le peu de sympathie qu'il trouverait dans la société, qui avait beaucoup
aimé et regretté sa première et excellente femme, vivait re-

tiré dans son château du Valentin, et son salon, jusqu'alors
le plus fréquenté de la ville, restait fermé. La bonne Mlle de
Lavèze était tombée en enfance plusieurs années avant sa
mort ; Mme Anselme, née Dupré de Piermal, une bien ancienne amie de la famille, dont j'ai parlé auparavant, s'était
confinée à la campagne à la suite de la perte d'une fille
chérie ; Valence eût donc été tout à fait vide pour moi, si,
heureusement, ma nièce, Marie d'Indy, sœur de mon
gendre Vincent, et son mari, le jeune Raoul de Sieyes,

Mon cousin Antonin.

n'y fussent restés fixés, et n'y eussent attiré leur mère,
Mme Léo de Sieyes (belle-sœur de la marquise), devenue veuve comme moi, et qui habitait depuis longtemps
Fontainebleau ; c'est une charmante amie, que j'avais déjà
pu apprécier, et la seule qui reste des trois belles-sœurs qui
nous formaient une si aimable société au commencement de
mon mariage. Son retour a été pour moi une douce consolation, et ses filles, Marguerite et Azélie, non moins gracieuses qu'elle, sont les amies des miennes.

Les environs de Valence, très bien habités, comme je l'ai
dit, offrent d'agréables ressources à mes enfants. Pour moi,
j'ai eu encore une vive satisfaction, celle de voir mon cousin Antonin d'Indy, père de mon gendre Vincent et de la

jeune Mme de Sieyes, revenir se fixer à Valence, dans le pays
où il était né, et où une partie de ses enfants sont établis.
J'ai retrouvé ainsi un centre de famille et un adoucissement
au vide affreux qui s'est fait dans mon existence, et qui ne
pourra jamais se combler ! J'en ai ressenti de nouveau plus
vivement la douleur à la mort des derniers amis et contemporains de mon mari, M. et Mme de Joyvac, leur sœur,
Mme de Sieyes (1), le marquis de Quinsonnas qu'il aimait
tendrement, et deux de ses camarades de la marine les plus
aimés, M. de Coriolis et l'amiral de Lapelin, qui lui avaient
gardé le plus tendre et le plus fidèle souvenir, ainsi que le
saint archevêque d'Aix, Mgr Forcade (2).

L'aînée de mes nièces de Pampelonne, Mme de Lacheis-
serie, est devenue veuve aussi ; elle aimait tendrement son
mari, c'était le ménage le plus uni ; elle n'a pas d'enfant et
sa vie est bien solitaire. Sa sœur, Mme de Grille, à qui Dieu
avait envoyé deux enfants, un fils et une fille, a eu la douleur de perdre cette dernière : les afflictions n'ont pas manqué à l'une et à l'autre ; nous tâchons de nous voir souvent,
pour adoucir nos peines mutuelles.

Je vais revoir quelquefois ce vieux manoir de Pampelonne,
qui renferme pour moi de si chers souvenirs ; je les retrouve
aussi, ces souvenirs du temps le plus heureux de ma vie,
lors de mes visites à Toulon, où mon fils aîné réside
dans les intervalles de ses voyages. J'y revois encore quel-

---

(1) C'est celle qui était veuve en premières noces du marquis de la
Tour du Pin, et en secondes du vicomte Amédée de Sieyes, le dernier
des trois frères, mort avant mon mari.

Je viens de faire une nouvelle perte bien sensible, celle de Mme Deydier, de Nyons, cette ancienne et excellente amie de mes parents, qui
vivait encore lorsque j'ai commencé ces *Mémoires*, et dont j'ai appris
la mort il y a peu de temps.

(2) Le vénérable prélat, dans son *Journal d'un missionnaire*, qu'on
a fait paraître après sa mort, parle plusieurs fois de mon mari et de
son ami, M. de Coriolis, avec qui il avait navigué sur la *Victorieuse*,
pour aller au Japon. (Voir le Journal, publié par les Missions catholiques, et la *Vie de Mgr Forcade*, par M. l'abbé Marbot.)

ques survivants des amis que nous y avions laissés, entr'autres le commandant de Pina, un de nos bons parents, et j'ai fait connaissance avec ses aimables filles. J'y trouve souvent le jeune Hector d'Agoult, fils du comte Foulques, mon cousin, et petit-fils de notre oncle Hector, dont on lui a donné le nom. C'est un charmant jeune homme et un brillant officier de marine, qui vient de faire glorieusement les campagnes de Tunisie et du Tonkin, où sa bravoure lui a valu un rapide avancement, même sous la République. Ses deux sœurs, Mmes de Charpin et de la Romagère, sont liées avec mes filles; il l'est lui-même intimément avec mes fils, surtout Edmond, son ancien dans la marine, et je vois avec joie se continuer entre nos enfants l'amitié de famille qui nous unissait à leurs parents.

L'hiver dernier, 1887, j'ai accompagné à Nice ma fille cadette, Mme de Raousset, dont la santé, ébranlée par ses couches fréquentes, avait besoin de ce beau climat pour se fortifier. Elle s'en est très bien trouvée, quoique nous ayons eu à essuyer une rude épreuve, celle du tremblement de terre du 23 février. La maison où nous étions ne fut heureusement pas ébranlée, mais les secousses violentes nous réveillèrent néanmoins d'une manière assez désagréable, et quand nous pûmes nous rendre compte des dégâts, nous eûmes doublement à remercier la Providence , car, dans notre voisinage, une jolie villa que nous avions failli louer, s'était écroulée en grande partie, et à Menton, où nous allâmes quelques jours plus tard pour voir les ravages du fléau, le spectacle était vraiment effrayant, encore bien plus qu'à Nice. Des rues entières étaient presque écroulées, et on osait à peine s'aventurer parmi les maisons branlantes. Quel contraste entre cette nature si belle, cette mer enchantée et ces catastrophes terribles qui semblaient vouloir faire expier les charmes de ce séjour! Contraste plus frappant encore entre les fêtes joyeuses du carnaval qui venait de finir et le glas funèbre du lendemain, qui faisait fuir dans toutes les directions la foule affolée, encore revêtue de ses déguisements du mardi-gras !

C'était la troisième année qu'un événement terrible survenait aux derniers jours du carnaval : l'année précédente, l'affreux accident du chemin de fer de Monte-Carlo ; celle d'auparavant, l'incendie du théâtre de Nice. Dieu qui n'envoie ces avertissements redoutables que pour ramener les âmes à lui, se servit de cette terreur salutaire pour faire rentrer en eux-mêmes beaucoup de gens, plus occupés jusqu'alors de leurs plaisirs que de leur salut, et les disposa à écouter avec plus de fruit la grave parole de ce jour même

Ernest et moi.

du mercredi des Cendres : « *Souviens-toi que tu es poussière !* »

En effet, les églises et les confessionnaux furent assiégés d'une manière inusitée dans cette ville de plaisir, et l'on cita des conversions inattendues.

Notre maison étant restée solide, nous ne fûmes pas obligés de passer des nuits dehors, comme cela arriva à beaucoup qui couchèrent dans des voitures ou en plein air, au grand détriment des santés délicates qui venaient chercher un climat plus doux, car à ce moment il faisait relativement froid.

J'engageai ma fille à rester jusqu'à la fin de la saison, pour ne pas perdre le fruit de son voyage, puisque le danger était passé, bien qu'il y eût eu dans les jours suivants quelques secousses encore, mais moins fortes. Elle s'y décida, et le rétablissement de sa santé lui donna lieu de s'en applaudir.

Cet hiver, mon fils Edmond est venu le passer près de moi avec sa femme et ses enfants. Il m'a quittée pour prendre le commandement d'un torpilleur qui doit rester en escadre, de sorte qu'il ne s'éloignera pas.

Chaque année, je vais voir quelques-uns de mes enfants, tantôt les uns, tantôt les autres. J'ai la joie de n'y trouver que des ménages tendrement unis, chez qui l'affection qui a formé leurs liens ne s'est jamais affaiblie. Cette année-ci, une cérémonie bien intéressante m'attire à Paris, la première communion de mes petites-filles, Berthe et Marguerite d'Indy ; elles doivent la faire ensemble au couvent du Sacré-Cœur. C'est la première de cette génération dont je pourrai être témoin. Peut-être n'en verrai-je pas beaucoup d'autres, et je veux leur porter la bénédiction de leur grand'mère si Dieu le permet. C'est sur l'annonce d'un événement si doux et si cher aux familles chrétiennes que je terminerai ces Mémoires.

Baronne de P....

ÉPILOGUE

Je vous ai raconté, mes chers enfants, toute mon existence.
Elle s'est écoulée paisible, comme vous l'avez vu, dans le cercle de la famille, et sans sortir que bien rarement des limi-
tes de mon pays. Commencée bien heureuse, elle a été douloureusement frappée à son déclin. Je ne veux pas néanmoins me montrer ingrate envers la Providence, et méconn-
naître les bienfaits qu'elle m'a départis, dont vous êtes un
des principaux. J'espère que vous ferez jusqu'à la fin la consolation de votre mère, que vous vous aimerez toujours,
que vous serez bons chrétiens comme vos pères et ferez le
bien à leur exemple.

Vous vous souviendrez que vous avez eu un saint dans
votre famille (1), pour vous rendre digne de lui.

______

(1) C'est le marquis de la Tour-Vidaud, le tuteur de mon mari et de
son frère, dont j'ai parlé à propos de leur famille, et qui méritait bien
ce titre de saint, que la voix publique lui a donné. J'ai même entendu
dire qu'il avait été question de porter sa cause à Rome.

Sa vie a été écrite, et on y raconte plusieurs traits naïfs et touchants,
dont voici quelques-uns.

Lorsqu'il était à l'église, il s'absorbait tellement dans sa prière, qu'un
filou lui volait tous les jours son mouchoir dans sa poche sans qu'il
s'en aperçût; son valet de chambre impatienté finit par le lui coudre.
La première fois qu'il retourna à l'église, il sentit une main qui tirait :
il dit simplement à demi-voix sans tourner la tête : « Mon ami, c'est
inutile ; il est cousu ».

Il restait souvent de longues heures devant le Saint-Sacrement, ab-

Soyez heureux, c'est mon vœu bien ardent, non par l'exemption de toute peine, car la croix est nécessaire pour entrer dans le ciel, mais que Dieu vous épargne la cruelle épreuve de perdre ceux qui vous sont chers !

Vous ne connaîtrez pas non plus, vous qui êtes nés dans ce temps de scepticisme politique et d'effondrement général, la douleur amère d'avoir vu renverser tout ce qu'on aimait, échouer toutes les causes qui vous étaient chères, détruire toutes les espérances qu'on croyait au moment de se réaliser. Cette souffrance a été pour moi une des plus dures. Je ne voudrais pas néanmoins l'avoir évitée au prix de l'indifférence funeste qui est en France le fruit de tant de révolutions.

Solon, le législateur d'Athènes, qui condamnait à mort, comme manquant de patriotisme, les citoyens qui, dans les troubles civils, restaient neutres entre les partis, aurait trop de condamnations à porter de notre temps. Le marquis de Coriolis, un des amis de mon mari, répondait dans son indignation, à ceux qui excusaient par la crainte de la guerre civile l'apathie des honnêtes gens devant la tyrannie républicaine : « La guerre civile ! nous n'en sommes pas dignes, de la guerre civile ! » voulant dire que, pour le corps social comme pour le corps naturel, la force de résistance indique la vie, tandis que l'insensibilité est un signe de mort.

---

sorbé en Dieu. Lorsqu'on allait l'y chercher pour quelque affaire indispensable, il levait tristement les yeux vers le tabernacle, en disant : « Mon Dieu, je ne puis donc rester un moment tranquille avec vous ! » Et il y était depuis plus de trois heures !

Ne dépensant rien pour lui, il soutenait de sa fortune, qui était très considérable, toutes les œuvres qui cherchaient alors à reconstituer la religion en France. Il mourut d'un refroidissement qu'il avait pris en portant lui-même (car il n'avait guère que des serviteurs vieux et infirmes, qu'il gardait par charité, et c'était plutôt lui qui les servait), en portant, dis-je, un ballot de livres assez lourd, aux Dames du Sacré-Cœur, où sa fille était religieuse. Il était devenu veuf de bonne heure, et son autre fille était Mme de Chabannes la Palice.

Je sais que vous ne tomberez pas dans cette léthargie fatale, que la religion et la patrie vous trouveront toujours prêts à les servir ; mais pour les servir efficacement, il faut avoir un but en qui elles se personnifient ; s'il ne convient pas à mon âge de vous imposer des sentiments et des antipathies trop justifiés par les événements dont j'ai été témoin, mais que vous ne pouvez peut-être plus comprendre, du moins je prie Dieu tous les jours, qu'au milieu de nos tristes divisions, il vous fasse connaître la cause qui sera la plus juste, la plus digne de faire battre votre cœur comme a battu le mien ; puisse-t-il vous donner la joie d'aider à son triomphe, et par elle à celui de l'Eglise et au relèvement de notre France !

Puissiez-vous vivre, ainsi que vos enfants, dans des temps plus tranquilles et plus heureux que ceux où mes parents et moi avons vécu, que celui où nous vivons maintenant, et où la vie, les biens, la liberté de chacun, n'ont pas même un lendemain assuré !

Vous avez vu, dans le cours de ces Mémoires, que j'ai assisté à quatre révolutions, celles de 1830, de 1848, de 1851 et de 1870. J'ai vu la terrible guerre de cette année fatale, qui a amené le démembrement de la patrie, douleur plus grande que toutes les autres.

J'ai vécu successivement sous cinq gouvernements, la Restauration, Louis-Philippe, l'Empire de Napoléon III, les deux Républiques de 1848 et de 1870. Chaque révolution a marqué une étape dans notre décadence. Peut-être en verrai-je encore d'autres. Dieu veuille qu'elles puissent être plus bienfaisantes, et replacer la France sur la base des principes en dehors desquels il ne peut se fonder rien de solide !

J'ai vu aussi le commencement des découvertes qui ont amené une révolution presque aussi grande, quoique plus pacifique, dans les mœurs et les habitudes, et vous aurez peut-être de la peine à vous figurer, mes petits-enfants, que votre grand'mère a vécu à une époque où il n'existait ni chemins de fer, ni télégraphe électrique, ni ponts suspendus, où, lorsqu'on arrivait de Chabret au bord du Rhône, il fallait, pour passer, attendre le bac qui, le plus souvent, était de l'autre côté. Pour moi, qui étais petite fille alors, et qui regardais la traversée en bateau comme une partie de plaisir, de quelque attente qu'il fallût l'acheter, mon désappointement fut grand lorsque la construction du pont me priva de ce divertissement. Je dois avouer que mes parents n'étaient pas du même avis.

Le pont amena, au bout de quelques années, ce qui fut regardé alors comme un grand progrès, l'établissement d'une voiture publique de Vernoux à Valence, voiture à côté de laquelle les anciens coucous de Paris pouvaient passer pour très confortables. Elle existe toujours du reste, le chemin de fer le plus proche étant à Saint-Péray, c'est-à-dire à 25 kilomètres de chez nous ; malgré l'amélioration des routes, elle est demeurée à peu près dans le même état, et vous pouvez jouir encore de ce véhicule du bon vieux temps.

L'emploi de la vapeur n'était qu'à l'état rudimentaire, même pour les bateaux, et, comme je l'ai dit, la marine qui en a été transformée, n'en faisait pas encore usage. Un des premiers bateaux essayés sur le Rhône avait sauté et fait périr plusieurs personnes. L'effroi causé par cette catastrophe avait retardé d'autant plus leur établissement régulier. C'était cependant une manière charmante de voyager, que j'ai regrettée lorsqu'est venu le chemin de fer.

On ne connaissait pas non plus bien d'autres inventions curieuses et commodes, la photographie, le gaz, les allumettes chimiques, ni même les bougies de l'Etoile. On s'éclairait avec des chandelles, qu'il fallait moucher à chaque instant (1), et on avait besoin d'une lanterne pour aller

---

(1) La vieille tante Chorier (encore une de ses originalités), assez révolutionnaire en politique, était pour le reste obstinément rétrograde. Sous prétexte que les bougies de cire étaient les seules convenables, elle n'usait ni de celles-ci ni des autres, pas plus que de lampe, et n'a brûlé jusqu'à la fin que de la chandelle, à laquelle un papier fixé avec une épingle servait d'abat-jour. On voit que, malgré sa fortune, elle ne donnait

le soir dans les rues. Je me rappelle la frayeur d'une vieille
dame, lorsqu'on creusa des tuyaux pour le premier essai du
gaz, l'émerveillement de notre cuisinière, lorsqu'on inventa
les allumettes chimiques et qu'elle put allumer son feu sans
battre le briquet. Cette dernière invention n'eût pas été du
goût de mon mari pendant sa vie d'écolier, lorsqu'il jouait à
son précepteur le tour de mouiller son amadou le soir, afin
qu'il mît plus de temps le lendemain matin à avoir de la lumière, ce qui donnait à ses espiègles élèves quelques minutes de plus à rester au lit.

Pour moi, j'étais loin de voir ces changements du même
œil que ceux dans l'ordre politique, car je ne suis pas de ces
esprits chagrins qui repoussent tout ce qui est nouveau. J'ai
vivement apprécié ces belles découvertes, et j'en profite en
bénissant Dieu d'avoir bien voulu communiquer aux hommes quelques-uns des secrets de sa toute-puissance. On ob-
jectera que ceux-ci les font quelquefois servir au mal, mais
il en est ainsi de toutes les choses humaines et ce n'est pas
une raison de mépriser les dons du ciel. Sans condamner
tout progrès moderne, ne méprisons pas trop ceux qui nous
ont précédés et qui ne les possédaient pas (1), sans quoi nos
descendants. qui probablement remplaceront le télégraphe
par le téléphone, le gaz par l'électricité, ce qui commence
déjà, et les chemins de fer par les ballons. pourraient bien
nous rendre nos dédains. Quant à regarder ces progrès
comme l'unique source du bonheur de l'homme, ce serait
une erreur encore plus dangereuse et que dément l'expérience de tous les jours ; tandis que les vieux comme

---

pas dans le luxe ni même le confortable. Ce n'était pas chez elle ava-
rice, mais singularité.

(1) En parlant des inventions modernes, nous pourrions être plus
modestes à l'égard du moyen âge, que tant de savants affectent de
regarder comme un temps d'ignorance. car nous ne découvrirons rien
de plus fort que les trois inventions de la boussole, de la poudre à
canon et de l'imprimerie, qui ont changé la face du monde et qui ont
été le legs de cette époque si injustement dédaignée.

moi, qui ont vu les anciennes diligences, se trouvent fort
satisfaits de monter dans un wagon confortable qui leur fait
faire en deux ou trois heures un trajet pour lequel il fallait
autrefois tout un jour ou toute une nuit de route, les jeunes
trouvant déjà que les chemins de fer ne sont pas assez rapides. Ainsi est fait notre cœur, toujours insatiable dans ses
désirs, et que rien de créé ne peut contenter. C'est là le signe
de sa grandeur, et Dieu, en le formant à son image, a placé
son bonheur plus haut que les choses de ce monde. C'est
malheureusement ce que méconnaissent les tendances matérialistes de l'éducation actuelle et la prédominance presque exclusive qu'on donne aux sciences exactes sur les études littéraires. Si Pradon prenait les figures de rhétorique
pour des termes de chimie, les petits savants de nos jours
sont plus familiers avec les termes de chimie qu'avec les
figures de rhétorique.

Je ne parle pas seulement des écoles sans Dieu, dont on
ne saurait avoir assez d'horreur ; mais les collèges chrétiens
eux-mêmes sont forcés par les exigences des carrières et des
examens de subir en partie ce système, qui n'est pas un des
moindres changements parmi ceux que j'ai vu opérer, et je
me suis aperçue, avec humiliation, que mon bagage littéraire, dont j'espérais faire profiter mes enfants, ne pouvait
leur être que d'un faible secours dans leurs études, tandis
que le bagage scientifique qui en fait le fond maintenant, et
qui seul ouvre la porte des principales carrières, était pour
moi une langue inconnue.

Le poète Berchoux (1) se plaignait, au commencement de
ce siècle, des Grecs et des Romains, qui avaient fait le tour-
ment de sa jeunesse. Son cauchemar s'appellerait aujourd'hui
les équations et les théorèmes.

En effet, le grec et le latin, quoique figurant encore sur les
programmes, ne sont plus guère sus de personne. Les hé-

---

(1) Auteur de la *Gastronomie* et d'une épitre plaisante sur les Grecs
et les Romains.

ros de l'antiquité sont passés de mode et on n'en ferait plus,
comme dans mon enfance, l'objet de ses disputes et de
ses jeux. On sait peut-être à la rigueur, comme disait
M. de Maistre, qu'Alexandre n'était pas le contemporain de
Louis XIV ; mais on se soucie peu de celui qui a gagné la
bataille d'Issus ou celle de Cannes, pourvu qu'on se bourre
de mathématiques. On ne prend plus feu pour les classiques
ou les romantiques et on préfère, en fait de littérature, celle
de Zola. Si la génération précédente apprenait l'histoire de
France dans les romans et les drames de Victor Hugo et
d'Alexandre Dumas, bon nombre dans celle-ci ne connaissent la guerre de Troie que par les pièces d'Offenbach : c'est
moins dangereux, il est vrai, puisqu'il ne s'agit pas là de
calomnier l'Eglise et la patrie. Mieux vaut encore se moquer
d'Achille et d'Agamennon que des rois qui ont fait la grandeur de la France.

Les enfants reçoivent pour étrennes, comme livres récréa-
tifs, de petits traités d'arithmétique, ou bien de médecine
amusante, dans lesquels ils apprennent comment une bou-
chée de pain passe dans l'estomac et s'y digère. La Barbe-
bleue et le Petit Chaperon Rouge leur plaisaient davantage
et leur enseignaient au moins qu'il ne faut pas être curieux
ou désobéissant, ce qui renfermait une leçon de morale qui
me paraît plus véritablement utile. Mais la morale comme
la religion sont encore moins en faveur que les études classiques dans les programmes universitaires.

Chateaubriand, dans un de ses écrits, parle d'un enfant
cité comme un prodige, à qui on faisait débiter, à l'admiration des assistants, tout un étalage de sciences matérialistes :
« Si j'avais un enfant qui sût de pareilles choses, ajoute-t-il,
je lui donnerais le fouet tous les jours, jusqu'à ce qu'il les
eût oubliées ! »

Mais Chateaubriand n'est qu'un arriéré comme moi, qui
n'est pas à la hauteur du progrès moderne ; n'importe, je
puis ne pas rougir d'être de son opinion et d'avoir cherché à
vous inspirer tant que je l'ai pu le goût des études qui ont
charmé ma jeunesse. Je suis loin de mépriser la science et

j'apprécie, comme on l'a vu, les belles inventions qu'elle produit, bien que toutes ne soient pas aussi inoffensives que le télégraphe et les chemins de fer, témoin les instruments de mort qui n'ont pas moins progressé que le reste, à partir du fusil à pierre, dont on se servait encore dans mon enfance, jusqu'au chassepot et aux canons Krupp. Mais depuis que les études littéraires sont reléguées au rang des vieilleries, depuis qu'on ne parle plus que de science et qu'on en a mis partout, comme la muscade de Boileau ; depuis que, sous ce prétexte de science universelle, on étiole la santé des enfants à force d'examens de toutes sortes, ce qui est la manie du jour, voit-on beaucoup plus de vrais savants, de génies supérieurs dans tous les genres et aussi de gens aimables, ce qui a bien son mérite ?

Je vous engage donc, mes enfants, à ne pas négliger pour les vôtres les connaissances qui les rendront agréables comme le furent mon mari et mon père ; sans mépriser aucune de ces connaissances, mettez au premier rang celles qui, s'occupant moins de la matière, sont plus propres à élever l'esprit et à former le cœur, et par dessus tout celle de la religion ; pratiquez-la les premiers, pour leur en donner l'exemple et évitez pour eux, je n'ai pas besoin de vous le dire, les collèges empoisonnés de l'Université, qui ont la prétention de tout apprendre, excepté la science seule nécessaire.

Ne donnez pas dans l'habitude trop répandue de mener une vie nomade, sans savoir jamais se fixer ; restez dans votre pays, c'est le seul moyen d'y faire un peu de bien et d'y acquérir une juste considération.

Jouissez des inventions modernes, sans les vanter ni les décrier outre mesure. En un mot, prenez de votre temps ce qui est bon ; contribuez, si vous pouvez, à le rendre meilleur encore et ne vous laissez pas gagner par ce qui est mauvais. Vous fortifier dans cette voie est le but que je me suis proposé dans ces Mémoires ; puissé-je y avoir réussi, c'est ce que je demande à Dieu en finissant, et quand il voudra

m'appeler à Lui, nous ne nous séparerons, j'en ai la confiance, que pour nous retrouver dans Son sein, avec ceux
que nous avons aimés.

FIN.

Valence, le 15 avril 1888

APPENDICE

Je transcris ici, pour vous, mes enfants, un essai de ma muse de jeunesse, consacré à Chabret. Vous y reconnaîtrez cet amour du pays que vous tenez de moi et dont je vous ai transmis l'héritage :

CHABRET

Vieille demeure de mes pères,
Séjour de paix et de bonheur,
De tes forêts, de tes chaumières,
L'aspect fait palpiter mon cœur.

Beaux lieux, asile tutélaire
Où j'ai vu s'écouler mes jours,
Loin des bruits qui troublent la terre,
Oui, je vous aimerai toujours !

Dans cette retraite modeste,
Jamais de mes plus doux plaisirs,
Le remords, compagnon funeste,
N'empoisonna le souvenir.

Si parfois, je verse des larmes,
L'image de mes plus beaux jours
Peinte en mille objets pleins de charmes,
De mes pleurs détourne le cours.

Sous ma fenêtre est la prairie
Que foulèrent mes bonds joyeux,
Et dont l'herbe fraîche et fleurie
En guirlande ornait mes cheveux.

Ici c'est le ruisseau limpide
Dont ma ligne troublait les eaux ;
C'est la haie où ma main avide
Découvrait les nids des oiseaux.

Non loin sont les gazons champêtres,
Où j'aime encore tant à m'asseoir ;
Les sombres pins et les grands hêtres
Qu'agite la brise du soir.

Arbres touffus, bois séculaire,
Témoins des jeux de mon printemps,
Puisse votre abri salutaire
Protéger aussi mes vieux ans ! (1)

Sous vos majestueux ombrages,
Mon âme, exempte de terreur,
Du monde et de ses noirs orages,
Brave l'impuissante fureur.

Ainsi, contre une île paisible,
La mer s'épuise en vains efforts ;
Des vagues le courroux terrible
Vient expirer près de ses bords.

Parmi les lettres de famille conservées à Pampelonne,
s'en trouvaient plusieurs de la mère de mon mari, qu'il
n'avait jamais connue : Ernestine d'Agoult, baronne de

----

(1) Ce vœu a été exaucé ; Chabret est le refuge de ma vieillesse,
comme il a été celui de mon enfance ; j'y vis avec les ombres chéries
de ceux qui l'ont quitté avant moi !

Pampelonne. Je transcris ici quelques fragments de ces lettres, qui montrent l'âme aimante et l'esprit charmant de cette mère sitôt ravie à ses enfants. Elles ont redoublé leurs regrets de n'avoir pu jouir de sa tendresse et de ses soins maternels.

Fragment de lettre de Mme de Pampelonne,
ma belle-mère, à sa sœur Olympe d'Agoult (1), 1813.

Il y a bien un siècle que je ne t'ai écrit, ma chère sœurette ; ne m'en sache pas mauvais gré, j'étais de méchante humeur contre vous ; j'ai été longtemps sans recevoir de nouvelles, et peut-être n'aurait-il fallu s'en prendre qu'à nos commissionnaires et à des temps affreux ; des pluies trop fréquentes ont fait déborder nos torrents et rendu nos chemins de véritables casse-cou (2) ; heureusement le préfet vient d'ordonner à tous les maires et commissaires de réparer les dommages, c'était bien nécessaire. Imagine-toi 14 cascades autour de Pampelonne, et au milieu des bois et des rochers, le bruit des torrents, du vent, tu auras l'idée d'une affreuse et belle décoration, d'une vue vraiment pittoresque, mais que je souhaite de ne pas voir souvent.

J'ai été hier dîner à Lafarge ; les Jovyac y étaient (3) ; dimanche prochain, grand gala chez Mme d'Hilaire (4) ; Mlle de Montéléger (5) voulait venir à Pampelonne avec sa sœur ; le temps s'y est opposé et moi je n'en étais pas fâchée ; sans doute, elle eût trouvé mon manoir bien sauvage ; elle m'eût dit comme M. Glasson : Comment pouvez-vous vivre là ? Ah ! le bonheur habite plus souvent les champs et nos donjons que les fêtes et les villes ; nos maris agriculteurs, nos équipages ridicules, nos façons de vivre du roi

(1) Celle qui se consacra avec tant de dévouement à soigner les enfants de sa sœur après la mort de cette dernière.

(2) On se rappelle que j'ai parlé des torrents qui rendaient difficiles les chemins de Pampelonne.

(3 et 4) Voisins de Pampelonne dont nous avons connu les enfants ; MM. de Lafarge sont propriétaires des carrières de chaux hydraulique du Theil, qui portent leur nom et qu'ils exploitent avec tant de succès.

(5) Sœur de Mme de Lafarge, celle qui vivait alors.

Dagobert, forment une vie monotone, mais calme, tranquille, sans gêne, et qui a peut-être plus de bonheur que celles qu'on envie.

Mon livre, mon enfant (1), mon ouvrage, mes châteaux en Espagne, voilà pour moi une source de jouissances qui ne tarit jamais ; je sais qu'on devient originale, ridicule, on ne sait plus même faire la révérence, mais on reste bonne femme ; tant pis pour les sots qui ne savent pas apprécier simplicité et bonhomie.

J'ai laissé mon Joseph (2) à P. . ; il est si dodu que je ne puis le soulever ; avec quel plaisir je vais vous le présenter ! quel moment de bonheur que celui où je vous retrouverai ! que de grâces je dois à la Providence d'avoir satisfait les désirs de mon cœur, aimer mes parents et être aimée d'eux ! Oui, je crois que vous aimez votre Ernestine ; vous le devez à sa tendresse, au prix qu'elle attache à votre amitié. On dit que, pour être sage et heureux, il ne faut compter ni sur les choses, ni sur les personnes ; ah ! que je suis loin d'une semblable philosophie ! je compte sur ma famille, sur le cœur de chacun de vous, et s'il fallait rompre une seule de ces attaches, éprouver sur vous un de ces mécomptes si ordinaires, dit-on, il m'en coûterait mon bonheur.

Voilà, chère Olympe, trois pages de bavardages. Puisses-tu les lire dans le sentiment qui les a tracées !

Rien n'est ridicule comme une lettre qui arrive hors de propos ; elles sont tristes quand vous êtes gaie, elles raisonnent avec pédanterie quand vous voulez déraisonner ; mais, Mademoiselle, les miennes sont toujours dictées par mon amitié, et je dois toujours vous trouver sur ce ton-là. Au reste, permis à vous d'en rire si cela vous divertit. J'écrirai par le prochain courrier aux cousinettes et à Mme de Vallier. J'ai écrit à Mme de Blacons (3) ; mille tendresses à la chère Onéida (4) ; on l'a dit fort embellie (5) que j'ai envie d'en juger par moi-même !

---

(1) Mon beau-frère seul était né alors.

(2) C'est de lui qu'elle parle : elle l'avait nourri, ainsi que mon mari, son second fils.

(3) C'étaient ses deux tantes.

(4) Mme de Blacons, devenue comtesse d'Andigné.

(5) Elle était en effet fort jolie.

Autre fragment, à la même (1814).

Non, chère sœur, tu ne peux m'écrire ni assez longuement, ni avec assez de détail ; la personne, le style, les détails, tout me plait dans tes épitres ; hélas ! je ne puis te parler que de mes moutons ; la vie monotone que je mène rend singulièrement maussade et bête ; on devient d'un autre monde ; ma famille, mes enfants, nos Bourbons, voilà dans ce moment ce qui m'occupe uniquement.

Mon petit Victor (1) a assez profité depuis quelque temps ; il est grand et gras pour son jeune âge, mais il est toujours en mouvement et ne dort pas beaucoup ; aussi je me couche de bonne heure ; ma santé est parfaite, et M. de Pampelonne vante éternellement, pour plaisanter, mes dispositions à la maternité. Quand te verrai-je, chère sœur, Victor au bras, Joseph te tenant par ta jupe, et te faisant quelques belles histoires auxquelles tu ne comprendras goutte ? Ma sœur, mon aimable amie, m'est quelque chose de plus encore ; elle est tante de mes enfants ; pour comprendre ceci, il faut sentir par expérience. Il me souvient de m'être moquée de Mme de Blacons, qui disait qu'elle n'aimait que ceux qui aimaient sa fille ; ce qu'il y a de sûr, c'est que je vous aime encore plus depuis que je suis mère : je suis reconnaissante pour moi et pour mes enfants, que je crois que vous aimez aussi.

Je ne sais si ce chapitre ne te paraîtra pas galimatias ; il s'est trouvé au bout de ma plume. Tu prétends que je réfléchis sept fois avant d'agir ; mes lettres doivent vous prouver que ce n'est pas ainsi avant d'écrire.

Je te prie de remercier mes cousines de leur aimable lettre ; je suis si occupée avec mon méchant petit homme, que je leur demande quelque temps pour leur répondre. J'ai reçu une lettre d'Hector (2) ; il m'avait promis sa visite, mais je crois qu'il y faudra renoncer pour cette année. On m'a dit hier qu'il y avait à Lyon et à Paris des querelles entre les troupes autrichiennes et françaises, et que la paix souffrait bien des difficultés. Mon Dieu, que je plains nos Bourbons, et que je suis mécontente des Français ! L'Autriche, souvent battue, est plus puissante que jamais,

---

(1) Mon mari, qu'elle nourrissait alors.
(2) Son frère aîné.

et nous, après 15 ans de triomphes, nous perdons nos colonies,
et ne pouvons acquérir la sagesse que tant d'événements et de
malheurs auraient dû nous donner (1). Mais pourquoi s'inquiéter ? tout tournera peut-être bien ; laissons-nous couler tout
doucement à cette Providence que je trouve tout aimable ; mais
vite des nouvelles de tous, j'en suis affamée.

J'ai voulu transcrire les quelques passages du Journal de
M⁸ʳ Forcade où il fait mention de mon mari ; bien que ces
passages soient fort courts, ils témoignent des rapports
pleins de cordialité et de bienveillance qui existaient entre
le saint missionnaire et le jeune officier, qu'il avait rencontré dans les mers de Chine.

Parlant d'une lettre que l'amiral Cécille, chef de la station de Chine et du Japon, le chargea de porter de sa part
aux autorités Coréennes, M⁸ʳ Forcade s'exprime ainsi :

« Dès que le jour parut, l'amiral fit armer un canot, en donna
le commandement à M. de Pampelonne, enseigne de vaisseau, et
m'envoya à terre porter un des deux exemplaires chinois de sa
lettre d'hier.

« Au moment où nous approchions, les Coréens, qui étaient
accourus en assez grand nombre au rivage, gesticulaient beaucoup, et semblaient nous faire signe de ne pas débarquer ; mais
le brave M. de Pampelonne sauta le premier à terre, son sabre
à la main, et le pistolet chargé au côté ; je le suivis et nous nous
assîmes au milieu de la foule qui ne paraissait pas malveillante,
en vue et à portée de fusil de notre canot; alors la conversation
s'engagea ».

Plus loin, dans un autre passage, il s'étonne et s'indigne
contre les insulaires de ce qu'ils ne prenaient pas assez garde
« à la belle prestance et à la tournure militaire de son ami
Pampelonne », devant lequel il eût voulu s'effacer. Le nom
de mon mari revient encore, lorsqu'il parle du dénuement

----

(1) Qu'eût-elle dit maintenant ?

où l'avait trouvé le vaisseau français qui vint le chercher dans l'île de Licou-Kieou, où les Japonais l'avaient confiné. Son unique soutane n'avait plus de couleur, et les officiers avaient été obligés de l'habiller avec un pantalon du commandant Rigault de Genouilly (commandant de *la Victorieuse*) et un habit bleu de ciel de l'amiral Cécille qui datait au moins de vingt ans ; le tout surmonté d'un chapeau à claque ; encore l'habit et le pantalon lui étaient-ils beaucoup trop longs. « A l'aspect de ce costume, dit le journal, M. de Pampelonne, qui, n'étant pas de service, revenait de la chasse, se pâma de rire ». Le bon évêque, lorsque je l'ai vu chez la famille de Jovyac, dont il était l'ami, aimait, en effet, à parler de la gaîté communicative de mon mari, qui faisait, me disait-il, la joie du bord, et il me répétait combien il y était aimé. Il fait aussi mention, dans son journal, des autres officiers, amis de mon mari. M. de Coriolis, M. de Lapelin, M. de Las-Cases, l'amiral Lafont, alors aspirant, le seul qui survive encore, et il parle avec éloges de tous.

Voici une des lettres de S. A. R. Mademoiselle (Louise de France, sœur d'Henri V, depuis duchesse de Parme), à ma belle-sœur, Mme de Pampelonne, née d'Agoult comme sa belle-mère, ainsi que je l'ai dit : la princesse lui portait une vive amitié, et elle a longtemps entretenu une correspondance avec elle ; dans la lettre que je transcris ici, une des plus touchantes et des plus affectueuses, elle lui raconte la mort chrétienne de sa tante, la vicomtesse d'Agoult, dame d'honneur de Mme la duchesse d'Angoulême.

Lettre de S. A. R. Mademoiselle, à Mme la baronne de Pampelonne, née d'Agoult, ma belle-sœur.

Goritz, le 3o mars 1841.

C'est au moment où j'allais vous écrire, ma chère Mabile, pour vous parler des vœux que je fais pour votre bonheur et de la satisfaction que m'a fait éprouver la nouvelle de votre mariage, que votre bonne tante est tombée malade ; elle nous a été enlevée si rapidement que, dans les premiers moments de nos regrets, je n'ai pas eu le courage de vous écrire. Je sais combien les touchants détails de ses derniers moments renouvelleront votre douleur ; mais cette mort si chrétienne, si sainte, laisse de bien douces consolations.

Ce moment si imposant n'a eu pour elle ni angoisse, ni frayeur. L'abbé Trébuquet, qui l'a assistée avec la charité la plus touchante, lui ayant demandé à plusieurs reprises si elle n'était troublée de rien, elle répondit toujours qu'elle était tranquille et qu'elle ne méritait pas toutes les grâces dont Dieu la comblait.

Sa vie était une continuelle préparation à la mort ; aussi elle ne manifesta pas même d'étonnement à la pensée de quitter cette vallée de larmes, disant avec sa douceur ordinaire : « Si j'obtiens une bonne place là-haut, je prierai beaucoup pour vous tous. » Les regrets ont été unanimes ; ma tante qui n'avait pas quitté Mᵐᵉ d'Agoult depuis le moment où elle avait été frappée, a été profondément affligée en perdant celle qui l'avait suivie pendant tant d'années de souffrances ; dès qu'elle se fut *endormie* dans le Seigneur (car sa fin, sans angoisse mérite le nom de sommeil des justes), ma tante l'embrassa avec la plus vive affection. Tous ceux qui étaient présents furent émus de la manière dont elle exprima sa douleur.

Je puis vous assurer, ma chère Mabile, que je ne vous ai pas oubliée dans ce moment pénible. J'ai pris part à l'affliction que vos parents auront éprouvée, en apprenant cette perte cruelle.

La nouvelle de votre mariage avait causé une grande joie à votre bonne tante. Vous avez maintenant plus d'un intercesseur auprès de Dieu ; je ne puis faire mieux que de m'unir à ces prières des saints en demandant pour vous tout le bonheur et toutes les grâces que votre cœur peut désirer.

Louise.

Mᵐᵉˢ de Nicolay et de Gain me prient de dire à vos parents ainsi qu'à vous, qu'elles partagent bien sincèrement mes regrets et mes vœux.

Mon admiration pour **M**. de Lamartine

Je sais qu'il y a beaucoup de réserves à faire, non seulement sur l'Histoire des Girondins, mais sur plusieurs autres de ses ouvrages, répréhensibles au point de vue de la religion et de la morale ; il faut déplorer ces erreurs d'un grand génie, qui du moins n'a pas roulé dans la boue comme Victor Hugo ; il reste toujours le poète des Méditations et des Harmonies ; c'est celui-là dont j'ai voulu parler, car c'étaient d'ailleurs les seuls de ses ouvrages que je connusse alors.

Mort de mon cousin de Sigoyer.

M. Maxime du Camp, trompé par des rapports inexacts, a pris pour une légende les horribles détails de la mort du commandant de Sigoyer, mon cousin. Il dit dans son livre sur la Commune, qu'il a été tué sur le coup, et que ses vêtements n'ont été brûlés que par la chute des débris d'une maison embrasée, dans le voisinage duquel on l'aurait trouvé, débris qui seraient tombés sur lui par accident après sa mort. Il ne nous est malheureusement pas possible de conserver de doute sur ce point ; mon mari, en allant à son enterrement, a recueilli l'affreux récit de la bouche même des officiers qui avaient ramassé son corps ; on l'a trouvé, non dans le voisinage d'une maison, mais au pied de la grille de la colonne de la Bastille, loin, par conséquent, de tout débris enflammé ; il avait les bras et les mains tailladés à coup de sabre (preuve qu'il s'était défendu), et ses habits étaient calcinés et enduits de pétrole ; telle est l'attestation des témoins oculaires ; ils ont ajouté seulement qu'une grave blessure à la tête faisait penser qu'en se défendant il aurait été assommé, et que ces cruautés n'auraient été exer-

cées que sur son cadavre, c'est le seul espoir qu'on puisse
conserver. Il est fâcheux que l'auteur qui a si bien fait ressortir les crimes de la Commune n'ait pas été mieux rensei-
gné sur un des plus odieux, et qui n'est malheureusement
que trop réel.

TABLE DES MATIÈRES

Première Partie.

AVANT MA NAISSANCE

Pages.

Deuxième Partie.

MON ENFANCE ET MA VIE DE JEUNE FILLE

Troisième Partie.

MA VIE DEPUIS MON MARIAGE

TABLE DES GRAVURES